"배우기만 하고 생각하지 않으면 얻음이 없고,

생각하기만 하고 배우지 않으면 위태롭다."

學而不思則罔, 思而不學則殆.

(『논어』「위정」)

공문(孔門)의 사람들

지은이 김덕균 지음

초판1쇄 인쇄 2004년 10월 20일

초판2쇄 발행 2004년 11월 17일

펴낸곳 논형

펴낸이 소재두

편집 디자인공 이명림

표지디자인 디자인공 이명림

등록번호 제2003-000019호

등록일자 2003년 3월 5일

ISBN 89-90618-03-7 03150

주소 서울시 관악구 봉천2동 7-78, 한림토이프라자 6층

전화 02-887-3561 **팩스** 02-886-4600

가격 9,800원

공문의 사람들

공자의 고향 곡부(曲阜) 니산(尼山)

저자 서문

　우리 나라는 옛부터 교육 담당자들을 존경의 대상으로 삼았다. '군사부일체(君師父一體)' 가 말해주듯 교사는 국가의 최고지도자나 가정의 아버지와도 같은 존재로 존중되었다. 전통적으로 교사는 모든 사람의 표상이기도 하였다. 그런 교사의 전형적인 모습을 담아내며 후대에 가장 큰 영향을 준 사람이 있다면 아마도 공자일 것이다. 공자와 그 제자 72명 사이에 오간 교학(敎學)내용과 방법이 하나의 전범(典範)이 되었던 것도 그 까닭일 것 같다. 그 내용을 살펴보면 크게 세 가지로 말할 수 있다.

　첫째, 신분이나 계층의 차별 없는 평등교육의 실현이었다. 공자의 제자들은 다양한 계층의 사람들로 구성되었다. 조선시대 양반사회의 선입견으로 공자의 제자들을 상상한다면 그들은 모두 귀족자제들일 것이라 판단할 수도 있을 것이다. 그러나 공자의 제자들은 다양한 계층과 신분을 망라하고 있다. 교육현장에 차별을 두어서는 안 된다는 공자의 '유교무류(有教無類)'의 정신을 반영한 결과라 하겠다. 만일 공자의 차별 없는 교육이 아니었더라면, 안연이나 자로 같은 제자는 길거리의 거렁뱅이나 골목의 칼잡이로 남았을지도 모른다.

둘째, 제자들 성격과 능력에 따른 맞춤형 교육방식이었다. 다양한 계층의 사람들이 공문(孔門)에서 공부하였기 때문에 획일적인 교육방법으로는 효율적인 교육이 될 수 없었다. 그래서 공자는 각각의 능력과 환경에 맞게 교육하였다. 특정 주제에 대한 질문과 대답을 통한 대화식 교육을 하였고, 내용도 각기 달리 하였다. 비근한 예로, 『논어』만을 한정해서 본다 해도, 인(仁)에 대한 질문에는 여덟 가지로 각기 달리 대답하였고, 정치에 대해서는 아홉 가지, 효(孝)에 대해서는 네 가지, 지혜에 대해서는 두 가지로 대답하였다.

셋째, 지적능력을 배양하는 교육보다는 참된 인간교육을 우선하였다. '효제근신(孝悌勤慎)' 하고 나중에 힘이 남거든 '글을 배우라〔學文〕'는 공자의 가르침은 공자 교육철학의 핵심이 아닐 수 없다. 공자가 자신의 제자들을 평가할 때 그 기준은 오늘날 말하는 지식과는 거리가 멀었다. 삶 속에서의 '효제근신'과 '인(仁)'의 실천정도가 평가기준이라는 것이다. 아마도 이런 평가기준이 아니었다면 안연이나 중궁보다는 말 잘하고 재주가 좋았던 재여나 자공 같은 제자들이 가장 우수하다는 평가를 받았을 것이다.

이 같은 공자의 사상은 우리나라를 비롯한 동아시아를 수천 년간 사로잡았다. 공자에 대해 비판적이었든 긍정적이었든, 이를 통해 또 다른 문화와 결과물은 끊임없이 양산되었으며, 동아시아 문화를 성숙시켜나갔다. 역사적 사실에 기초한 사서(史書)든, 신화나 전설에 근거한 문학서든, 경전에 근거한 주석서든, 자신의 철학사조에 맞추기 위한 서책이든, 공자와 그 제자들 사이에 오간 교학 내용들은 후대 수많은 학문적 결과물을 낳게 하였다는 것이다.

그 중 『논어』가 가장 중요한 텍스트임은 두말할 것도 없다. 『공자가어』 『사기열전』 『논형』 『대대례기』 『장자』 『맹자』 『순자』 『한비자』 등도 공자와 제자들의 교학 내용을 잘 담고 있는 책들이다. 물론 이 가운데에는 사실에 근거한 내용도 있고, 비난을 위한 허구적인 것도 있다. 그러나 공자와 그 제자들의 성격이 전혀 다른 각도에서 조명된 것은 아니었다. 오히려 이것은 공자와 그 제자들의 인간적 체취를 여러 각도에서 맛보게 하는 중요한 단서를 제공하였다. 따라서 여기서는 이들 책에 소개된 공자와 그 제자들 사이에 오간 대화내용의 사실성 여부의 고증이나 비판은 가급적 자제하였고, 본문 내용 그대로를 살리려고 하였다.

이 책을 구상한 것은 대학강단의 교양강좌를 맡으면서이다. 『논어』라고 하는 딱딱한 텍스트를, 그리고 고리타분하다는 선입견에 사로잡힌 동양사상을 어떻게 하면 쉽게 접근할 수 있을까를 고민하다 공자와 그 제자들의 대화 속에 나타난 다양한 캐릭터 중심의 접근이 그래도 젊은 학생들이나 일반 교양인에게 다가갈 수 있는 방법이 아닐까 생각하였다. 막상 이런 접근방법으로 강의하였을 때, 그 반응은 매우 성공적이었다. 예컨대 공자의 수제자 안연을 공자의 평가와는 달리 예스맨의 각도에서 보았을 때, 현대적 안목에서는 다소 문제의 여지가 있을 수 있다는 것이다. 또한 용기가 출중하였고 그러면서도 정의를 추구했던 자로를 스승 공자에게 유일하게 노라고 대답할 수 있었던 제자로 본 것이라든지, 공자로부터는 인정받지 못했지만 주변사람들로부터는 가장 칭송 받았던 자공을 오늘날과 같은 사회 속에서는 가장 적합한 인물로 볼 수 있다는 것이 바로 그것이다.

이런 각도에서 그린 내용들을 하나하나 묶다 보니 하나의 책이 되었다. 바라기는 이 책을 읽는 독자들이 『논어』라고 하는 고전이, 그리고 동양사상이 결코 어려운 것도 고리타분한 것도 아닌, 재미난 우리들의 이야기라는 사실을 발견했으면 하는 생각을 가져본다.

끝으로 이 작업을 하는데 세세한 부분까지 직접 챙기며 방향을 제시해 준 대학동기 논형의 소재두 사장의 격려를 잊을 수 없다. 또 온갖 잡일도 마다 않고 열심을 다해준 편집부의 박서연 선생에게도 감사를 표한다.

2004년 9월, 聖山 연구실에서

김덕균

행단(杏壇)
공자가 제자들을 가르쳤던 장소

공문의 사람들

중국 곡부의 대성전(大成殿)

공문의 사람들

천리마와 파리

공자의 제자들 면면을 보면 인자(仁者)도 있고, 현자(賢者)도 있고, 오합지졸(烏合之卒)도 있다. 그러나 보는 사람의 시각에 따라서 그 제자들의 모습은 완전히 다를 수 있다. 위정자가 본 제자와 스승 공자가 본 제자와 일반 사람이 본 제자의 모습이 같지 않다. 당대 위정자들과 일반 사람들이 현명하고 능력 있는 제자라고 평가했어도, 공자가 보기에는 무능하고 어질지 못한 제자일 수 있다.

안연(顔淵)은 누가 뭐라 해도 공자의 수제자이다. 그러나 그는 위정자들이 인정하는 재능 있는 사람은 될 수 없다. 오히려 가장 무능하고 연약한 사람일 뿐이다. 그러나 공자는 안연을 최고의 제자로 여겼다.

사마천(司馬遷, B.C.145~89)은 이런 안연을 두고 천리마에 붙은 파리에 비유했다. 『사기』「백이열전」 후반부의 말이다. 파리도 천리마의 꼬리에 붙어 있으면 천리를 간다. 절묘한 비유이다. 물론 천리마는 공자요 파리는 안연이다. 공자라는 위대한 스승을 만났기에 안연은 그 빛을 더했다는 뜻이다.

사마천은 백이(伯夷)와 숙제(叔齊)도 역시 공자의 칭찬이 있고 난 뒤부터 그 명성이 더해졌다고 했다. 자연에 묻혀 사는 수많은 고결한 선비들이 시대와 사람을 만나지 못해 명멸하는 것은 인류의 불행이다. 그들의 고결한 삶은 마치 파리와도 같은 하찮은 것으로 버려질 수도 있다. 그러나 같은 파리라도 천리마를 만나 꼬리에라도 붙어 있다면 역시 천리를 갈 수 있다.

그렇다면 백이·숙제나 안연만이 여기에 해당되는 것은 아니다. 공자의 제자 모두가 여기에 속한다. 물론 스승 공자로부터 야단맞고 수모를 당한 제자들도 있지만, 그 야단과 수모는 대가가 되는 한 과정일 수 있다. 동시에 야단과 수모를 당하면서 그만의 의지와 삶을 다져가는 연단일 수 있다.

『논형』의 저자도 「문공(問孔)」편에서 이것과 비슷한 이야기를 하고 있다.

"가령 오늘날 공자와도 같은 스승이 있다면 당대의 학자는 모두 안연(顔淵)이나 민자건(閔子騫)같을 것이며, 공자가 없었다면 70명의 제자들도 오늘날의 유생들과 똑 같았을 것이다."

공자의 제자들도 보통 유생과 다를 바 없지만, 천리마와도 같은 공자를 만났기에 함께 위대해 질 수 있었다는 내용이다. 이 말은 "공자의 문도중 70명 제자의 재주는 오늘날 유생보다 낫다"는 말을 허망한 말이라고 비판하며 나온 말이다.

하지만 공자를 위대하게 만든 것은 그 제자들이 있었기 때문이다. 그들이 아무리 오합지졸이었든, 뛰어난 재주꾼이었든, 공자에게서 그 제자들을 빼고 그의 사상과 행적을 논할 수는 없다. 그들은 단지 공자의 제자로서 배우기만 한 것이 아니라 때로는 스승의 버팀목 역할도, 위로자의 역할도, 교사역할도 했다. 『시자(尸子)』 「산견제서문휘집(散見諸書文彙輯)」의 내용이다.

"공자는 의지가 흔들릴 때에는 자로를 곁에 두었고, 예복이 잘 꾸며지지 않을 때에는 공서화를 곁에 두었고, 예절이 숙달되지 않았을 때에는 자공을 옆에 두었고, 언어가 잘 소통되지 않을 때에는 재여를 옆에 두었고, 옛 일과 현실이 헷갈릴 때에는 안연을 옆에 두었고, 자잘한 것들을 조절할 때에는 염백우를 옆에 두었다."

결과적으로 공자의 제자들은 사마천의 표현처럼 단지 천리마 꼬리에 붙어 있던 하잘 것 없던 파리 같은 존재만은 아니었다. 오히려 천리마를 천리마답게 만든 소중한 존재들이었다.

수많은 제자들

인류의 스승이라 일컫는 공자의 제자들은 얼마나 되었을까? 3천명이라고도 하고, 72명 혹은 77명이라고도 한다.(『논어집주』「서설」. 이하 『논어집주』는 『집주』) 3천명이라 함은 보통 문하(門下), 문도(門徒)로서 공자학당을 한번이라도 출입한 모든 사람들을 가리킨다고 보았을 때, 그 수가 매우 많았다는 상징적 의미로서 3천이니 큰 의미는 없을 것 같다.

다만 72명이나 77명이라 말한 것은 공자가 학문의 필수과목이라 생각했던 육예(六藝)에 능통한 사람과 그를 직접 따라다니던 사람만을 지칭한 것일 것이다.

육예란 예(禮)·악(樂)·사(射)·어(御)·서(書)·수(數)를 말하고, 이에 능통한 사람을 사(士)라 했는데, 바로 이들이 공자의 제자들이었다. 『장자(莊子)』「전자방(田子方)」에는 "노나라에는 유사(儒士)가 많았다." 고 했는데, 이것도 역시 공자의 제자를 가리킨 말이다.

원래 사(士)란 문자적으로 '남성생식기'나 '도끼'를 나타내는 상형문자에서 비롯되었다. 우리가 상식적으로 알고 있는 문사(文士)나 무사(武士)는 후대 사인 계층이 역할을 분담하면서 나타난 개념들이다.

주(周)나라 초기 제정일치 사회의 종교지도자이자 정치지도자였던 무(巫)계층은 점차 현실정치 세력에서 밀려났다. 그 후로 이들을 대신한 계층이 사인(士人)그룹이었다. 막상 『설문해자』에서는 '사(士)'를 '사

(事)'라고 했다. 행정실무를 담당했던 전문가 그룹이 사인이었음을 확인하는 내용이다. 그들이 바로 춘추시대로 접어들면서 공자를 비롯한 여러 제자(諸子)들이었다. 그렇다면 '사(士)'란 상형문자인 여자[女]의 상대적 의미에 지나지 않다가 점차 사회가 발전하면서 사회지도층으로 분류되었고, 일반 남자(男)는 노동인력으로서의 피지배계층으로 분화된 것이다.

사인그룹이 처음부터 사회 상류계층을 이룬 것 같지는 않다. 학문분야만을 놓고 볼 때, 상(商)·주(周)시대에는 학문은 관에 의존하던 시스템〔學在官府〕이었다. 그러나 춘추시대에는 공자와 같은 사인들이 학문의 한 부분을 차지하면서 사회지도층으로 부상하였다. '학재관부'에 맞선 사학(私學)집단의 출현은 기존의 시스템을 흔들어 놓았다. 사학에는 경(卿)·대부(大夫)와 같은 귀족만이 있었던 것은 아니다. 사학의 선두주자였던 공자의 제자들 면면을 보면 알 수 있다. 그들은 결코 귀족 출신만이 아닌 다양한 계층의 사람들로 이루어졌다.

예를 들어 공자의 수제자격이면서도 형편없이 가난했던(『논어』「옹야」. 이하『논어』는 생략) 안연이라든지, "입고 있는 솜옷은 다 떨어져서 껍데기가 없고, 얼굴 색은 부어서 종기가 곪아 터졌으며, 손발은 트고 갈라져 있었고, 사흘동안이나 불을 때지 못했고, 십 년 동안에 옷 한 벌 만들어 입지 못했다(『장자』「양왕(讓王)」)"던 증삼(曾參)이라든지, "송곳 꽂을 만한 땅도 없었다"(『순자』「비십이자(非十二子)」)던 중궁(仲弓)등을 보면 알 수 있다. 이런 다양한 제자들을 거느릴 수 있었던 것은 공자의 무차별적 교육철학, 즉 '유교무류(有教無類)'(「위령공」)의 삶에서 비롯된 것이다.

이렇게 공자 문하로 모여든 제자의 수가 3천명이었든 72명, 혹은 77명이었든 중요한 것은 2천 5백년전 그네들의 사상과 행적이 중국문화의 주역으로 떠올랐다는 점이다. 공자와 그 제자들은 관학(官學)이 침체하고 사학(私學)이 득세할 때 이를 주도한 하나의 학파에 불과했다. 하지만 점차 그들의 학문은 후대로 가면서 적어도 진시황(秦始皇) 시절만 빼고는 거의 전 시대에 걸쳐 관학 아니면 국교로 대접받았고, 나아가 동아시아 의식전반을 지배하기에 이르렀다.

그러다 보니 공자와 그 제자들에 대한 삶과 사상은 실제와는 관계없이 말하는 사람의 포부와 신념에 따라 포장되기도 하고 폄하되기도 하였다. 그런 점에서 공자와 그 제자들의 언행을 채록한 『논어』의 바른 독해는 더욱 절실해졌고, 그 제자들의 발언도 공자 사상을 제대로 이해하는 길잡이가 되었다. 특히 글과 말이 자신의 사상을 담아내는 그릇〔文者道之器〕이라 했을 때, 제자들의 하나하나의 질문과 대답엔 그들의 삶뿐만 아니라 그 시대의 아픔과 요구가 함께 담겨져 있고, 그 이면엔 자신을 옹호하려는 의지와 신념도 담겨있었다.

초기 제자그룹과 후기 제자그룹이 같을 수 없다. 같은 스승에게 배웠어도 신세대와 구세대의 삶과 의식이 구별되듯이, 『논어』에 나타난 공자 제자들도 각기 달랐다. 『논어』에 언급된 제자들은 공자의 유세(遊說)

에 직접 동행했거나 아니면 공자와 대화를 나누며 가르침을 받은 흔적을
남긴 사람들이다. 그렇기 때문에 72명의 제자들은 허수일수도 있는 3천명
과는 질적으로 다르다. 실제로 『사기열전』의 「중니제자열전」(이하 「열
전」)에 기록된 제자들은 모두 72명보다 5명이 많은 77명인데, 그들의 이름
은 다음과 같다.

안연 · 민자건 · 염백우 · 중궁 · 염구 · 자로 · 재여 · 자공 · 자
유 · 자하 · 자장 · 증삼 · 담대멸명 · 자천 · 원헌 · 공야장 · 남궁괄 ·
공석애(公晳哀) · 증점 · 안로 · 상구(商瞿) · 자고 · 칠조개 · 공백료
(公伯僚) · 사마경(司馬耕) · 번지 · 유약 · 공서화 · 무마기 · 양전(梁
鱣) · 안행(顔幸) · 염유(冉孺) · 조휼(曹卹) · 백건(伯虔) · 공손룡(公孫
龍) · 염계(冉季) · 공조구자(公祖句玆) · 진조(秦祖) · 칠조치(漆雕
哆) · 안고(顔高) · 칠조도보(漆雕徒父) · 양사적(壤駟赤) · 상택(商
澤) · 석작촉(石作蜀) · 임불제(任不齊) · 공양유(公良孺) · 후처(后
處) · 진염(秦冉) · 공하수(公夏首) · 해용점(奚容蒧) · 공견정(公堅
定) · 안조(顔祖) · 교선(鄡單) · 구정강(句井疆) · 한보흑(罕父黑) · 진
상(秦商) · 신당(申黨) · 안지복(顔之僕) · 영기(榮旂) · 현성(縣成) · 좌인
정(左人郢) · 연급(燕伋) · 정국(鄭國) · 진비(秦非) · 시지상(施之常) ·
안쾌(顔噲) · 보숙승(步叔乘) · 원항적(原亢籍) · 락해(樂欬) · 염혈(廉
絜) · 숙중회(叔仲會) · 안하(顔何) · 적흑(狄黑) · 규손(邽巽) · 공충(孔
忠) · 공서여여(公西輿如) · 공서점(公西蒧).

위 명단은 『공자가어(孔子家語)』(이하 『가어』)의 기록과 거의 같으나, 이 책에는 공백료·진염·교선 3인은 없고, 대신 금뢰(琴牢)·진항(陳亢)·현단(縣亶) 3인이 들어 있다.

사마천은 『열전』에서 공자의 제자 77명을 하나하나 나열 설명하고, 그에 따른 근거와 자신의 견해를 구체적으로 설명하였다.

"학자들 가운데 많은 사람들이 70여명의 공자 제자들을 평가한다. (그들이 제자들을) 칭찬하는 데에는 간혹 실제보다 과장된 것도 있고, 평가절하 하는 데에는 간혹 참 모습보다 지나치게 헐뜯는 것도 있다. 모두가 진정한 모습은 아니다. (여기 『열전』에서 나 사마천이 논의한 것들은 공씨(孔氏)의 벽, 일명 곡부(曲阜) 공부(孔府)의 노벽(魯壁)에서 나온 고문(古文)에 근거한 것이므로 거의 정확할 것이다. 나는 제자들의 성과 이름, 그들의 말을 모두 『논어』에 나타난 제자들과의 문답 내용을 취하여 엮었으며, 의심가는 것들은 빼버렸다."

사가(史家) 사마천의 철저한 고증을 거쳐 편찬한 것이 『열전』이다. 77명의 제자가운데서도 특히 위에 나열한 제자의 순서를 놓고 볼 때 안연부터 공손룡까지 35명은 나이와 성명이 분명하고, 또한 공자에게 가르침을 받았고, 그에 따른 문답이 전해지는 경우이지만, 나머지 42명은 정보가 제대로 없다.

그러나 35명의 제자들이 분명한 근거자료가 있다하더라도 특별히 스승 공자와 극히 친근했거나 학문과 덕행이 뛰어났던 제자들은 따로 있다. 공문사과(孔門四科)에 속한 공문십철(孔門十哲)이 그들이다. 이른바 공문사과란 마치 대학의 전공학과와도 같다. 『논어』「선진(先進)」편에서 분류하고 있는 덕행(德行)·언어(言語)·정사(政事)·문학(文學)의 네 과가 그것이다. 아마도 오늘날 윤리·언어·정치·문학에 해당되는 학과일 것이다. 공문십철이란 덕행(윤리)과의 안연·민자건·염백우·중궁, 언어과의 재여·자공, 정사(정치)과의 염구·자로, 문학과의 자유·자하 등 10명을 말한다.

이런 공자의 제자들을 중국학자 전목(錢穆, 1895~1990)은 다시 두 부류로 나누었다. 한 부류는 공자가 노(魯)나라를 떠나기 전에 배웠고, 공자와 동고동락했던 초기 제자들이다. 자로(子路)·안연(顏淵)·자공(子貢)·염구(冉求)가 거기에 속한다. 또 다른 부류는 공자가 노나라로 돌아온 이후 공자를 현창한 소위 후기 제자들이다. 자유(子游)·자장(子張)·자하(子夏)·증삼(曾參)·유약(有若)이 거기에 속한다.

후기 제자들 중엔 자로나 자공·염구처럼 높은 정치적 지위에 오른 사람은 없었지만, 공자의 언행을 기록으로 남긴 사람들이다.

"『논어』란 서책은 유자(有子)와 증자(曾子)의 문인에게서 이루어졌다. 그래서 이 책은 유독 두 사람만을 자(子)라고 칭하였다."(『집주』「서설」)

증삼과 유약은 똑똑한 제자들 덕분에 스승 공자처럼 '자(子)'의 반열에 올랐던 것이다.

끼니는 굶어도 학문을 좋아했던

안연

안연(顏淵, B.C. 521~490)의 이름은 회(回)이고, 자는 자연(子淵), 혹은 안연, 존칭해서 안자(顏子)라 한다. 자타가 공인하는 공자의 수제자였다. 공자보다 30세 연하이고, 29세 때 머리가 세었으며, 31세의 나이로 요절하였다. 628년 당나라 시절 선사(先師)로 추존된 이후 739년 연공(兗公), 1009년 송나라 때 연국공(兗國公), 1330년 원나라 때 연국복성공(兗國復聖公), 1530년 명나라 때 복성(復聖)이라 추봉되었다. 시호를 통해서도 명실공히 공자의 수제자였음을 알게 된다.

안연은 언제나 공자를 가까이에서 수행한 초기 제자 가운데 한 사람이다. 간혹 공자와 떨어져 있어도 마음만은 그의 옆에 있었다. 한번은 공자일행이 여행 중 극한 어려움에 처했다. 그 때 안연이 뒤처져 있다가 나중에 합류하자 공자가 반가워하면서 네가 죽은 줄로만 알았다고 했다. 그러자 안연은 천연스레 "선생님께서 이렇게 버젓이 살아계신데, 어찌 감히 먼저 죽을 수 있겠느냐"(「선진」)고 말했다.

얼핏 선생님보다 먼저 죽을 수 없다는 식으로 들릴 수 있다. 하지만 이 말은 선생님께서 이렇게 어려움에 처해 계신데 어찌 선생님을 구하지

끼니는 굶어도 학문을 좋아했던 안연 25

않고 죽을 수 있겠느냐는 뜻이다. 안연은 스승 공자를 위해서 언제든 목숨을 바칠 각오가 되어있다는 일종의 다짐이자 선언을 한 것이다.

『가어』「재액(在厄)」편에는 이런 일화가 전한다. 공자 일행이 진(陳)나라와 채(蔡)나라의 국경지대에 갇혀 모두 굶주리고 있을 때의 일이다. 7일 동안이나 굶주렸을 때 자공이 남모르게 저축했던 비상금으로 쌀 한 섬을 사왔다. 안연이 이것으로 밥을 짓는데 그만 지붕의 먼지가 밥 위에 떨어졌다. 안절부절 못하던 안연이 머뭇거리다 먼지 떨어진 부분을 떠서 먹었다. 자공이 멀리서 이 모습을 보고는 안연이 훔쳐먹는 것으로 오해하였다. 그리고는 공자에게 와서 넌지시 물었다.

"어진 사람과 청렴한 선비도 곤궁에 빠지게 되면 절개를 바꿉니까?"

공자가 대답하였다.

"아무리 곤궁하다해도 변절한다면 어찌 어질고 청렴하다고 할 수 있겠는가?"

자공이 또 물었다.

"안연 같은 사람은 아무리 곤궁에 처한다해도 절개를 변치 않을 사람입니까?"

공자가 단호히 말했다.

"그렇다."

이에 자공은 공자에게 조금 전 안연이 밥을 훔쳐먹었다는 것을 일렀다. 그러나 공자는 그럴 리가 없다며 안연에게 직접 물어 보겠다고 하였다. 그리고는 안연을 불러 말했다.

"내가 어젯밤 꿈에 성인을 만나 뵈었다. 이것은 혹시 나의 앞길을 열어주고 복을 주시려는 것이 아닌지 알 수 없으니, 네가 짓고 있는 밥이 다 되었으면 성인께 먼저 제사를 지낸 후에 먹어야겠다."

이에 눈치 빠른 안연이 그 말의 참뜻을 깨닫고는 대답했다.

"아까 밥을 지을 때 지붕에서 먼지가 떨어져 그대로 두자니 깨끗하지 못하고 버리자니 곡식이 아까워 제가 떠서 한 덩어리 먹었습니다. 그러니 이 밥으로는 제사를 지낼 수 없습니다."

이 말을 들은 공자가 말했다.

"음, 그렇게 되었느냐? 먼지가 떨어졌다면 나 역시 떠서 먹었을 것이다."

안연이 밖으로 나가자 공자가 여러 제자들에게 말했다.

"내가 안연을 믿어 온 것은 오늘날의 이런 일이 있기를 기다린 것은 아니다."

그 후로 다른 제자들은 안연을 존중하고 그에게 복종하였다고 한다. 이런 안연을 어찌 공자가 미워할 수 있겠는가? 안연이 옆에 있는 한 공자는 행복했다. 공자는 안연을 언제나 자랑했다. 간혹 권력을 쥔 사람들이 그 제자들에 대해 말할 때면 공자는 침이 마르도록 안연을 칭찬했다.

노나라 애공(哀公)이 공자에게 질문했다.

"당신의 제자가운데 누가 가장 학문하는 것을 좋아합니까?"(이하

「옹야」)

공자는 생각할 겨를도 없이 안연을 지목했다. 거기다 덧붙여 묻지도 않은 그의 성실한 삶의 태도까지 말했다.

"안연이란 자는 배우기를 좋아하고, 노여움을 남에게 옮기지 않으며, 잘못을 거듭하는 일이 없습니다."

아마도 애공은 이 질문을 통해 자신의 나라에 필요한 일꾼을 추천받고 싶었던 것 같다. 그 때 공자는 단연코 안연을 지목했지만, 안연은 이미 이 세상 사람이 아니었다. 불행히도 그는 단명하였다. 죽은 안연을 들먹이며, "이젠 호학자(好學者)가 한 명도 없다."고 단언했다.

물론 이 내용은 애공의 단점을 간접적으로 은유한 것이라고 지적한 왕충의 지적(『논형』「문공(問孔)」)도 일리가 있다. 왕충은 이렇게 공자가 대답한 것을 화를 잘 내고 같은 잘못을 거듭하는 애공에 대한 질책을 겸한 것이라고 했다. 공자 문답법의 특성상 충분히 그럴 여지가 있다.

어찌됐든 안연이 단명한 것은 분명하다. 선비가 "도(道)에 뜻을 두고도 나쁜 옷과 거친 음식을 부끄러워하면 더불어 의논할 수 없다."(「이인」)고 말한 공자의 뜻을 너무나도 성실히 수행한 안연은 그만 영양실조로 단명한 것 같다. 형편없는 식사에도 만족하고, 진리탐구에 정진하면서 근심을 잊은 그를 공자는 제자들 가운데 유일하게 인(仁)을 실천한 현자(賢者)라 극찬했다.

"안연은 참으로 어질구나! 한 그릇의 밥과 한 바가지의 물로 끼니를 때

우고, 누추한 곳에서 사는 것을 다른 사람들은 그것을 근심하며 견디지 못하는데, 너는 그 즐거움을 변치 않으니, 안연은 참으로 어질도다!"(「옹야」)

공자는 같은 말을 반복하면서 안연을 칭찬하였다. 그런 안연은 거친 식사라도 그나마 할 수 있었던 게 다행이었다. 굶는 적이 더 많았기 때문이다. 아무리 스승 공자의 가르침이 "무엇을 먹을까?" "무엇을 마실까?" 하는 경제 문제보다는 "어떻게 살 것인가?" 라는 도덕적 문제에 그 초점이 있었다 하더라도, 그래서 안빈낙도(安貧樂道)했던 안연같은 삶이 자신의 이상을 실현하는 모델케이스라 해도 굶주리면서까지 진리탐구에 몰두했던 안연의 모습이 대견하게만 보일 수 없었을 것이다. 그래도 안연의 삶은 공자 자신의 이상적 삶의 한 전형을 보여준 것이었다.

이런 안연의 모습을 장자(莊子)는 좌망(坐忘)이라 표현하였다. 비록 장자적 관점에서 편집된 것이라 하더라도, 안연과 공자에게서 이런 측면이 전혀 없었던 것은 아니다. 『장자』「대종사」편의 안연과 공자의 대화를 보자.

(안연) "저에게 (전보다) 나아진 것이 있습니다."

(공자) "무엇을 말하는가?"

"인의(仁義)를 잊었습니다."

"그런가. 하지만 아직 부족한 게 있다."

뒷날 다시 만나서 안연이 말했다.

"저에게 (전보다) 나아진 것이 있습니다."

"무엇을 말하는가?"

"예악(禮樂)을 잊게 되었습니다."

"그런가. 하지만 아직 부족한 게 있다."

뒷날 다시 만나서 안연이 말했다.

"저에게 (전보다) 나아진 것이 있습니다."

"무엇을 말하는가?"

"좌망(坐忘)을 하게 되었습니다."

공자가 놀라며 되물었다.

"좌망이란 어떤 것인가?"

안연이 대답했다.

"자기의 신체가 손발의 존재를 잊어버리고, 눈이나 귀의 움직임을 멈추고, 형체가 있는 육체를 떠나 마음의 지각(知覺)을 버리고 모든 차별을 넘어서 저 위대한 도에 동화되는 것, 이것을 좌망이라고 합니다."

공자가 말했다.

"도와 하나가 되면 좋고 싫은 마음이 없어지고 만물의 변화에 참여하면 집착하지 않게 된다. 너는 정말 훌륭하구나. 나도 네 뒤를 따라야겠다."

정통 유가의 입장에서 보면 펄쩍 뛸 소리이다. 하지만 안연의 안빈낙도를 장자적 관점에서 재해석하면 군이 불가능할 것 같지도 않다. 공자에게서도 이런 초현실적 분위기가 없는 것이 아니기 때문이다.

『장자』「달생」편의 대화 내용도 살펴보자.

안연이 공자에게 물었다.

"제가 일찍이 상심(觴深)이라는 개울을 건넌 적이 있었는데, 사공의 배 다루는 솜씨가 귀신같았습니다. 제가 '노 젓는 기술을 배울 수 있습니까?' 라고 묻자, 그가 말하기를 '할 수 있습니다. 헤엄을 잘 치는 사람은 몇 번만에 배울 수 있고, 잠수를 잘하는 사람은 배를 본 적이 없어도 곧 배울 수 있습니다' 고 하였습니다. 제가 그 까닭을 물었지만, 대답해 주지 않았습니다. 어째서 그런 것인지 가르쳐 주십시오."

그러자 공자가 대답했다.

"헤엄을 잘 치는 사람이 몇 번만에 배울 수 있다는 것은 그가 물에 익숙해 물을 의식하지 않기 때문이고, 잠수를 잘 하는 사람이 배를 본 적이 없어도 노를 저을 수 있다는 것은 그가 깊은 물을 언덕과 같이 여기고, 배가 뒤집혀도 수레가 뒤로 물러나는 것 같이 여기기 때문일 것이다. 뒤집히고 물러나는 등의 온갖 사태가 눈앞에서 일어난다 해도 그것들이 그의 마음에 개입하지 못하기 때문이다. 이쯤 되고 보면 어디 간들 여유가 없겠느냐? (하찮은) 질그릇을 내기로 걸고 활을 쏘면 잘 쏠 수 있지만, (귀중한) 허리띠의 은고리를 내기로 걸고 활을 쏘면 마음이 흔들리고, (값비싼) 황금을 걸고 활을 쏘면 눈앞이 가물가물하게 되는 것이다. 그 재주는 마찬가지인데 연연해하는 바가 생기게 되면 외물을 중히 여기게 되니, 외물을 중히 여기는 자는 속마음이 졸렬해지는 것이다."

한마디로 마음을 비워야한다는 장자적 좌망의 경지를 공자와 안연의 대화형식으로 꾸민 내용이다. 비록 이 내용이 장자가 자신의 지향점을 어찌 보면 라이벌관계라고 할 수 있던 유가의 대표 공자와 그 수제자 안연의 대화형식으로 내용을 각색했다 하더라도, 공자나 안연에게서 이런 경지에 대한 의식이 전혀 없었던 것은 아닌 것 같다. 안연의 안빈낙도의 경지와 공자가 증석이 "기수(沂水) 무우(舞雩)에서 바람쐬고 노래하면서 유유자적하겠다"(「선진」)는 것을 가장 높게 평가한 것으로 볼 때, 이것은 충분히 설명된다고 하겠다.

하지만 이런 좌망의 경지는 얼핏 넋 나간 사람처럼 보일 때도 있다. 공자를 아무리 장자가 좌망의 경지에서 바라보았더라도 그는 그래도 현실주의자였다. 현실적 감각이 뛰어났던 공자의 입장에서는 현실에 눈이 어두웠던 안연이 때로 바보처럼 보인 적도 있었다. 스승 공자의 눈에 안연은 멍청이처럼 보였다. 하루종일 말해도 듣기만 하던 안연을 바보인 줄 알았다고 술회한 것이 이를 증명한다.

"안연은 나와 하루종일 마주앉아 공부할 때 듣고 만 있었다. 그래서 난 저가 어리석은 바보라고 생각했다. 그런데 물러가 행동하는 것을 보았더니 내가 가르친 것을 제대로 실천하였다. 안연은 절대로 어리석은 바보가 아니다."(「위정」)

도대체 안연이란 제자는 공자의 말을 한번도 거스르지 않았다고 하는데, 어떤 인간이었을까? 혹 줏대 없는 예스맨은 아니었을까? 스승 공자도 '이거 바보 아냐?' 라고 했을 정도라면, 보통 사람이 본 안연의 모습은 매우 갑갑한 사람이었을 것이다. 일반 사람들은 그저 공자의 가르침을 하루 이틀 아니면 잘해야 한 달에 한 두 번 정도 실천할 정도였다는데, 안연은 삼 개월이 지나도 그 가르침에서 벗어나지 않았고, 그것을 실천하는 데에도 게을리 하지 않았다고 하니, 뛰어난 천재 아니면 바보임이 분명했다. 그러니 처음 공자가 그를 바보라고 했던 것도 무리는 아니었다.

예스맨, 혹은 몰주체적인 사람, 혹은 스승의 그림자처럼 보였던 안연의 태도를 『장자』 「전자방」에서 확인해보자. 비록 장자의 관점에서 바라본 것이라도, 다른 문헌에 비친 안연의 모습을 오히려 다양하게 볼 수 있다는 차원에서 의미 있을 것이다.

안연이 공자에게 말하였다.

"선생님께서 걸으시면 저도 걷고, 선생님께서 빨리 걸으시면 저도 빨리 걷고, 선생님께서 뛰시면 저도 뜁니다. 선생님께서 먼지 하나 일으키지 않으시고 달리시면 저는 뒤에서 눈만 뻔히 뜨고 바라볼 뿐입니다."

공자가 말하였다.

"안연아! 그게 무슨 말인가?"

안연이 대답하였다.

"선생님께서 걸으시면 저도 걷는다는 것은 선생님께서 말씀하시면 저도 말한다는 것입니다. 선생님께서 빨리 걸으시면 저도 빨리 걷는다는 것은 선생님께서 변론하시면 저도 변론한다는 것입니다. 선생님께서 뛰시면 저도 뜁다는 것은 선생님께서 도를 말씀하시면 저도 도를 말하겠다는 것입니다. 하지만 먼지 하나 남기지 않고 달려 버리시면 저는 뒤에서

안연의 사당

눈만 뻔히 뜨고 있을 것이라는 것은, 선생님께서는 말씀하지 않으셔도 남에게 신임을 받고, 남들과 친하려 하지 않으셔도 남들이 친하게 따르며, 벼슬이나 권력이 없어도 백성들이 앞에 모여드니 그렇게 되는 까닭을 모르겠다는 것입니다."

황제의 지위에 오르지 않고도 황제의 대접을 받았던 공자를 표현한 듯 하다. 물론 안연이 살던 시대나 장자가 살던 시대의 공자에 대한 평가는 그 훗날만 훨씬 못했다. 그럼에도 이런 공자에 대한 평론은 공자가 이미 황제적 지위로 부상하고 있었음을 확인하게 된다. 제3자적 입장에서 바라본 단순 사제지간의 대화로 치부할 수도 있겠으나, 스승과 수제자와의 관계를 잘 표현하고 있다는 점에 주목할 필요가 있다.

아무튼 공자의 충실한 제자 안연은 공자로부터 특별한 평가를 받았다. 어찌 보면 줏대 없는 예스맨처럼 보일 수는 있어도 공자가 바라본 안연은 진실한 제자의 모습이었다. 스승의 언행을 언제나 긍정하였던 충실한 제자였다. 어설픈 농담도 웃어주는 너그러운 제자였다. 공자는 이런 안연을 두고 자신에게 도움이 안 된다고 하였다.(「선진」)

하지만 이 표현은 역설이었다. 공자에게 안연이 없었다면 그의 학문은 진보가 없었을 것이다. 공자는 제자의 진보하는 것을 보고 더 분발했을지도 모른다.(「자한」) 안연만이 어떤 상황에서든 자신과 함께 할 수 있는 유일한 제자였기 때문이다.

결국 안연은 바보가 아닌 뛰어난 천재였다. 그는 자타가 공인하는 천재였다. 라이벌관계일수도 있는 동학들로부터도 천재성을 인정받았

누추했던 안연의 집터

다. 공자의 제자가운데 제법 똑똑하다고 소문났던 자공(子貢)보다도 그는 더 총명했다. 안연은 단지 공자의 말을 듣고 실천만 한 것이 아니라 창조적으로 계승하고 응용했던 것이다.(「공야장」)

이런 면에서 안연은 호학자(好學者)이자 식전자(識前者)였다. 학문을 좋아하였고, 하나를 알면 나머지 열을 예측하고 응용할 수 있는 뛰어난 제자였다. 그러면서도 안연은 겸손했다. 자신의 박식함을 뽐내지 않았다. 자신이 이룬 성과를 자랑하지도 않았다. 바보의 겸손은 겸손이 아니라 무지무식의 소치라면, 안연의 겸손은 겸손 자체였다. 자기가 잘하는 것을 자랑함이 없으며, 자신의 공로를 과시함이 없었다.(「공야장」)

그러나 안연은 31세의 젊은 나이에 공자보다 먼저 명을 달리했다. 공자보다 30세나 연하였던 안연이 먼저 죽자 공자는 실성한 사람처럼 "하늘이 나를 망하게 한다. 하늘이 나를 망하게 한다."(이하 「선진」)며 소리쳤다. 이 말은 비슷한 시절 역시 공자보다 먼저 죽은 아들 공리(孔鯉)의 상사 때에도 하지 않았다. 주변 사람들이 이런 공자를 의아하게 여기자, 그럼 안연을 위해 통곡하지 않으면 누구를 위해 통곡하느냐고 반문했다. 눈치 빠른 제자들이 이런 공자를 위로하고자 안연의 상례(喪禮)를 후하게 치뤘다. 하지만 공자는 신분에 넘치는 장례를 치룬 그 제자들을 탓하며 공사(公私)구분의 정신을 분명히 하였다.

『사기열전』의 「중니제자열전」(이하 「열전」)에서는 단명한 안연을 이렇게 말하고 있다.

"안연은 29세에 머리가 하얗게 세더니 젊은 나이에 죽었다. 공자는 제자의 죽음을 매우 슬퍼하고 가슴아파하며 소리내어 울면서 탄식했다."

『논형』「효력(效力)」편에서는 안연의 단명을 기력의 상실로 설명하고 있다.

"이미 안연은 덕행의 측면에서는 공자를 앞서서 가려다 정력이 고갈되어 이가 빠지고 머리가 세어버렸다. 공자와 비슷한 재능을 지녔어도 힘이 딸려 쓰러지는 화를 당했으니, 공자의 정신력이 더 뛰어나 안연이 감당하지 못했기 때문이다. 이는 재주와 역량이 공자만 못할 뿐 아니라, 지혜도 공자를 따라가지 못하는 것이다. 억지로 자기 능력의 십 배, 백 배의 일을 하면 가슴에서 피를 토하고 정신이 빠져 미쳐 날뛰다가 기가 끊어져 버릴 것이다."

운명론자 왕충의 발언치고는 의외가 아닐 수 없다. 왕충이 자신의 일관된 논리로 이 문장을 썼다면 안연은 공자만큼 뛰어난 재주꾼이었지만 타고난 운명이 공자만 못해서 일찍 죽었다고 했어야 옳았다. 아무튼 단명한 안연의 삶과 학문을 스승 공자에 견주어 생각하게 하는 문장이다.

한편 『장자』「양왕(讓王)」편에서는 가난하면서도 욕심내지 않고 벼슬하지 않았던 그의 삶을 스승 공자와의 대화 형식으로 다루고 있다.

공자가 안연에게 말했다.

"안연아! 집안이 가난하고 신분도 미천한데, 어째서 벼슬을 하지 않느냐?"

안연이 대답했다.

"벼슬하는 것을 원하지 않습니다. 제게는 성밖에 밭 50무(畝)가 있으니 그것으로도 죽을 쑤어 먹기에 충분합니다. 성안에는 10무의 밭이 있어 거기에서 나오는 삼으로 베옷을 지어 입기에 충분합니다. 또 거문고를 타면서 스스로 만족하다 여길 수 있으며 선생님께 배우는 도를 즐길 수가 있습니다. 저는 벼슬하는 것을 원하지 않습니다."

공자가 갑자기 얼굴빛을 바꾸며 말하였다.

"네 생각이 매우 훌륭하구나! 내 듣건대, 만족할 줄 아는 사람은 이욕(利慾) 때문에 스스로를 해치지 않고, 자득(自得)할 줄 아는 사람은 이득을 잃어도 두려워하지 않으며, 정신의 수양을 쌓은 사람은 지위가 없어도 부끄러워하지 않는다고 하였다. 나는 그것을 마음에 새겨 둔지 오래되었는데, 네 말을 듣고서야 깨닫게 되었구나. 이것이 내가 얻은 것이다."

공자는 평소 안연이 출세하지 못함을 늘 안타깝게 여겼다. 거기다 단명까지 하자 더욱 가슴 아파했다.

그런데 안연의 소극적 성격과 모든 일에 철저하고자 했던 일종의 도덕적 결벽증은 출세와는 거리가 멀었다. 예나 지금이나 정치는 현실이고 현실은 적당히 때묻은 자들이 이끌어가고, 또 그런 이들을 원하고 있기 때문이다. 그렇다면 이 대화는 삶의 가치를 부와 권력에 두고 행복지수가 가려진 현실에 대한 비판을 담고 있는 소리이기도 하다.

공자가 수수(洙水)와 사수(泗水)가를 제자들과 함께 걷는데, 공자가 천천히 걸으면 안연도 천천히 걸었고, 공자가 빨리 걸으면 안연도 역시 빨리 걸었다는 장면 (步游洙泗)

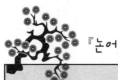

🌿 공자가 말했다. "안연은 나와 하루종일 마주앉아 공부할 때 듣고 만 있었다. 그래서 난 저가 어리석은 바보라고 생각했다. 그런데 물러가 행동하는 것을 보았더니 내가 가르친 것을 제대로 실천하였다. 안연은 절대로 어리석은 바보가 아니다."(子曰: 吾與回言終日, 不違如愚. 退而省其私, 亦足以發. 回也不愚. 「爲政」)

🌿 공자가 안연에게 말했다. "기용하면 나아가 행동하고 버리면 은둔하는 것은 오직 너와 나만이 할 수 있을 뿐이다."(子謂顔淵曰, 用之則行, 舍之則藏, 惟我與爾有是夫. 「述而」)

🌿 애공이 물었다. "당신의 제자가운데 누가 가장 학문하는 것을 좋아합니까?" 공자가 대답하였다. "안연이란 자는 배우기를 좋아하고, 노여움을 남에게 옮기지 않으며, 잘못을 거듭하는 일이 없습니다. 그런데 불행히도 그는 단명하였습니다. 그래서 지금은 없으니 아직 학문을 좋아하는 제자가 있다는 소리를 듣지 못했습니다."(哀公問: 弟子孰爲好學? 孔子對曰: 有顔回者好學, 不遷怒, 不貳過. 不幸短命死矣! 今也則亡, 未聞好學者也. 「雍也」)

🌿 공자가 말했다. "안연은 그 마음이 3개월 동안 인을 떠나지 않았고, 나머지 제자들은 하루나 한 달에 한번 정도만 인에 이를 뿐이었다."(子曰: 回也, 其心三月不違仁, 其餘則日月至焉而已矣. 「옹야」)

🌿 공자가 말했다. "어질구나 안연이여! 밥 한 그릇과 물 한 바가지로 누추한 곳에서 사는 것을 다른 사람 같으면 그것을 근심하며 견디지 못할 터인데, 안연은 그 즐거움을 변치 않으니 어질구나 안연이여!"(子曰: 賢哉, 回也! 一簞食, 一瓢飮, 在陋巷. 人不堪其憂, 回也不改其樂. 賢哉, 回也! 「옹야」)

🌿 공자가 말했다. "안연은 나의 어떠한 말에도 기뻐하지 않음이 없으니 나를 도와주지 않는 사람이다."(子曰: 回也非助我者也, 於吾言無所不說. 「先進」)

🌿 공자가 말했다. "안연은 (진리를 깨우친데) 가까이 갔지만, 끼니를 자주 굶었다." (子曰: 回也其庶乎, 屢空. 「先進」)

🌿 공자가 말했다. "(진리를) 알려주면 게을리 하지 않는 자는 안연일 뿐이다."(子曰: 語之而不惰者, 其回也與! 「子罕」)

의리의 사나이

자로

자로(子路, B.C. 542~480)의 성은 중(仲), 이름은 유(由), 자
가 자로, 혹 계로(季路)라고도 했다. 공자보다 9세 연하로
제자중 최고 연장자였다. 노나라 변(卞), 지금의 산동성 사
수현(泗水縣) 천림(泉林) 사람이다. 공문십철의 한사람.
739년 위후(衛侯), 1009년 송나라 때 하내후(河內侯), 그 뒤
위공(衛公)으로 추봉되었다.

　　자로는 공자의 제자 중에서 아마도 야단을 가장 많이 맞았고, 또 파
란만장한 삶을 살았던 제자였다. 「열전」에서는 자로를 "성격이 거칠고 용
맹스러웠으며, 뜻이 강하고 곧았다. 수탉의 깃으로 만든 관을 쓰고 수돼지
의 가죽으로 주머니를 만들어 허리에 차고 다녔다."고 묘사했다. 영락없
는 산적 두목의 형상이다. 『가어』 「72제자해」에서는 "사람됨이 과단성 있
고 강직하나 성품이 고루해서 융통성이 부족하였다."고 평했고, 『가어』
「곡례자공문(曲禮子貢問)」에서는 "남 책망하기를 좋아한다."고도 하였
다. 그런 자로가 죽었을 때, 공자는 슬퍼하며 "내게 자로가 있은 뒤로부터
는 나쁜 소리가 귀에 들리지 않았다."고 하였다. 불같은 자로가 스승 공자
비난하는 소릴 조금도 용납하지 않았기 때문이다.

공자일행이 활쏘기 연습을 하는데
주변많은 사람들이 구경할 때, 자로가
「전쟁에서 패한 장군, 망한 나라의 대부,
남의 뒤만 따라 다니는 사람은 물러가고,
오로지 효성스럽고 예를 좋아하며
세속을 좋지않는, 사람만 남으라.」
고 하자 대부분의 사람이 떠나갔다는 장면

(射殖相圖)

「열전」에는 자로와 공자의 만남을 극적으로 표현하고 있다.

"그는 한 때 공자를 업신여기며 포악한 짓을 했다. 그러나 공자가 예의를 다해 조금씩 바른 길로 이끌었고, 그러자 그는 뒷날 유자(儒者)의 옷을 입고 예물을 올리고 공자의 문인들을 통해 제자가 되고 싶다고 했다."

얼마나 극적인가? 도덕군자 공자는 망나니였던 자로를 개과천선하게 하여 결국 유자가 되게 하였으니 두 사람의 만남은 처음부터 예사롭지 않았던 것이다. 이렇듯 자로의 전 일생은 평범하지 않았다. 한번은 공자가 자로에게 말했다.

"사랑한다면 수고롭게 하지 않을 수 있겠는가? 충성한다면 깨우쳐 주지 않을 수 있겠는가?"(「헌문」)

사랑하는 자에게 매한대 더 때린다는 식의 말이다. 역설 같지만 실제로 사랑하기 때문에 더 많은 애정과 사랑이 그를 수고롭게 할 수 있다. 연단을 통한다면 자로를 더 큰 사람으로 성장시킬 수 있음을 알았기 때문이다.

이렇게 스승으로부터 사랑 받기 시작한 자로는 때로 천방지축처럼 보였다. 자로는 공자가 여러 제자들에게 질문하면 언제나 먼저 나서서 대답하였다. 나서기 좋아하고 말보다 행동이 앞서는 제자의 모습이었다. 『가어』「곤서(困誓)」에 보면 자로가 공자를 모시고 진나라와 채나라 국경 지대를 지나며 화를 당했을 때의 일이 기록되어 있다. 격분한 마음으로 자로가 칼을 빼 들고 달려들자 공자가 제지하며 음악을 통해 그를 달랜 적이 있다. 음악은 군자에게는 교만한 마음을 없애주고 소인에게는 두려운 마음을 없애 주기 때문이었다. 군자의 입문과정에 있는 자로를 음악을 통해 교훈한 내용이다.

자로가 공자에게 질문했다.

"선생님께서 삼군(三軍)을 통솔하신다면 누구와 함께 하시겠습니까?"(이하 「술이」)

자로는 당연히 용기 출중한 자신이 그 대상일 것이라는 확신속에서 한 질문이었다. 하지만 공자의 대답은 달랐다. 자로의 의중을 꿰뚫고 허를 찌르는 대답이었다.

"맨손으로 호랑이를 잡으려 하고, 맨몸으로 강을 건너려다 죽어도 후회함이 없는 자와는 함께 하지 않겠다."

여기서 과연 맨손으로 호랑이를 잡고, 맨몸으로 강을 건너려는 사람은 누구를 염두하고 한 말일까? 두말할 것도 없이 자로였다. 공자의 말은 여기서 그치지 않았다.

"반드시 일을 할 때에는 두려워할 줄도 알고, 일을 잘 도모할 줄도 알아서 성공하게끔 만드는 자와 함께 하겠다."

이 대답에서 우리는 공자의 교육방법을 알게된다. 질문자의 의도를 꺾고 공자 자신의 가치관으로 유도하는 방법이 그것이다. 일종의 공자식 제자 교육 방식이다. 그러면서 공자는 자로에게 특별히 참된 지식이 무엇인가에 대해서 말하였다.

"자로야! 내가 너에게 안다는 것에 대해서 가르쳐 주겠다. 아는 것을 안다 하고, 모르는 것을 모른다고 하는 것이, 이것이 아는 것이다." (「위정」)

평소 자로는 용맹이 뛰어났기에 적극적으로 나서기 좋아했고, 나서다 보니 아는 척도 많이 했던 것 같다. 아는 척 하다보니 억지로 우기는 경우도 적지 않았다. 그렇기 때문에 공자가 자로에게 가르치려고 한 것은 뒷말, 곧 "모르는 것을 아는 척 하며 우기지 말고 모른다."라고 솔직히 시인하는 것도 앎이라고 알려준 것이다. 예로부터 이 말은 널리 암송되었는데, "지지위지지부지위부지시지야(知之爲知之不知爲不知是知也)."라는 말을 여럿이서 빠르게 암송하면 마치 제비가 '지지배배 지지배배' 지저귀는 소리와 비슷하다고 해서 제비도 이것을 안다는 농담도 나왔다.

『한비자』「외저설우상(外儲說右上)」편에는 제대로 알지 못하고 아는 척 하다 뒤통수 맞는 자로의 모습을 그리고 있다. 계손(季孫)씨가 노나라의 재상으로 있을 때, 자로가 후(郈), 지금의 산동성 동평현(東平縣)의 장관이었다. 노나라는 오월(吳越)지역의 사람들을 동원하여 긴 수로를 만들고 있었는데, 자로가 자신의 돈을 들여가면서 일꾼들을 먹였다. 스승 공자가 그런 사실을 알고는 자공으로 하여금 당장 그만두게 하면서 이렇게 말하였다.

"노나라 군주가 백성을 돌보고 있는데, 자네가 어찌하여 그들에게 바로 밥을 먹이는가?"

그러자 자로가 불끈 성을 내며 팔뚝을 걷어올리고는 스승 공자에게 달려가 따져 물었다.

"선생님은 제가 인의(仁義)를 행하는 것을 미워하십니까? 선생님께 배운 것은 인의입니다. 인의란 제가 가진 것을 천하 백성들과 함께 하며 이득을 똑같이 하는 것입니다. 지금 저의 봉록인 쌀로 백성들을 먹이는데, 이것이 옳지 않다고 함은 어째서 입니까?"

당당하게 대드는 자로에게 공자는 한심하다는 듯 혀끝을 차며 말했다.

"자로는 교양이 없구나. 나는 자네가 안다고 여겼는데, 자네는 여기에 미치지 못하고 있다. 자네는 본래 이와 같이 예를 알지 못하고 있었던 것이다. 자네가 밥 먹이는 것은 사랑하기 때문이다. 예란 천자가 천하 백성을 사랑하고 제후가 자기 구역 안을 사랑하며 대부가 관속을 사랑하고 사인(士人)이 집안을 사랑하는 일이다. 사랑해야할 한계를 넘는 것을 침범이라고 한다. 지금 노나라의 군주가 백성을 돌보고 있는데도 자네가 제멋대로 사랑한다고 하는 것은 바로 자네가 군주의 영역을 침범한 것이다. 그러니 자네의 행동은 무책임한 일이 아닌가?"

이 말이 끝나기도 전에 계손씨의 사자가 이르러 공자를 질책하며 말하였다.

"내가 백성들을 동원하여 일을 시키는데, 선생이 제자를 시켜 일꾼들을 불러 밥을 먹이고 있습니다. 장차 내 백성을 빼앗으려는 것입니까?"

자로의 성급함과 무지 때문에 벌어진 일이다. 신분사회에서의 질서는 신분에 따라 해야할 일이 정해져 있다. 그렇기 때문에 아무리 사랑하는 마음으로 사랑을 실천한다해도 신분의 범위를 넘어서서는 안 된다. 자로의 무지와 성급한 성격 때문에 빚은 해프닝이 아닐 수 없다.

그래도 공자는 이런 자로가 자신을 꿋꿋하게 지켜줄 것이라는 믿음을 갖고 있었다. 진리를 저버린 세상에서 더 이상 뜻을 실현할 수 없음을 알고, 공자는 먼 곳으로 떠나고 싶었다. 먼 여행을 떠날 때, 자신을 따라와 줄 제자는 역시 자로 뿐이란 것을 공자는 잘 알고 있었다.

공자가 말했다.

"진리가 행해지지 않으니, 내 뗏목을 타고 바다를 항해하려 한다. 이 때 나를 따라올 사람은 아마 자로 뿐일 것이다." (이하 「공야장」)

자로가 이 말을 듣고 곧바로 순진하게 기뻐하며 의기양양해 졌다. 이에 노련한 공자가 한마디 덧붙였다.

"넌 용기는 나보다 나을지 모르지만 사리를 헤아려 맞게 하는 분별력은 한참 떨어진다."

자로가 한방 먹은 꼴이 됐다. 정현(鄭玄)은 이 대목에서 '무소취재(無所取材)'를 '뗏목도 필요 없겠지.' 라는 빈정거림으로 해석하며 그 분위기를 더욱 살리고 있다. 여하튼 "자로는 거칠다." (「선진」)며 언제나 스승 공자로부터 걱정도 많이 들었고, 야단도 많아 맞았다.

어느 날 자로가 공자의 대문 앞에서 학업에 열중인 스승과 동학들에게 들으란 듯 큰소리로 비파를 타고 있었다. 아마도 스스로는 자신이 명

연주를 한다고 착각했는지도 모른다. 하지만 연주자의 기대가 청중과 항상 일치하는 것은 아니다. 어린애가 노래한답시고 마구 떠들어대면 부모는 무슨 짓을 해도 귀엽고 예쁘겠지만, 제 삼자에겐 그건 노래가 아니라 소음에 지나지 않는다. 아마도 자로의 비파 연주도 그랬을 것이다.

동학들이 자로의 무례함을 대놓고 비난하자 공자는 그의 제자로서의 격을 말했다. 자로는 "이제 입학(升堂)만 한 상태이지 아직 진리의 장(入室)에는 들어오지 못했노라."(「선진」)고 하였다.

자로의 비파소리는 북쪽 변방의 살벌한 소리가 스며있다고 하였는데, 아마도 자로의 기질이 악기 소리에 그대로 배어 나온 것 같다. 『가어』「자로초견(子路初見)」에 보이는 공자가 자로를 처음 만났을 때의 상황도 이것을 증명한다.

공자가 물었다.

"너는 음악을 좋아하느냐?"

자로가 대답했다.

"저는 긴 칼을 좋아합니다."

공자가 다시 말했다.

"네가 능한 것을 묻는 게 아니라, 그 능한 것 위에 학문을 더하게 되면 누가 그걸 따라오겠느냐? 바로 그런 걸 묻는 것이다."

자로가 대답했다.

"배우는 것이 무슨 유익함이 있겠습니까?"

공자가 대답했다.

"대개 임금도 간언하는 선비가 없으면 정직함을 잃어버리기 쉽고, 선비도 가르쳐 주는 친구가 없으면 들은 것을 잊어버리기 쉽다. 그러므로 길이 들지 않은 말을 모는데는 채찍을 손에서 놓을 수가 없는 것이며, 활을 잡자면 활을 바로 잡는 틀〔檠〕로 해야 하는 법이다. 나무도 먹줄을 갖고서 활용해야 바르게 되고 사람도 간언하는 말을 들어야만 비로소 착해진다. 배움을 받고 남에게 묻는 것을 소중하게 한다면 누구인들 나쁜 일을 하겠느냐? 만일 어진 사람을 헐뜯거나 선비를 미워한다면 반드시 형벌을 면치 못할 것이다. 까닭에 군자는 학문을 하지 않을 수가 없다."

공자를 처음 만난 자로의 때묻지 않은 상태를 잘 대변한 내용이다. 자로는 학문이 왜 필요한지 조차 모르고 단지 긴 칼만 좋아하는 용사일 뿐이었다. 이런 그의 모습은 『논어』를 비롯한 자로를 거론한 모든 문헌에 공통적으로 보인다.

『중용』에는 자로가 공자에게 강함에 대해 질문한 기록이 있다. 이때 공자가 남방에서 말하는 강함인지, 북방에서 말하는 강함인지, 아니면 자로 자신이 강하게 하여야할 바를 물은 것인지를 반문하고, 이렇게 대답하였다.

"너그럽고 유순히 하여 가르쳐 주고, 무도(無道)함에 보복하지 않는 것은 남방의 강함이다. 군자는 여기에 처한다. 병기와 갑옷을 깔고 자서 죽어도 싫어하지 않음은 북방의 강함이다. 강한 자는 여기에 처한다. 그러므로 군자는 화(和)하되 흐르지 않으니, 강하다 꿋꿋함이여! 중립하여 치우치지 않으니, 강하다 꿋꿋함이여! 나라에 도(道)가 있을 때에는 궁할 적의 의지를 변치 않으니, 강하다 꿋꿋함이여! 나라에 도가 없을 때에는 죽음에 이르러도 지조를 변치 않으니, 강하다 꿋꿋함이여!"

용기와 강함이 남보다 뛰어난 자로였기에 공자는 그를 언제나 신중한 언행으로 교육하였다. 문답식으로 이루어진 공자의 가르침에 잘 나타나 있다.

물론 춘추시대라고 하는 혼란기를 살면서 용기는 지도자가 반드시 갖추어야할 기본덕목이었다. 당시 군자의 기본 덕목은 지(智) · 인(仁) · 용(勇)이었고, 그것을 갖춘 사람은 미혹되지 않고〔不惑〕, 근심하지 않고〔不憂〕, 두려워하지 않는다〔不懼〕고 공자는 말했다.(「자한」) 그러면서도 공자는 이렇게 말한다.

"군자가 지녀야할 도가 세 가지 있는데, 나는 능한 것이 없다."(「헌문」)

물론 겸손한 말일 수도 있지만, 그만큼 이 세 가지를 실천하는 것이 어렵다는 말이기도 하다. 그래서 공자는 덧붙이고 있다.

"덕이 있는 사람은 반드시 훌륭한 말을 하지만, 훌륭한 말을 한다고 반드시 덕이 있는 것은 아니다. 인한 사람은 반드시 용기가 있지만, 용기 있는 사람이라고 반드시 인한 것은 아니다."(「헌문」)

이 말을 자로에게 적용한다면 그는 자타가 공인하는 용자(勇者)이지만, 인자(仁者)나 덕자(德者)는 아니었다. 하지만 자로는 자신의 장점인 용기를 어떻게 해서든 스승 공자로부터 인정받고 싶어했다. 그래서 자로는 넌지시 빗대어 질문하였다.

"군자도 용맹을 좋아합니까?"(이하 「양화」)

자로의 우직한 질문에 공자는 휘말리지 않고 대답하였다.

"군자는 의(義)를 소중하게 여긴다. 군자가 용맹한 것만을 좋아하고 의를 소중하게 여기지 않는다면 세상을 어지럽히게 되고, 소인이 용맹한 것만을 좋아하고 의를 소중하게 여기지 않는다면 도적이 된다."

이 대목에서 만일 공자가 단순한 자로에게 「위정」편에서 말한 것처럼 "의를 보고도 실천하지 않으면 용기가 없는 것이다."라고 말했다면, 자로는 더욱 기고만장해 졌을 것이다. "용기만 있고 예가 없다면 혼란해질 뿐이고," "용기를 좋아하면서 가난을 싫어해도 혼란해질 뿐이다."(「태백」)

한번은 자로가 공자에게 질문했다.

"옳은 것을 들으면 실행해야 합니까?"(이하 「선진」)

당연한 대답이 나올 것 같지만, 역시 자로를 잘 알고 있는 공자의 대답은 달랐다.

"부형(父兄)이 계신데, 어찌 들었다고 곧바로 실행할 수 있겠는가?"

몸이 앞서 나가는 자로에게 실천을 잠시 미루라는 가르침이었다. 그런데 똑같은 질문을 염유가 했을 때에는 전혀 달랐다.

"들으면 곧바로 실행에 옮겨야한다."

성격이 정반대인 두 사람을 다른 말로 교육한 공자의 기치가 돋보인 장면이다. 이렇듯 자로의 문제는 성급함이었다. 그 성급함 때문에 일을 그르칠 수 있다는 경계의 말씀을 한 것이고, 일을 처리하기 전에는 먼저 경험이 풍부한 이들에게 판단을 맡겨야 한다는 가르침이었다.

자로의 성급한 성격이 때론 필요할 때도 있을 것이다. 사나이로서의 용단은 매우 중요하기 때문이다. 특히 애매한 송사(訟事)의 판결을 두고 차일피일 미루다 보면 피차 반목만 쌓일 수도 있다. 이럴 때 결단이 필요하다. 이런 결단의 소유자로 공자는 두말없이 자로의 '묵힘 없는 승낙'을 거론하였다.(「안연」) 그러다 보니 자로의 고민은 다른데 있지 않았다. 좋은 말을 듣고도 미처 실천하지 못했는데 행여나 또 다른 소릴 들을까 걱정하는데 있었다.(「공야장」)

그러나 그의 용기 있는 행동의 기준은 정의에 있었다. 불의한 일을 눈으로 보고 넘기는 적이 없었다. 이것은 스승 공자에게도 예외가 될 수 없었다.

공자 일행이 위나라에 있을 때의 일이다. 공자가 위나라의 실권자였던 영공(靈公)의 부인 남자(南子)의 초청을 받고 그 여자를 만났다. 당시에는 벼슬하고 있으면 그 나라 임금의 부인을 만나는 것이 관례였다. 그러나 워낙 소문이 안 좋은 여자인지라 공자로서는 부담스런 만남이 아닐 수 없었다. 그 때 공자는 '군자로서 누군들 만날 수 없겠는가?' 라고 생각했던 것 같다. 마치 진리가 시행되지 않던 고향을 떠나 오랑캐들이 사는 마을로 가겠다고 했을 때 주변에서 그곳은 누추하다며 만류하자 "군자가 가서 거처하는데 무슨 누추함이 있겠는가?"(「자한」)라고 했던 것처럼 공자는 음란하기로 소문난 남자란 여인을 만나면 그가 개과천선할 수도 있을 것이란 일말의 기대를 가졌었는지도 모른다.

하지만 자로는 이를 고깝게 보지 않았다.(「옹야」) 멍청한 영공과 실권을 휘두르는 남자, 당연히 출세에 뜻을 둔 사람이라면 남편 영공보다는 그 부인 남자를 만나려고 했을 것이다. 하지만 그녀는 결혼 전부터 오빠와 근친상간한 여자였다. 호덕(好德)을 호색(好色)하듯 하려고 노력했던 공자였기에(「자한」) 자로는 그런 스승의 모습을 인정할 수 없었다. 자신을 이해하지 못하는 자로를 보고 공자는 안타깝게 한 마디 한다.

"내 맹세코 잘못된 짓을 하였다면 하늘이 나를 버리실 것이다. 하늘이 나를 버리실 것이다."(「옹야」)

대개 누구도 자신의 말을 믿어주지 않을 때, 최후 수단으로 하늘을 두고 맹세하는데, 공자도 이런 지경까지 갔던 것 같다. 도덕 군자는 도덕 군자이기 때문에 누구와도 만날 수 있다지만 바로 도덕 군자이기 때문에 가려서 만나야 한다고 자로는 생각한 것이다.

그러나 당시의 시대 상황을 놓고 본다면 음란한 행위는 대수롭지 않을 수 있다. 귀족들간에는 간음은 물론 근친상간조차 다반사였으며, 권력자들은 원하기만 하면 언제라도 귀족의 부인조차도 차지할 수 있었다니 말이다. 더욱이 잦은 전쟁으로 인한 중앙 정부의 권위 실추와 지방 호족들의 득세는 특권 계층의 횡포를 불러왔고, 일부다처도 자연스레 성행하였을 것이다.

이처럼 공자에 대해 못마땅하게 생각한 자로의 예는 『논어』「양화」편에도 나와있다. 계씨(季氏)의 가신(家臣)으로 있던 공산불요(公山弗擾)란 사람이 양호(陽虎)와 함께 비읍(費邑)을 거점으로 반란을 일으켰을 때의 일이다. 공산불요가 일종의 쿠테타를 일으키고 자신을 정당화하기 위해서였는지 공자를 초청하였다. 초청장을 받아든 공자가 머뭇거리다 응하려고 하자 자로가 역시 못마땅하게 나왔다.(이하「양화」) 그러면서 한마디 했다.

"가실 곳이 없으면 그만이지, 하필이면 공산씨에게 가시려 합니까?"

이런 자로의 비판은 이미 공자에게서 배운 바를 실천하는 것이었다. 오래 전 공자는 제자들에게 말한 적이 있었다.

"불선(不善)을 행하는 자에게는 군자가 가지 않는다."

군자로서의 처신을 말한 것이다. 당황한 공자가 자신의 뜻을 변명하지 않을 수 없었다.

"나를 부르는 자가 어찌 할 일이 없어서이겠느냐? 나를 써 주는 자가 있다면 나는 (어디든) 동주(東周)를 만들 것이다."

일선 정치를 하고 싶어하는 공자의 처절한 심정을 읽게 하는 문장이다. 여기에는 단지 정치를 하겠다는 의지말고도 바른 사회를 구현할 수 있다는 자신감도 서려있다. 하지만 공자는 결국엔 공산불요에게 가지 않았다.

공자가 태산을 지날 때
폭정에 시달려 울고 있는 여인을 보고
자로와 자공 등 제자들에게
"가혹한 정치가 호랑이보다 무섭다〈苛政猛於虎〉
고 말하는 장면
〈泰山問政〉

비슷한 사건이 또 벌어졌다. 진(晉)나라 대부 필힐(佛肸)이 역시 불의한 쿠테타를 일으켜 정권을 잡고는 공자를 초청하였다. 이 때도 공자는 가려고 하였다. 당연히 자로가 가로막았고, 공자는 자신이 그를 만나 교화시키려 한다고 말했다. 이를 두고 『논어』 주석가 장경부(張敬夫)는 공자의 인(仁)과 지혜(知慧)가 번뜩인 장면이라 해석하였다. 공자가 공산불요와 필힐의 초청을 받고 가려고 했던 것은 같은 불의한 자에 대한 인의 베풂이고, 가지 않은 것은 결국 그네들이 교화되지 않을 것을 알았다는 지혜(『집주』)라는 것이다.

공자의 속 깊은 뜻을 헤아리기보다는 겉으로 드러난 정의 · 불의에 민감했던 자로였기에 공자는 때때로 미소로 대답했다. 공자의 제자들은 비록 그 스승 공자와 그렇게 나이차이가 나지 않더라도 함께 자리할 때면 어려워했다. 하지만 공자는 제자들과 편하게 대화하기를 원했다. 몇몇 제자들과 대화하면서 만일 너희들이 정치 일선에 나선다면 어찌하겠냐고 질문했다. 언제나 그랬듯 자로가 경솔히 나서서 말했다.

"천승(千乘)의 제후국이 강대국사이에 끼어 간섭을 받으며 전쟁의 위협이 가해져 그 때문에 기근이 들었다 하더라도 제가 그 나라를 다스리면 3년 안에 위축된 백성들을 용맹스럽게 하고, 또 의리를 실천하게 할 것입니다."(이하 「선진」)

당당한 자로의 대답에 공자는 묵묵히 웃기만 하였다. 과연 공자의 그 씁쓸한 미소 뒤엔 무엇이 숨어 있었을까? 아마도 "자로처럼 물불 안 가리는 성격의 소유자는 자연스런 죽음을 얻기 힘들 것이야."라고 생각하지 않았을까?

　우직하면서도 단순한 자로, 옳다면 무조건 달려가는 자로, 이런 제자에게 공자는 신중할 것을 그렇게도 당부했건만 자로는 일단 저질러놓고 보는 성격이었다. 아직 학문이 덜되고 우둔한 자고(子羔)를 관리로 추천하자, 공자가 자로를 심하게 꾸짖으며 말했다.

　"남의 아들을 해치는 것이다."(이하 「선진」)

　멋 적어진 자로가 기세등등 하게 대꾸하였다.

　"백성이 있고 사직이 있는 것인데, 어찌 반드시 독서를 한 이후에 학문하는 것이겠습니까?"

　이렇게 대드는 자로를 보고, 공자는 그 말재간에 혀를 내둘렀다.

　"(그래서 난) 그렇게 말 잘하는 것을 싫어한다."

　결국 자고는 어떻게 되었을까? 그는 자로와 함께 위나라 영공(靈公)의 큰 딸의 아들이었던 공회(孔悝)의 집안에 가신이 되었다. 그런데 공회가 괴외(蒯聵)에게 붙잡히는 일이 발생하였다. 괴외는 영공과 남자(南子)의 아들이었는데, 남자의 횡포를 보다 못해 그녀를 죽이려고 하였다. 그러나 사전에 이 계획이 발각되어 송(宋)나라로 도망갔다 뒤에 다시 진(晉)나라로 피했다. 나중에 그가 영공의 뒤를 이으려고 획책하다 공회를 사로잡는 사건이 벌어진 것이다. 이 사건이 발생했을 때 자고는 다 끝난 일이라며 도망하다가 성문 밖에서 그 소식을 듣고 출공을 도우러 달려오던 자로를 우연히 만나 말했다.

"출공은 달아났고 성문은 벌써 닫혔으니, 그냥 돌아가는 게 좋을 것이다. 공연히 들어가 개입하였다가 화를 자초할 필요가 없다."(이하 「열전」)

자로가 말했다.

"출공의 녹을 받아먹는 자로서 그가 어려움에 처한 것을 보고 어떻게 피하겠는가?"

결국 자고는 성문 밖으로 달아났고, 자로는 사건현장으로 달려갔다. 그리고 자로는 의기양양하게 누대로 올라가고 있던 괴외를 향해 외쳤다.

"왕께선 어찌 공회를 쓰려 하십니까? 그를 내려보내 죽이도록 해 주십시오."

그러나 괴외는 자로의 요청을 듣지 않았다. 격분한 자로가 누대에 불을 지르려고 하였다. 괴외의 공격이 시작되었다. 괴외의 날쌘 검객 두 명이 자로를 단 칼에 베었다. 이 때 자로는 최후를 감지한 듯, 유유히 흐르는 피를 보고, 도도히 갓끈을 여미며 말했다.

"군자는 죽더라도 갓은 벗을 수 없다!(君子死, 冠不免.)"

그리고 자로는 죽어갔다.

자로의 묘는 하북성 개현(開縣)에 있다. 그의 시신은 찢겨져 동문 앞에 효시되었다고도 하며, 일설에는 젓갈이 되었다고도 한다. 공자는 이 일로 젓갈 독을 닫았다고 전한다.

"공자가 자로의 죽음을 슬퍼하며 중정(中庭)에서 곡하는데, 어떤 사람이 와서 조문하였다. 공자가 그에게 예를 표하였다. 사자가 곡하기를 마치자 (공자가) 그에게 어떻게 자로가 죽었느냐고 물었다. 사자가 '젓갈로 담겨졌습니다.' 고 하자, 공자는 드디어 집안의 젓갈 독을 엎어버리게 하였다."(『예기』「단궁」상편)

자로 역시도 안연처럼 공자보다 일찍 죽었던 것이다. 그 때 공자가 72세(B.C 480)였으니, 자로가 죽은 다음해 공자도 타계한 셈이다.

공자는 이미 위나라에서 반란이 일어났다는 소리를 듣고 탄식했다.

"아아, 자로가 죽겠구나!"

스승 공자의 직감은 맞았던 것이다. 공자는 죽은 자로를 그리워하며 이렇게 읊조렸다.

"내가 자로를 제자로 삼은 뒤 남의 험담을 듣지 않았거늘....."

갈수록 혼란이 가중되던 춘추말기, 약육강식의 숨막히는 순간순간 잠시도 빈틈을 줄 수 없던 그 시절, 공자에게 자로는 대단히 중요한 존재였다. 보디가드와도 같았던 자로가 떠나자 공자는 허망해졌다. 학문적으로 위안이 됐던 안연이 갔고, 이제 자신을 안위해 주던 자로마저도 떠난 것이다.

용기를 숭상했던 의리파 제자 자로. 그의 격의 없는 삶은 남들이 자신의 잘못을 지적해 줄 때 오히려 기뻐했다고 전한다.(『맹자』「공손추상(公孫丑上)」) 보잘 것 없는 사람들과 어울리면서도 조금도 거리끼지 않고

서민의 편에 섰던 자로였다.(「자한」) 그는 아홉 살 차이의 스승 공자와 언제나 곁에서 동고동락했다. 몹쓸 질병에 걸려 인생의 실존을 고민하는 스승 공자에게 간절히 충고하기도 하였다.

"(선생님) 하늘에 기도하십시오."(「술이」)

스승 공자는 현실주의자였다. 하늘의 명보다는 먼저 인간의 의지와 행위를 경계했던 그였다. 그런 공자에게 자로는 하늘에 기도하시라고 청한 것이다. 평소 "하늘에 죄를 지으면 기도할 곳도 없다."(「팔일」)던 공자에게 자로는 용기 있게 기도를 권했다. 이 때 스승 공자는 착잡한 마음으로 한마디했다.

"내가 기도한 게 언제이던가! 참으로 오래 되었구나!"(「술이」)

자로는 안연처럼 스승의 깊은 마음을 읽는 능력은 떨어졌지만, 잠시 생로병사의 실존적 고민에 빠진 스승에게 절대적 존재의 의미를 되새겨 준 제자였다. 하지만 그는 때때로 스승에게 No!라고 대답할 수 있었던 몇 안 되는 제자였다. Yes맨처럼 보이는 안연 말고 이런 제자도 있었기에 공자는 더욱 행복했을 것이다.

🌿 자로가 말했다. "선생님께서 삼군을 통솔하신다면 누구와 함께 하시겠습니까?" 공자가 말했다. "맨손으로 호랑이를 잡으려 하고, 맨몸으로 강을 건너려다 죽어도 후회함이 없는 자와는 함께 하지 않겠다. 반드시 일을 할 때에는 두려워할 줄도 알고, 일을 잘 도모할 줄도 알아서 성공하게끔 만드는 자와 함께 하겠다."(子路曰: 子行三軍, 則誰與? 子曰: 暴虎馮河, 死而無悔者, 吾不與也. 必也臨事而懼, 好謀而成者也.「述而」)

🌿 공자가 말했다. "자로야! 내가 너에게 안다는 것에 대해서 가르쳐 주겠다. 아는 것을 안다 하고, 모르는 것을 모른다고 하는 것이, 이것이 아는 것이다."(子曰: 由! 誨女知之乎? 知之爲知之, 不知爲不知, 是知也.「爲政」)

🌿 공자가 말했다. "진리가 행해지지 않으니, 내 뗏목을 타고 바다를 항해하려 한다. 이 때 나를 따라올 사람은 아마 자로 뿐일 것이다." 자로가 그 소릴 듣고는 기뻐하였다. 그러자 공자가 말했다. "넌 용기는 나보다 나을지 모르지만 사리를 헤아려 맞게 하는 분별력은 한참 떨어진다."(子曰: 道不行, 乘桴浮于海. 從我者其由與? 子路聞之喜. 子曰: 由也好勇過我, 無所取材.「公冶長」)

🌿 맹무백이 물었다. "자로는 인한 사람입니까?" 공자가 대답했다. "모르겠다." 다시 (맹무백이) 묻자, 공자가 대답했다. "자로는 천승의 나라에서 군사를 다스리게 할 수는 있지만, 인한 지는 잘 모르겠다."(孟武伯問: 子路仁乎? 子曰: 不知也. 又問. 子曰: 由也, 千乘之國, 可使治其賦也, 不知其仁也.「공야장」)

🌿 공자가 말했다. "자로가 비파소리를 어찌해서 내 문안에서 연주하는가?" 문인들이 자로를 불경하게 생각하자 공자가 말했다. "자로는 당에는 올랐지만 아직 방에는 들어오지 못했다."(由之瑟, 奚爲於丘之門. 門人, 不敬子路. 子曰, 由也, 升堂矣, 未入於室也.「선진」)

🌿 "자로는 거칠다."(由也, 喭.「선진」)

🌿 공자가 말했다. "내 나이가 너희들보다 많다해서 나를 어렵게 여기지 말라. 너희들이 평소에 말하기를 '나를 알아주지 못한다'고 하는데, 만일 혹시라도 알아준다면 어떻게 하겠느냐?" 자로가 경솔하게 대답하였다. "천승의 제후국이 강대국사이에 끼어 간섭을 받으며 전쟁의 위협이 가해져 그 때문에 기근이 들었다 하더라도 제가 그 나

라를 다스리면 3년 안에 위축된 백성들을 용맹스럽게 하고, 또 의리를 실천하게 할 것입니다."라고 하자 공자가 살며시 웃었다.(子曰: 以吾一日長乎爾, 毋吾以也. 居則曰: 不吾知也! 如或知爾, 則何以哉? 子路率爾而對曰: 千乘之國, 攝乎大國之間, 加之以師旅, 因之以饑饉; 由也爲之, 比及三年, 可使有勇, 且知方也. 夫子哂之. 「선진」)

🌿 자로가 물었다. "군자도 용맹을 좋아합니까?" 공자가 대답했다. "군자는 의를 소중하게 여긴다. 군자가 용맹한 것만을 좋아하고 의를 소중하게 여기지 않는다면 세상을 어지럽히게 되고, 소인이 용맹한 것만을 좋아하고 의를 소중하게 여기지 않는다면 도적이 된다."(子路曰: 君子尙勇乎? 子曰: 君子義以爲上. 君子有勇而無義爲亂, 小人有勇而無義爲盜. 「陽貨」)

🌿 공자가 말했다. "한마디 말로 송사를 결단할 수 있는 사람은 자로일 것이다. 자로는 승낙하는 것을 묵히지 않았다."(子曰, 片言可以折獄者, 其由也與. 子路, 無宿諾. 「顏淵」)

🌿 자로는 좋은 말을 듣고 아직 미처 실천하지 못했으면 혹시나 다른 말을 들을까 두려워하였다.(子路, 有聞, 未之能行, 唯恐有聞. 「公冶長」)

🌿 공자가 음란하기로 소문난 남자를 만나자 자로가 화를 내었다. 그러자 공자가 맹세하며 말했다. "내 맹세코 잘못된 짓을 하였다면 하늘이 나를 버리실 것이다. 하늘이 나를 버리실 것이다."(子見南子, 子路不說. 夫子矢之曰: 予所否者, 天厭之! 天厭之! 「옹야」)

스승보다 높게 평가된

자공

> 자공(子貢, B.C. 520~?)의 성은 단목(端木)이고, 명은 사
> (賜), 자가 자공이다. 위(衞, 지금의 하남)나라 사람이다. 공
> 자보다 31세 연하라고 전한다. 공문십철의 한사람. 739년
> 당나라 때 려후(黎侯), 1009년 송나라 때 려양공(黎陽公),
> 려공(黎公)으로 추봉되었다.

    자공은 말재주가 뛰어났고, 거부(巨富)로 알려졌다. 그래서 공자 학단의 재무담당자였다는 말도 있다. 그는 세상이 원하는 인물이었다. 특히 정치 현장에 있는 사람들은 공자보다는 자공 같은 인물을 원했다. 군주가 좋아하는 전형적인 인물이었기 때문이다. 따라서 자공이 공자보다 더 출세하는 건 당연했다. 반면 공자는 타고난 철학자요 윤리교사로서의 재능을 지녔기에 정치적인 실무로 성공하는 것은 불가능하였다.

    그렇기 때문에 조정에서는 아예 자공이 더 유명했고, 공자보다 낫다는 소리가 공공연하게 떠돌았다. 노나라 대부로 있던 숙손무숙(叔孫武叔)이 조정에서 바로 이런 소리를 발설한 장본인이다. 이 소리를 자공이 듣고, 얼마나 민망했을까? 자공은 곧바로 공자에 비할 수 없는 자신을 궁궐의 담장에 비유했다.

"나의 담장은 겨우 어깨 정도 만한 높이에 지나지 않다. 그래서 누구나 집안의 좋은 것들을 들여다 볼 수 있다. 그런데 선생님의 담장은 여러 길이나 되어 도저히 볼 수 없다. 그래서 그 문안으로 들어가지 않으면 집안의 아름다운 모습과 수많은 사람들의 오가는 모습을 볼 수가 없다. 그런데 그 문안으로 들어가 이를 볼 수 있는 사람은 매우 드물다."(「자장」)

지금도 산동성 곡부에 있는 공자의 사당 공묘(孔廟)의 대문역할을 하는 앙성문(仰聖門)을 '만인궁장(萬仞宮牆)' 이라 한다. 하늘로 치솟은 담장 높이는 자공의 이 말을 그대로 증명해 주는 현장이다. 이후로 '만인(萬仞)' 이란 공자에 대한 존경과 찬양의 표시가 되었다.

그러나 이런 자공의 발언은 주변에서 자신과 스승에 대한 비교 때문에 생긴 무안함의 표현이었으니, 여기엔 자공의 노련함이 돋보인다. 자공은 자신을 칭찬한 사람과 스승 공자 모두의 맘에 거슬리지 않는 표현으로 자연스럽게 부담스러움을 넘긴 것이다. 그렇다면 자공을 공자보다 높게 평가한 숙손무숙의 입장에서 보면 자공은 유능함에 겸손의 미덕까지 갖춘 사람이었다.

한술 더 떠 숙손무숙은 공자를 헐뜯기까지 하였다. 그러자 자공은 이를 제지하며 공자의 위대함을 해와 달에 비유하였다. 보통 사람들의 똑똑한 것은 저 언덕과 같아서 언제나 오를 수 있지만, 스승 공자의 현명함은 저 하늘의 해와 달과 같아서 감히 오를 수 없다고 하였다.

이런 표현력으로 당시 실력자들을 대했던 제자가 자공이었다. 반면 공자는 자공을 그렇게 높게 평가하진 않았다. 워낙 쟁쟁한 안연과 같은 제자가 있었기에 언어에 능하고 재부를 갖춘 자공이라 해도 공자의 자공 평가는 그리 대단한 것이 아니었다. 그럼에도 자공은 자신의 스승을 하늘 같이 받들었다. 아마도 주변 사람들은 자공의 이런 태도에 더 매료된 것일 수도 있다.

자공의 제자라고도 하는 설도 있고 공자의 제자라고도 하는 정확히 누군지 알 수 없는 진자금(陳子禽)이란 사람이 자공에게 말했다.

만인궁장(萬仞宮牆) 곡부성(曲阜城)의 남문(南門)으로 자공이 스승 공자를 높이 추앙하며 한 만인(萬仞)을 상징하는 담장.

"선생께서 공손해서 그렇지 공자가 어떻게 선생보다 낫다고 하겠습니까?"

이에 대해 자공은 신중하게 대꾸하였다.

"군자는 한마디 말에 지혜롭다 하며, 한마디 말에 지혜롭지 못하다 하는 것이니, 말을 조심하지 않을 수 없다. 선생님을 따르지 못함은 마치 하늘을 사다리로 오르지 못하는 것과 같다. 만일 선생님께서 나라를 얻으신다면 이른바 세우면 이에 서고, 인도하면 이에 따르고, 편안하게 해주면 이에 따라오고, 고무시키면 이에 화(和)하고, 그가 살아 계시면 영광스럽게 여기고, 돌아가시면 슬퍼한다는 것이니, 어떻게 따를 수 있겠는가?"

끝까지 공자의 위대함을 칭송한 자공의 태도 속에서 그의 스승에 대한 존경심을 보게된다. 자공은 자기보다 높다고 아첨하지 않았고, 자신이 남보다 낫다고 뻐기지도 않았으며, 위아래로부터 미움을 사지 않으면서도 출세했던 인물이다.

그의 이런 처신은 아마도 남보다 부유했던 자신을 의식한 측면도 없지 않았다. 돈이란 적어도 걱정, 많아도 걱정이다. 적으면 남의 눈치보며 자칫 아첨하기 쉽고, 많으면 자신도 모르는 사이 교만해지기 쉽다. 이 원리를 잘 알고 있던 자공은 공자에게 질문하였다.

"가난하면서 아첨함이 없고, 부유하면서 교만함이 없다면 어떻습니까?" (이하 「학이」)

자공의 평상적 콤플렉스가 역시 경제문제에 있음을 보여주는 질문이 아닐 수 없다. 자공은 부유하기 때문에 겪는 콤플렉스가 늘 따라다녔다.

부유하다는 것이 오히려 짐이 될 때도 있다. 남보다 잘사는 것이 자신의 떳떳한 노력의 대가라면 문제될게 없다. 하지만 그렇지 못한 사람이라면 부담을 느낄 것이다. 자신의 부가 남에게 거둬들인 재물일 수도 있다는 죄책감 때문이다. 이런 사람에게 필요한 것은 더 많은 돈이 아니다. 이런 고충을 들어줄 수 있는 사람이 필요한 것이다. 그 고충을 들어줄 사람이 도덕적으로 순결한 사람이라면 더할 나위 없다. 그런 의미에서 성인으로 추앙받는 이들은 대단히 중요한 역할을 한다. 진정한 삶의 행복이 부에 있지 않기 때문이다. 아마도 자공이 이와 비슷한 처지에서 고민하고 살았던 것 같다. 참된 삶의 행복을 찾기 위해 자공에게 스승 공자는 대단히 중요한 존재였다. 가난이 때론 부유함보다 행복할 수 있다. 부정하게 축재한 부유함보다 조금도 거리낌없는 가난한 삶이 떳떳하기 때문이다. 정치권력을 쥔 사람의 부유함은 예나 지금이나 본인의 철면피가 아니라면 떳떳한 부유함이라 할 수 없다.

공자의 제자 자공의 고민도 비슷한 경우라 하겠다. 스승보다 높은 권좌에 있었고, 경제적으로도 월등한 자공의 고민은 그를 언제나 부담스럽게 만드는 짐으로 작용하였다. 이것은 자공의 질문에 그대로 배어있다. 그 의도를 공자는 잘 알고 있었다. 이런 자공을 보면서 공자는 항상 가난에 찌들어 있던 안연을 생각했을 것이다.

그래서 공자는 자공의 이 질문에 우선 간단히 대답하였다.

흐르는 물을 바라보며 대화하는
공자와 자공
(在川觀水)

"가(可)하다."

그러나 이 대답은 긍정 같지만 결코 긍정적인 대답이 될 수 없다. '가(可)'란 '괜찮다'는 현대 중국어의 '커이(可以)' 정도의 표현이다. 긍정이지만 '하오[好]'와 비교하자면 오히려 부정에 가까운 표현이다. 공자의 뜻이 거기에 있지 않았기 때문이다.

"가난하면서도 즐기는 것만 못하고 부자이면서도 예를 좋아함만 못하다."

일종의 안빈낙도(安貧樂道)를 머리 속에 그린 표현이다. 가난하든 부유하든 중요한 것은 편안하면서도 거기서 즐거움[樂]을 누리는 것이고, 부유하든 가난하든 몸에서 우러나오는 진실한 예를 좋아하는 것이 더 나은 삶이다. 공자는 이렇게 말한 적도 있다.

"가난하면서 원망이 없기는 어렵고, 부자이면서 교만이 없기는 쉬운 일이다."(「헌문」)

부와 권력을 가진 사람이 겸손하게 보이는 것은 쉬운 일이지만, 가난한 사람이 원망하지 않기는 어렵다는 말은 앞에서 자공이 질문한 내용과 비교해 볼 때 질문의 의도가 무엇이고, 공자가 왜 적극적으로 자공의 질문 의도를 비켜갔는지 알게 한다.

공자가 자공에게 "너와 안연중 누가 더 낫다고 생각하느냐?"(이하 「공야장」)고 했을 때, 자공이 "저를 어떻게 안연과 비교할 수 있겠습니까? 안연은 하나를 들으면 열 가지를 알고, 저야 하나를 들으면 둘 정도만 압니다."라고 대답한 문장이 있다.

이 대화 내용은 얼핏 안연에 대한 높은 평가를 반영한 것처럼 보인다. 하지만 안연은 당시 사회적으로 자공보다 낮게 평가되고 있었다. 이런 현실을 모를 공자가 아니었다. 공자의 속마음을 모를 자공도 아니었다. 그렇다면 이 대화의 실체는 무엇이겠는가? 여기서 우리는 자공의 눈치 빠른 겸양을 보게된다. 어떤 제자가 자신과 누구를 비교하라고 했을 때 감히 자신이 낫다고 말할 수 있겠는가? 설령 속으로는 자신이 낫다 하더라도 감히 그렇게 말할 수는 없을 것이다. 스승 공자 또한 마찬가지다. 안연이 자공보다 낫다는 것을 알고 있으면서 굳이 자공에게 이런 질문을 할 필요성은 없을 것이다. 이것은 아마도 당시 높게 평가되는 자공에게 일종의 겸양을 시험하고 가르친 뜻깊은 배려였을 것이다.

그렇다 하더라도 자공의 인생관과 재물관은 스승 공자의 그것과 같지는 않았다. 이런 질문을 한 것도 자신이 존경하며 따르는 스승 공자의 인생관과 재물관을 언제나 염두하고 있었기 때문이었다. 공자의 인생관과 재물관은 결코 부유함과는 거리가 멀었다.

"거친 밥을 먹고 물을 마시며 팔베개를 하고 있더라도 즐거움은 또한 그 가운데 있으니, 의롭지 못하고서 부하고 또 귀함은 나에게 있어 뜬구름과 같을 뿐이다."(「술이」)

하지만 재물을 의도적으로 멀리하든, 아니 재물이 따르지 않았다고도 할 수 있던 공자는 그렇기 때문에 자공이 한편으로 쓸만한 구석이 있다고 생각했는지도 모른다. 이런 대화도 있다. 먼저 자공이 자신에 대해 단도직입적으로 물었다.

"저는 어떻습니까?"(이하 「공야장」)

공자가 간단히 대답했다.

"너는 그릇이다."

그릇도 종류가 있을 터이니 자공은 자신이 무슨 그릇인지 알고 싶었다.

"어떤 그릇입니까?"

언제나 그랬듯 공자는 간단히 대답했다.

"호(瑚)·련(璉)이다."

그릇〔器〕이란 쓰임이 있는 완성된 하나의 물건이다. 그 그릇은 옛날 하(夏)나라에서는 호(瑚)라 하였고, 상(商)나라에서는 련(璉)이라 하였고, 주나라에서는 보궤(簠簋)라고 하였으니, 모두 종묘에서 쓰는 귀중한 그릇이었다. 자공은 귀중한 그릇인 셈이다. 이 소리를 들은 자공은 기뻐했을 것이다.

그러나 다른 한편으로 생각해 본다면 결코 기뻐할 것도 못되었다. 아무리 귀중한 그릇이라도 그릇은 그릇일 뿐이기 때문이다. "군자는 그릇처럼 그 쓰임이 국한되어서는 안 된다."(君子不器. 「위정」)고 말했다. 왜냐하면 그릇은 한가지에만 유용하게 쓰일 뿐 그 용도를 벗어날 수 없고 서로 통하지 못하기 때문이다. 그렇다면 자공은 군자란 말일까? 소인이란 말일까?

그릇에 비유될 정도로 자공은 실리적이었고, 실용적이었고, 현실적이었다. 한번은 자공이 고유제를 지내면서 바치는 희생양을 없애려고 하였다.(이하 「팔일」) 그러자 공자가 단번에 제지하며 말했다.

"너는 그 양을 아까워하느냐? 나는 예(禮)를 아까워한다."

자공은 실용적이지도 않고, 현실적이지도 않고, 부질없이 형식만 남아 있는 것을 낭비라고 생각하였다. 그래서 희생에 쓸 양을 아까워한 것이다. 그러나 공자 입장에서는 예가 비록 폐지되었더라도 양(羊)이라고 하는 상징만이라도 남아 있는 자체가 중요하다고 판단했다. 왜냐하면 그 상징자체가 나중에는 바른 기억으로 이어질 것이고, 그것이 형식적인 예라 할지라도 남아 있는 한 언젠가는 복구될 수 있을 것이라고 판단했기 때문이다. 그런데 만약 그 양마저 함께 없애 버린다면 그 예가 마침내 흔적도 없이 사라질 지도 모른다는 위기의식이 공자로 하여금 이렇게 말하게 한 것이다. 자공은 실리주의·현실주의 노선에 입각해서 형식만 남은 제사의 겉치레를 없애려고 시도하였지만, 공자는 원칙론에 입각해서 이를 제지하며 비판한 것이다.

현실주의자이긴 했지만 원칙도 중시했던 스승 공자에게 인정받고 싶었던 자공은 때로 주제 넘는 발언을 했다가 무안 당하기도 하였다.

"저는 남이 나에게 가(加)하기를 원하지 않는 일을 저도 남에게 가하지 않으려고 합니다."(이하 「공야장」)

공자가 기가 찬 모습으로 말했다.

"이것은 네가 미칠 바가 아니다."

한마디로 자공을 면박한 것이다. 아마도 자공은 공자가 그렇게도 강조하던 "자기가 하기 싫은 것을 남에게 시키지 말라."(「안연」)는 것을 몇 마디 다른 말로 표현했던 것 같다. 냉정한 스승입장에서 그것은 안연 같은 인한 제자나 가능한 일이지 너는 아직 멀었다고 하며 자공의 기를 꺾어놓은 것이다. 무안 당한 자공이 어찌 점수를 만회할까 궁리하다 더 큰 말을 꺼냈다.

"만일 백성에게 은혜를 베풀어 많은 사람을 구제한다면 어떻겠습니까? 인 하다고 할만하겠습니까?'(이하 「옹야」)

이 때도 냉정함을 잃지 않은 공자는 말했다.

"어찌 인을 했다고 하는데 그치겠는가? 반드시 그 정도라면 성인의 경지일 것이다. 요순임금도 이것에 있어서는 오히려 부족하게 여기셨다."

요순임금도 못하신 일을 감히 네가 할 수 있겠느냐고 역시 가볍게 반문하였던 것이다.

정치적으로 제법 잘나가던 자공이 다른 사람들보다 스승 공자로부터 인정받고 싶었던 충정을 읽을 수 있는 내용들이다. 정치적으로 공자보다 더 높은 자리에 있다보니 자공은 때론 사람들을 비교하면서 평가해야 할 때도 있었다.(子貢方人. 이하 「헌문」) 그러나 이런 자공을 공자가 그냥 놔두지 않았다.

"자공은 참으로 어진가 보다. 나는 그럴 겨를이 없노라."

이 말은 칭찬인가? 비아냥인가?

아무튼 자공은 이상할 정도로 재물운이 따랐다. 같은 제자 반열에 있던 안연과는 그렇기 때문에 매번 비교되었다. 안연은 도(道)에 가까웠지만 끼니를 걱정해야 할 정도로 가난했고, 자공은 천명과는 관계없이 재물이 늘어났고, 또 대충대충 얼버무려도 자주 맞아떨어진다고 공자는 말한다.(「선진」) 요즘 식으로 말하자면 자공이 투자하는 종목은 언제나 상종가를 친다는 말이다.

사마천은 「열전」에서 재물이 모이는 자공을 이렇게 묘사했다.

"자공은 싸게 사서 비싸게 파는 일을 좋아하여 때를 잘 헤아려 돈을 잘 굴렸다. 그는 남의 장점을 칭찬하는 것을 좋아하였으나, 남의 잘못을 덮어 주지는 못하였다. 그는 일찍이 노나라와 위나라에서 재상을 지냈으며, 집안에 천금을 쌓아 두기도 하였다."

또한 자공의 재주를 말한 공자의 말을 송대 주희(朱熹, 1130~1200)는 이렇게 해석했다.

"자공은 안연이 가난함을 편안히 여기고 도를 즐김만은 못하였으나, 그 재주와 학식이 명철하여 또한 일을 헤아리면 적중함이 많았다고 말씀한 것이다." (『집주』)

부귀는 하늘에 달려있는데, 자공은 예외이니 공자 입장에선 못마땅하게 생각했을 법하다. 공자가 그렇다고 부귀를 초월한 인생관을 산 것도 아니다. 다만 부귀는 하늘의 명이 따라야한다는 생각이었지 공자 자신도 부귀를 누릴 수만 있다면 무슨 일이든 적극적으로 뛰어들고 싶어했다.

"부를 만일 구해서 될 수 있는 것이라면 내 말채찍을 잡는 자의 짓이라도 또한 그것을 하겠다. 그러나 만일 구하여 될 수 없는 것이라면, 내가 좋아하는 바를 따르겠다."(「술이」)

이 같은 공자의 술회에서 보듯 공자는 결과적으로 부귀보다는 학문에 뜻을 둘 수밖에 없었다. 부귀를 좇아도 따르지 않음을 안 공자로서는 자기가 좋아하는 학문을 통해서 인생을 성취하려고 했던 것이다. 반면 제자 자공은 재물도 따랐고, 부귀공명도 따랐으니 그의 인생노정은 스승의 그것과는 달랐을 것이다.

그렇다면 정치현실에선 언사(言辭)도 뛰어났고,(『맹자』「공손추 상」) 외교적 화술에도 능란했던,(「선진」) 자공이 그 스승 공자보다 높게 평가되는 것은 당연했는지도 모른다.

세속의 이런 평가를 받았던 자공은 자칫 교만해지기 쉬웠으나, 언제나 스승에 대한 공경심을 잃지 않고 있었다. 그의 뛰어난 언사가 이를 뒷받침하였다. 「열전」에 진자금(陳子禽)이 자공에게 공자는 누구에게서 배웠느냐고 질문했을 때 이렇게 대답한 적이 있다.

"문왕(文王)과 무왕(武王)의 도가 아직 땅에 떨어져 사라지지 않고 사람들 사이에 전해져 내려오고 있다. 현명한 자들은 그 중에서 큰 것을 알고, 현명하지 못한 자들은 작은 것을 안다. 이처럼 문왕과 무왕의 도가 아닌 것이 없으니, 선생님(공자)께서는 어디서든지 그것을 배우지 않았겠는가? 어찌 정해진 스승이 따로 있겠는가?"

이 대답의 내용을 갖고 질문자의 의도를 유추해 본다면, 아마도 공자는 뚜렷한 스승이 없었기에 그의 학문을 인정하지 않으려는 분위기가 당시 있었던 것 같다. 도통론(道統論)이 후대에 와서 중요한 문제가 되었더라도 그 이전에도 이미 대를 잇는 계통 중시 풍토는 대단히 중요한 문제였을 것이다. 이런 뼈있는 질문에 자공의 현란한 말솜씨가 빛을 발한 것이다. 어디서 누구에게 배웠든 그의 사상은 문왕과 무왕을 계승한 것이다. 그럼 된 것 아닌가? 요약하면 이렇게 될 것이다.

그러자 진자금의 질문은 또 다른 쪽으로 이어진다.

"공자는 어느 나라를 가든 반드시 그곳의 정치에 대해서 물었는데, 그것은 공자가 스스로 요청한 것인가? 아니면 그 나라의 군주가 원해서 요청한 것인가?"(「학이」편에도 같은 내용이 보임)

마치 공자가 군주를 찾아다니면서 정치를 구걸하는 것 아니냐는 투가 숨어있다. 이에 자공이 대답하였다.

"나의 스승 공자는 온화하고 선량하며 공경하고 검소하며 사양하는 미덕을 터득하고 계시기 때문에, 그 나라의 군주가 요청한 것이다. 혹시 공자가 직접 요청했다 하더라도 다른 사람들이 요청한 것과는 다르다."

참으로 기막힌 답변이다. 역시 자공의 말 잘하는 재주는 이런데서 진가가 드러난다. 조금도 질문자의 의도에 휘말리지 않음을 보게 된다.

「열전」에는 외교적 화술로 진가를 보인 자공의 활약상이 보인다.(『가어』「굴절해(屈節解)」에도 있다.) 제나라 대부 전상(田常)이 반란을 일으키려고 하였다. 하지만 당대 실력자들이었던 고씨(高氏)·국씨(國氏)·포씨(鮑氏)·안씨(顔氏)등이 두려워 그들의 군대와 연합하여 노나라를 치기로 하였다. 이 때 공자가 제자들에게 말했다.

"노나라는 조상의 무덤이 있는 부모님의 나라이다. 이 나라가 이렇게 위태로운데 그대들은 어찌 나라를 구하려 들지 않는가?"

나서기 좋아하는 자로가 출정하겠다고 하자 공자가 제지하였다. 자장(子張)과 자석(子石: 公孫龍)이 나서기를 청했을 때에도 공자는 말렸다. 자공이 가겠다고 하자 공자가 허락했다. 그의 외교술을 신뢰했기 때문이다. 제나라로 간 자공은 전상을 이렇게 설득하였다.

"당신이 노나라를 치려고 하는 것은 크게 잘못됐습니다. 노나라는 치기 힘든 나라입니다. 그 나라의 성벽은 얇고 낮으며, 그 지세는 좁고도 얕으며, 군주는 어리석고 어질지 못하며, 대신들은 위선적이고 쓸모 없으며, 또 병사들과 백성들은 전쟁하는 것을 싫어합니다. 이런 나라는 싸울 상대가 못된다고 생각합니다. 대신 오나라를 치는 것이 나을 것입니다. 저 오나라는 성벽이 높고 두텁고, 지형이 넓고 깊으며, 무기는 새로 만들어 튼튼하며, 병사들은 용감하고 식량도 충분합니다. 새로 만든 튼튼한 무기와 정예 병사가 모두 그 성안에 있고, 또 현명한 대부들로 하여금 그곳을 지키게 하였습니다. 이런 나라는 치기가 쉬울 것입니다."

공자가 노나라 보존책을 자공에게 강구하는 장면. 자공은 그 후 여러 제후국을 돌며 화려한 언변으로 노나라를 지키었다. 〈命賜存魯〉

이 무슨 황당한 궤변인가? 자공의 이 같은 황당무계한 말을 들은 전상이 화를 내는 것은 불을 보듯 뻔한 노릇이었다.

"그대가 치기 어렵다고 한 것은 다른 사람들이 보면 쉬운 것이고, 그대가 쉽다고 하는 것은 다른 사람들이 보면 어려운 것이다. 이처럼 일반적인 상식과 반대로 말하는 저의가 무엇인가?"

자공이 담담히 대답했다.

"내가 듣기에 나라 안에 걱정거리가 있으면 강한 적을 공격하고, 나라 밖에 걱정거리가 있으면 약한 적을 공격한다고 합니다. 그런데 지금 당신의 골칫거리는 나라 안에 있습니다. 저는 제나라 왕이 당신을 세 번이나 봉하려고 했지만, 세 번 다 이뤄지지 않은 것은 대신들 가운데 반대하는 이가 있었기 때문이라고 들었습니다. 지금 당신이 노나라를 공격하여 제나라 땅을 넓히게 된다면 제나라 왕은 싸움에 이겼기 때문에 더욱 교만해질 것이고, 대신들의 위세는 더욱 높아질 것입니다. 그러면 당신은 공을 인정받지 못하고, 오히려 왕과의 관계만 날로 소원해 질 것입니다. 이렇게 위로는 왕을 교만하게 만들고 아래로는 신하들을 방자하게 만들면 당신이 뜻하는 큰 일은 이루기 어렵게 됩니다. 대개 왕이 교만해지면 제멋대로 하고, 신하가 방자해지면 권력을 다투게 됩니다. 당신은 위로는 왕과 사이가 벌어지고, 아래로는 대신들과 권력을 서로 다투게 될 것입니다. 그러면 제나라에서 당신이 설 땅은 더욱 좁아질 것입니다. 그렇기 때문에 오나라를 치는 것만 못하다고 말한 것입니다. 오나라를 공격하여 이기지 못하면 백성들은 나라밖에서 죽고, 대신들은 나라 안에서 지위를 잃게 될 것이 뻔합니다. 이렇게 되면 당신은 위로는 대적할 만한 강한 신하가 없어지고, 아래로는 백성들의 비난을 받지 않을 것이니, 왕을 고립시켜 제나라를 마음대로 할 수 있는 사람은 당신밖에 없게 될 것입니다."

인간심리를 꿰뚫는 자공의 현란한 화술과 미묘한 국제관계를 훤히 들여다보는 그의 말에 귀가 솔깃해진 전상은 그 말을 다 듣고는 다그치며 또 물었다.

"좋다. 비록 그렇다 해도 우리 군대는 이미 노나라를 향해 떠났다. 노나라를 버리고 오나라로 방향을 돌리라고 한다면 대신들이 나를 의심할 것이다. 어떻게 해야겠는가?"

기회를 잡은 자공이 확신에 찬 어조로 말했다.

"당신은 군대를 붙들어 놓고 노나라를 공격하지 마십시오. 그 동안에 나는 오나라 왕이 노나라를 도와 제나라를 치도록 설득하겠습니다. 그때 당신은 오나라를 맞아 싸우면 됩니다."

전상은 이렇듯 자공의 완벽한 외교적 화술에 감복하면서 그같이 할 것을 허락하고 자공으로 하여금 남쪽으로 가서 오나라 왕을 만나도록 하였다. 자공은 오나라 왕을 만나 이렇게 설득했다.

"제가 들으니, 왕자(王者)는 후대를 끊지 않고, 패자(覇者)는 적국을 강하게 만들지 않는다고 들었습니다. 천 균(鈞)의 무게도 수(銖)나 량(兩) 같은 작은 무게가 더해져서 이루어집니다. 지금 전차 1만대의 제나라가 전차 1천대의 노나라를 끌어들여 오나라와 강함을 다투려 하고 있습니다. 저는 이 점이 진실로 왕을 위해서 염려됩니다. 더욱이 노나라를 구원하는 것은 명분을 드러내는 일이고, 제나라를 치는 것은 큰 이익을 얻는 일입니다. 사수(泗水) 주변의 제후들을 회유하여 포악한 제나라를 벌하고, 다시 강대국 진(晉)나라를 굴복시킨다면, 이익은 막대할 것입니다. 망해 가는 노나라를 존속시킨다는 명분을 내세우며, 실제로는 강한 제나라를 곤경에 빠뜨리자는 것입니다. 지혜로운 사람이라면 이런 계책을 의심하지 않을 것입니다."

자공이 오나라 왕에게 한 말은 한마디로 약한 노나라를 구하는 것은 명분상 타당한 것이고, 강한 제나라를 치는 것은 실리상 득이라는 논리였다. 제나라와의 전쟁은 명분과 실리를 모두 얻는 일거양득이란 말이다. 오나라 왕이 말했다.

"좋다. 비록 그렇더라도 나는 일찍이 월나라와 싸움을 벌여 월나라 왕을 회계산(會稽山, 절강성 소재)에서 (곤혹스럽게) 지내게 한 적이 있다. 그 일로 월나라 왕은 원한을 품고 군사를 기르면서 나에게 보복할 날만 기다리고 있다. 그러니 내가 월나라를 칠 때까지 기다려 주면 당신의 말대로 하겠다."

자공의 말이 옳기는 하지만 다소 시간이 필요하다는 것이었다. 그러자 자공이 말했다.

"월나라의 힘은 노나라를 넘지 않고, 오나라의 강함은 제나라를 넘

지 않습니다. 왕께서 제나라를 내버려두고 월나라를 공격한다면, 제나라
는 이미 노나라를 평정했을 것입니다. 또한 왕께서는 바야흐로 망해 가는
나라를 존속시켜 끊어지려는 후대를 이어주는 것을 명분으로 삼아야 합니
다. 그런데 작은 월나라를 치고 강한 제나라를 두려워하는 것은 용맹스런
사람이 할 일이 아닙니다. 용맹한 사람은 어려움을 피하지 않고, 어진 사
람은 곤경에 빠진 사람을 궁지로 몰아넣지 않으며, 지혜로운 사람은 때를
놓치지 않고, 왕노릇 하는 사람은 나라의 후대를 끊지 않음으로써 의를 세
웁니다. 왕께서는 월나라를 그대로 둠으로써 제후들에게 어질다는 것을
보이고, 노나라를 구하고 제나라를 정벌하면, 그 위엄이 진나라에 더해지
고, 제후들은 반드시 서로 앞다투어 고개를 숙이고 오나라로 찾아와 조회
받을 것입니다. 그렇게 되면 패업(覇業)을 이룰 수 있습니다. 또한 왕께서
필시 월나라가 마음에 걸리신다면, 제가 동쪽으로 가서 월나라 왕을 만나
군대를 지원하도록 설득하겠습니다. 그러면 실질적으로는 월나라를 텅
비게 만들면서 제후를 이끌고 제나라를 친다는 명분을 얻을 수 있습니다."

은근히 오나라 왕의 자존심을 건드리며 제나라와의 싸움을 부추기
는 내용이다. 자공의 이런 말을 들은 오나라 왕은 크게 기뻐하면서 자공
을 월나라로 보냈다. 월나라 왕 구천(句踐)은 길을 청소하고 교외까지 나
와 자공을 맞이하고 몸소 수레를 몰아 자공을 숙소까지 데려다 주며 이렇
게 말했다.

"이곳은 오랑캐의 나라인데 대부께서 무슨 일로 여기까지 오셨

는가?"

자공이 대답했다.

"저는 최근에 오나라 왕에게 노나라를 도와 제나라를 칠 것을 권했습니다. 오나라 왕은 그럴 뜻이 있으면서도 월나라가 걱정되어 '내가 월나라를 칠 때까지 기다리면 그렇게 하겠다.'고 했습니다. 이렇게 되면 오나라는 반드시 월나라를 공격할 것입니다. 남에게 보복할 뜻이 없으면서도 그런 의심을 받는다면 이는 어리석은 일이고, 남에게 보복할 뜻이 있는데 이것을 알아차리게 한다면 이는 위태로운 일입니다. 계획을 행동으로 옮기기도 전에 새어나간다면 이는 위험한 일입니다. 이 세 가지는 일을 꾀하는데 있어 큰 걱정거리입니다."

월나라 왕 구천은 구세주라도 만난 듯 머리를 조아려 두 번씩이나 절하고 이렇게 말했다.

"나는 일찍이 나 자신의 힘을 헤아리지 않고 오나라와 싸움을 벌였다가 회계산에서 곤욕을 치렀다. 그 때의 고통이 뼛속까지 사무쳐 밤낮으로 복수할 생각에 입술은 타 들어가고 혀는 말랐다. 오나라 왕과 싸워 죽는 것이 내 소원이다."

그러면서 오나라에 복수할 수 있는 좋은 방법을 물었다. 이에 자공이 대답했다.

"오나라 왕은 사람됨이 사납고 포학하여 모든 신하들이 버티기 힘들지경이고, 국가는 잦은 전쟁으로 피폐해졌으며, 사졸들은 견디지 못하고 있습니다. 백성들은 왕을 원망하고 대신들은 안으로 변란을 꾀하고 있습니다. 충신 오자서(伍子胥)는 간언하다가 죽었고, 태재 백비(伯嚭)는 나라 일을 맡고 있으나 임금의 그릇된 명령을 그대로 따르며 자기의 사욕만을 채우기에 급급합니다. 이는 나라를 위태롭게 하는 정치입니다. 지금 왕께서 병사를 보내어 그의 뜻을 선동하고, 귀중한 보물들을 보내 환심을 사며, 자신을 낮춤으로써 그를 높여 주면, 틀림없이 안심하고 제나라를 반드시 칠 것입니다. 그렇게 하여 오나라가 싸움에서 이기지 못하면 그것은 왕의 복이고, 설령 이기더라도 반드시 여세를 몰아 진나라로 쳐들어갈 것입니다. 그러면 그 때 제가 북쪽으로 가서 진나라 왕을 만나 함께 오나라를 치도록 만들겠습니다. 그렇게 되면 오나라의 세력은 반드시 약해질 것입니다. 오나라의 정예 병사들은 제나라에서 싸울 수 있는 힘을 다 쓰고, 튼튼한 무기를 지닌 군사는 진나라에서 거의 기진맥진할 것입니다. 왕께서 그 틈을 타서 공격한다면 반드시 오나라를 쇠약하게 할 수 있을 것입니다."

이에 월나라 왕은 크게 기뻐하면서 허락하였다. 월나라 왕은 자공이 떠날 때, 황금 100일(鎰)과 칼 한 자루, 좋은 창 두 자루를 선물하였다. 그러나 자공은 그것을 받지 않고 오나라로 갔다. 자공은 오나라 왕에게 이렇게 보고하였다.

"제가 삼가 왕의 말씀을 월나라 왕에게 전했더니, 그는 두려워하며 말하기를, '저는 불행히도 어려서 아버지를 잃고 제 자신의 분수도 모르고 오나라에 도전하는 죄를 범했습니다. 그러나 군대는 싸움에서 지고 자신은 모욕을 당하여 회계산에서 숨어살며 나라를 폐허로 만들었습니다. 그러나 다행히 대왕의 은혜로 다시 조상께 제사를 지낼 수 있게 되었으니, 죽어도 그 은혜를 잊을 수 없습니다. 어찌 감히 오나라에 대한 음모를 꾸밀 수 있겠습니까? 라고 하였습니다."

그로부터 5일 뒤 월나라에서 대부 문종(文種)을 사신으로 보내왔다. 그는 머리를 조아리고 오나라 왕에게 말했다.

"동해(東海; 월나라) 구천의 사자 신 문종이 삼가 왕의 신하를 통해서 두루 문안드립니다. 지금 듣건대, 대왕께서 장차 아주 의로운 군사를 일으켜 강자를 징벌하고 약자를 구원하며, 포악한 제나라를 곤경에 빠뜨림으로써 주나라 왕실을 편안케 하신다고 하니, 저희 나라의 병사 3천명을 모두 동원하고, 제가(월나라 왕) 직접 갑옷을 입고 무기를 들고 맨 앞에 서서 적의 화살과 돌을 받고자 합니다. 월나라의 천한 신하 문종에게 선대로부터 물려받은 갑옷 20벌과 도끼, 굴로(屈盧)라 부르는 창, 차고 다니면 빛이 나는 칼을 올려 출정을 축하드리도록 했습니다."

오나라 왕은 기뻐하며 자공에게 물었다.

"월나라 왕이 몸소 제나라 정벌에 따라 나서겠다고 하는데, 허락해도 괜찮겠는가?"

자공이 대답했다.

"안됩니다. 남의 나라를 텅비게 하고 남의 군대를 모조리 동원시키면서 또 그 나라의 왕까지 싸움터로 나가게 하는 것은 의롭지 않습니다.

왕께서는 그가 보낸 예물과 군대만 받으시고, 왕이 전쟁터로 나가겠다는 것은 사양하십시오."

오나라 왕은 자공의 권고를 받아들여 월나라 왕이 이 전쟁에 참가하는 것은 사양하였다. 그리고 오나라 왕은 드디어 아홉 개 군(郡)의 병사를 동원하여 제나라 정벌에 나섰다.

자공은 진(晉)나라로 가서 진나라 왕에게 말했다.

"신이 듣건대 생각이 먼저 정해지지 않으면 비상 사태에 잘 대처할 수 없고, 군대가 먼저 잘 갖춰지지 않으면 적을 이길 수 없다고 들었습니다. 지금 제나라와 오나라가 싸우려 하고 있는데, 만일 이 싸움에서 오나라가 지면 월나라가 오나라를 공격할 것이고, 오나라가 이긴다면 반드시 여세를 몰아 진나라로 쳐들어올 것입니다."

이 소리를 들은 진나라 왕은 두려워하며 물었다.

"이 일을 어떻게 하면 좋겠는가?"

자공이 대답했다.

"군대를 잘 정비하고 병사들을 쉬게 하고 기다리십시오."

진나라 왕은 그렇게 하기로 허락하였다.

자공은 진나라를 떠나서 노나라로 돌아왔다. 자공은 풍전등화와도 같았던 스승 공자의 나라의 위기를 넘기기 위해 제나라 · 오나라 · 월나라 · 진나라를 넘나들며 탁월한 지략과 외교술을 발휘하였다. 가장 나약한 나라를 구하기 위한 그의 지략은 혀를 내두를 정도였다. 명분과 실리를 모두 갖다주는 그의 언변에 군주들은 매료되었다. 전쟁의 명분은 드러난 것이기에 전쟁을 떳떳하게 해주고, 실속은 제후와 그 나라를 살찌우는 것이니 전쟁의 진짜 속셈인 것이다. 그렇기 때문에 왕들은 이런 명분을 무시할 수 없었고, 명분과 실리를 동시에 챙길 수 있는 전쟁을 마다할 리 없었다. 이를 이용한 자공의 지략과 외교술에 강대국의 제후들이 놀아난 셈이었다.

그럼 실제 결과는 어떻게 되었을까?

「열전」을 계속 살펴보자.

"오나라는 제나라와 애릉(艾陵)에서 싸워 크게 이기고, 적의 장군 일곱 명이 이끄는 군사들을 사로잡았다. 오나라는 돌아오지 않고 여세를 몰아 진나라를 향해 돌진하여 황지(黃池)에서 진나라 군대와 마주쳤다. 이 두 나라는 서로 강함을 다투었으나, 진나라가 공격하여 크게 이겼다. 월나라 왕은 이 소식을 듣자 강을 건너 오나라를 습격하여 도성 밖 7리쯤에 주둔하였다. 오나라 왕은 이 소식을 듣고서 급히 진나라와의 싸움을 그만두고 돌아와 오호(五湖)에서 월나라와 세 차례 싸웠으나 세 차례 다 지고, 결국 월나라 군대에게 도성까지 내주었다. 월나라 군대는 마침내 오나라 궁궐을 에워싼 뒤 오나라 왕 부차(夫差)를 죽이고, 재상 백비의 목을 베었다. 월나라는 오나라를 무너뜨린지 3년 뒤에 동방 제후들의 우두머리가 되었다."

숨가쁜 각축전이 월나라의 승리로 끝을 맺는 일종의 장편 드라마였다. 물론 이 드라마의 연출자이자 시나리오를 작성한 인물은 자공이었다. 장편 드라마의 연출자이자 극작가인 자공에 대해 「열전」은 이렇게 평가하며 마무리하고 있다.

"이처럼 자공은 한 번 나서서 노나라를 보존시키고 제나라를 어지럽게 했으며, 오나라를 멸망시키고 진나라를 강국이 되게 하였으며, 월나라를 제후들의 우두머리가 되게 하였다. 즉 자공이 사신이 되어 뛰어다니며 각국의 형세를 균열되게 하여 10년 사이에 다섯 나라에 각기 커다란 변화를 일으켰다."

공자가 자공을 선택한 이유를 알 수 있는 내용이다. 나아가 공자가 자공을 만만하게 볼 수 없었던 이유를 알게 하는 이야기이다. 그의 화려한 말재주는 때론 외교술로 지략으로 표출되었다. 비록 공자가 말재주를 경계했어도 그 말재주가 조상의 나라 노나라를 구제하였다. 그렇다고 그의 말재주가 상대를 속이는 것도 아니었다. 정당한 명분과 실리를 정확히 파악한 논리 정연한 것이었다. 정당한 말을 재치 있게 상황에 맞게 표현하는 것은 자공만의 지혜라고 할 수 있을 것이다.

하지만 이런 평가가 오히려 자공의 마음에 부담이 되었다. 그래서 그는 스스로 연마하는데 더 노력했고, 책을 읽다가도 필요한 것은 달달 외우기까지 하였다. 이런 자공을 공자는 또 대견하게 생각하며 더불어 시를 논할 수 있게 되었다며 극찬을 아끼지 않았다. 지난 일들을 가르쳐주었더니 다가올 미래를 알아내는 제자라고 칭찬하였다.(「학이」)

스승 공자로부터 간혹 듣는 이런 칭찬은 자공으로 하여금 공자를 더욱 존경하게 만들었고, "이 땅에 이런 분은 없다."(『맹자』「공손추상」)는 고백을 하기에 이르렀다. 여기서 따온 '생민미유(生民未有)'란 말은 지금도 산동성 곡부(曲阜) 공묘(孔廟)의 대성전 현판에 화려한 황금색으로 빛나고 있다.

이렇게 다져진 사제간이라도 죽음을 초월하지는 못했다. 자공은 공자의 임종을 지켜본 제자였다. 『가어』「종기해(終記解)」편에 그것이 기록되어 있다. 스승 공자가 "태산이 무너지는구나, 대들보가 쓰러지는구나, 철인이 시드는구나."

**대성전 용기둥(龍柱)과
현판 생민미유(生民未有)**
용무늬는 황제와 황제에 준하는 성인
에게만 부여한 특권이고, 그 자리에 오
른 공자를 "후대에 태어난 사람가운데
아직 이런 이는 없었다(生民未有)"고
칭송한 현판

공자가 자공을 불러 놓고 최후를 암시하는 듯한 노래를 하였는데, 공자는 그 후 7일만에 세상을 떴다. 그림 제목은 '두 기둥사이에 관이 놓여 있는 꿈을 꾸다.' 이다.

(夢奠兩楹)

라고 하는 소리를 자공이 듣고 깜짝 놀라며 "태산이 무너지면 내 장차 누구를 우러러보며, 대들보가 쓰러지고 철인이 시들면 내 장차 누구를 본받겠는가? 선생님께서 병이 나신 것이다."라고 하며 공자가 있는 곳으로 달려갔다. 공자가 달려온 자공을 보고는 "자공아, 네가 오는 것이 왜 이리도 늦었느냐? 내가 어젯밤 꿈을 꾸니 두 기둥 사이에 제사음식을 차려놓고 앉아 있었다. 옛날 하후씨는 동쪽 뜰에 빈소를 마련했고, 은나라 사람은 두 기둥사이에 빈소를 마련했으며, 또 주나라 사람은 서쪽 뜰에 빈소를 마련했다. 빈소는 죽은 사람을 손님과 같이 대접한다는 의미이다. 그러고 보니 나는 은나라 사람의 행세를 한 셈이다. 천하에 밝은 임금이 없으니 그 누가 능히 나를 존경해 줄 것인가! 나는 아마도 머지않아 죽을 것이다."고 하였다. 그 후 공자는 7일만에 돌아가셨다. 향년 72세였다.

자공은 스승 공자의 임종을 지켜본 제자였다. 공자가 타계하자, 노나라 애공(哀公)이 국노(國老) 공자를 절실하게 조문하였지만, 자공은 오히려 분개하였다. 이렇게까지 공자를 생각하였으면서도 스승 생전에 등용하지 않은 것에 대한 분노의 표시였다.

아무튼 죽음이 스승과 제자 두 사람을 갈라놓았을 때 경제적 능력이 월등했던 자공은 다른 제자들과 남다른 모습을 보였다. 사실 온전하게 3년상을 치른다는 것은 일반 사람들은 상상도 하기 힘든 일이었다. 그러나 자공은 3년에 3년을 더한 6년간이나 공자의 무덤 옆에 묘막을 짓고 시묘살이를 했다. 『가어』「종기해」에는 자공이 6년상을 치르고 난 뒤에도 노나라의 수많은 사람들이 시묘살이를 하였는데, 그것이 백여호나 되었다고 전한다. 그로부터 그 마을을 공리(孔里)라고 불렀다는 기록도 보인다. 아무튼 지금도 자공의 이끼낀 묘막(墓幕)은 잡풀로 우거진 공자의 무덤을 지키고 있다. 『맹자』「등문공상」편에는 이렇게 표현하였다.

"옛적에 공자가 돌아가시자 3년이 지난 다음 문인들이 짐을 챙겨 장차 돌아갈 적에 들어가서 자공에게 읍하고 서로 향하여 통곡하여 모두 목이 쉰 뒤에 돌아가거늘, 자공은 다시 돌아와 묘마당에 집을 짓고서 홀로 3년을 거처한 뒤에 돌아갔다."

재아가 부모상을 1년이면 그런 대로 족한 것 아니냐고 말한 것도 아마 3년상이 가져다주는 경제적 부담이 가장 크게 작용한 것이었을 것이다. 공자의 제자들이 스승의 상을 당해 3년상을 치른 것은 그 자체로도 대단한 격식을 갖춘 일이다. 거기에 자공은 3년을 더해 6년의 묘막살이를 했다는 것은 경제적 여유뿐만 아니라 스승에 대한 절절한 마음이 남달랐기에 가능했던 일이었다.

그렇다 하더라도 홀로 남아 스승의 묘를 3년이나 더 지킬 때의 그 마음은 아마도 그 옛날 공자가 정(鄭)나라에 갔다가 제자들을 잃고 홀로 성문 밖에 서서 기웃거리다 주변 사람들로부터 '집 잃은 개(喪家之狗)' 취급되었을 때의 심정과도 같았을지 모른다. 『가어』「곤서」에 이 상황이 잘 묘사되어 있다. '집 잃은 개'와 같다는 주변 사람들의 표현을 전달한 사람도 바로 자공이었다. 비록 함께 있을 때에는 그 소중함을 그렇게까지 몰랐지만 막상 홀로 남고 보니 제자들이 얼마나 소중한지 공자도 깨달았을 것이다. 거기다 정나라는 『시경』에 표현되어 있듯 음란한 나라 아닌가? 비록 공자가 불혹(不惑)의 나이를 넘었다 하더라도 음란이 판치는 정나라에 홀로 남았다는 것은 여간한 불편이 아니었을 것이다. 그 불편함이 남들 눈에는 '집 잃은 개'처럼 보였었나 보다. 그런데 이런 자공의 전갈에 공자는 기분 나빠하지 않았고, 오히려 즐거워하였다. 일설에는 '집 잃은 개' 신세를 '상가집 개'로 잘못 전달하고 있으니 뜻글자가 갖는 매력이 곧 오해의 원인이 된다는 반증 같기도 하다.

경제적 부와 정치적 실권을 가진 자가 항상 경계하고 조심해야 할 것이 있다면 도덕적인 떳떳함이다. 자공은 정치 경제적으로 남부럽지 않은 인물이었다. 그러면서도 그는 교만하지 않으려고 노력했고, 도덕적으로도 완전하려고 무던히 애를 썼다. 이에 도덕적 완결성을 추구하는 공자는 자공에겐 대단히 위대한 존재일 뿐만 아니라 자신의 결점을 항상 채워줄 스승이었다. 오늘날 정치의 최고 지도자들이 이 땅의 도덕선생들, 예컨대 최고 종교지도자들을 찾아다니는 건 아마도 자공이 공자에 대해 기대하고 생각했던 것과 크게 다르지 않을 것이다.

공자 사후 3년상을 치른 제자들이 각기 고향으로 돌아갔고, 그 후에도 무덤 주위를 지키며 살던 사람들이 100여 호나 되었다.
(治任別歸)

공자 사후 보통 제자들이 3년상을 치뤘지만
자공만이 홀로남아 3년을 더한 6년상을 치룬
묘막 앞에 자공이 손수 심었다는 해나무.
(子貢手植楷)

🌼 자공이 물었다. "가난하면서 아첨함이 없고, 부유하면서 교만함이 없다면 어떻습니까?" 공자가 대답했다. "괜찮다. 그러나 가난하면서도 즐거워하며, 부자이면서도 예의를 좋아하는 자만은 못하다." (子貢曰: 貧而無諂, 富而無驕, 何如? 子曰: 可也. 未若貧而樂, 富而好禮者也.「學而」)

🌼 공자가 말했다. "자공과 더불어 비로소 시를 논할 수 있게 되었구나. 지나간 것을 말해 주자 다가 오는 것을 아는 구나." (子曰, 賜也, 始可與言詩已矣, 告諸往而知來者.「학이」)

🌼 숙손무숙이 조정에서 대부들에게 말했다. "자공이 공자보다 낫다." 자복경백이 이 말을 자공에게 일러주자 자공이 말했다. "나의 담장은 겨우 어깨 정도 만한 높이에 지나지 않다. 그래서 누구나 집안의 좋은 것들을 들여다 볼 수 있다. 그런데 선생님의 담장은 여러 길이나 되어 도저히 볼 수 없다. 그래서 그 문안으로 들어가지 않으면 집안의 아름다운 모습과 수많은 사람들의 오가는 모습을 볼 수가 없다. 그런데 그 문안으로 들어가 이를 볼 수 있는 사람은 매우 드물다. 그러니 숙손무숙의 말이 또한 당연하지 않겠는가." (叔孫武叔語大夫於朝, 曰: 子貢賢於仲尼. 子服景伯以告子貢. 子貢曰: 譬之宮牆, 賜之牆也及肩, 窺見室家之好. 夫子之牆數仞, 不得其門而入, 不見宗廟之美, 百官之富. 得其門者或寡矣. 夫子之云, 不亦宜乎!「子張」).

🌼 숙손무숙이 공자를 비난하며 헐뜯자 자공이 말했다. "그렇게 하지 말라. 공자는 비난할 수 없다. 보통 사람들의 똑똑함은 언덕과 같아서 넘을 수 있지만, 공자는 해와 달과 같아서 넘을 수 없다. 사람들이 비록 스스로 관계를 끊고자 하여도 어떻게 해와 달이 해가 되겠는가? 다만 자기의 분수를 알지 못함을 보일 뿐이다." (叔孫武叔毀仲尼. 子貢曰: 無以爲也, 仲尼不可毀也. 他人之賢者, 丘陵也, 猶可踰也; 仲尼, 日月也, 無得而踰焉. 人雖欲自絶, 其何傷於日月乎? 多見其不知量也!「자장」)

🌼 자공이 고유제를 지내면서 바치는 희생양을 없애려고 하였다. 그러자 공자가 말했다. "너는 그 양을 아까워하느냐? 나는 예를 아까워한다." (子貢, 欲去告朔之餼羊. 子曰: 賜也, 爾愛其羊, 我愛其禮.「八佾」)

🌼 공자가 말했다. "자공은 천명을 받지 않았는데도 재산을 늘렸다. 억측하면 자주 맞았다." (賜不受命而貨殖焉, 億則屢中.「先進」)

소극적이었지만 약삭빨랐던
염구

> 염구(冉求, B.C.522~489)는 자가 자유(子有), 혹은 염유(冉有)라 했다. 노나라 사람으로 공자보다 29세 아래로, 염백우(冉伯牛, 冉耕)·중궁(仲弓, 冉雍)과는 가족관계이다. 공문십철의 한사람. 안연·자로·자공과 함께 공자의 주요 제자 4명으로 공자의 유랑 14년간 동행하였다. 739년 당나라 때 서후(徐侯), 1009년 송나라 때 팽성공(彭城公), 그 뒤 서공(徐公)으로 추봉되었다.

염구는 소극적이고 소심했지만 출세는 누구보다 먼저 했다. "얌전한 고양이 부뚜막에 먼저 오른다."는 말을 증명해 주는 경우이다. 『가어』 「제자행(弟子行)」에서는 이런 염구를 재주 있고 정치 잘하는 것으로 묘사하였다. 그는 "노인을 공경하며 손님을 잘 접대하고 학문을 좋아하고 예술적 감각이 있고, 일을 할 때에는 매사를 잘 살피면서도 부지런히 한다." 고 하며, 극찬하였다. 『가어』 「정론해(正論解)」에도 제나라 재상이었던 국서(國書)가 쳐들어 왔을 때 이를 염구가 물리치자, 공자는 "염구는 의리에도 맞을 뿐만 아니라 군법에도 어긋남이 없다."고 하며 칭찬하였다.

하지만 평소 스승 공자로부터 지적 받을 땐 정반대의 성격 소유자였던 자로와 비교되었다. 자로는 너무 설쳐댔기 때문에 부형(父兄)과 같은 경험 많은 사람의 조언과 판단이 필요했다면 염구 같은 소심한 제자는 과단성 있는 행동이 필요했다. 『논어』에 비친 염구의 결함은 본래부터 나약한 성격에서 비롯되었다. 염구에 대한 스승 공자의 근심은 경험자의 명령을 받지 않을까에 있었던 것이 아니라, 마땅히 실행해야할 일을 머뭇거리며 과감하게 실행하지 못하지나 않을까 하는데 있었다. 이 말은 그의 소심한 성격이 대인관계상 세심한 배려라기보다는 소극적인 삶의 태도에 문제가 있음을 지적한 것이다. 『장자』「지북유」편에는 염구의 이런 성격의 일면을 비추고 있다.

염구가 공자에게 물었다.

"하늘과 땅이 생겨나기 전의 일을 알 수 있습니까?"

공자가 대답하였다.

"알 수 있다. 예나 지금이나 같기 때문이다."

그러자 염구는 더 묻지 못하고 물러났다가 다음날 다시 공자를 만나서 말했다.

"어제 제가 하늘과 땅이 있기 전의 일을 알 수 있겠느냐고 물었을 때, 선생님께서는 '알 수 있다. 예나 지금이나 같기 때문이다.' 고 하셨습니다. 어제는 이해할 수 있을 것 같았는데, 오늘은 이해하지 못하겠습니다. 감히 묻건대 무슨 말씀이셨습니까?"

공자가 마음을 비웠을 때에는 알아들을 수 있지만, 그렇지 못할 경우 이해할 수 없다고 하면서 염구에게 다시 질문하였다. 하지만 염구는 역시 주저하며 아무 대답도 못했다. 염구의 성격이 묻어 나오는 대목이 아닐 수 없다. 주저하며 아무런 대답도 못한 것은 사실 무지함 때문일 수도 있고, 소극적 성격으로 인한 머뭇거림일 수도 있다. 그런데 『논어』를 비롯한 기타 신빙할만한 자료에 나타난 염구의 경우는 성격과 무관하지 않은 것 같다. 이렇게 소심한 성격의 소유자 염구에 대해서 동료 제자 자공은 다른 각도에서 표현하였다.

"노인을 공경하고 고아와 같은 불우한 사람들을 구휼하며, 길가는 나그네 맞이하는 것을 잊지 않고 예로써 대하며, 학문을 좋아하고 사물을 깊이 관찰하면서 이것을 고생이라고 생각지 않았는데, 이것은 염구의 모습이다.(『대대례기(大戴禮記)』「위장군문자(衛將軍文子)」)"

공자가 지적한 것이 자로와 대비되는 소극적 행위의 문제였다면, 자공이 평가한 염구의 삶은 상대방에 대한 세심한 배려였다. 어느 각도에서 그 사람의 행위를 보느냐에 따라서 소극적 삶은 세심한 배려로도 보일 수 있을 것이다.

하루는 공자가 제자들과 함께 앉아 혹 너희들이 정치를 하게된다면 어떻게 꿈을 펼치겠느냐고 물었다. 이 때 염구는 대답했다.

"사방 60~70리, 혹은 50~60리쯤 되는 작은 나라를 제가 다스리게 된다면 3년 안에 백성들을 풍족하게 해 줄 수 있으며, 그 예악과 같은 것은 군자를 기다렸다 맡기겠습니다."(「선진」)

이 말은 바로 직전 자로가 천승(千乘)의 제후국을 다스린다면 아무리 난국이라도 3년 안에 치리할 수 있을 것이라는 발언과 대비된다. 거기다 예악으로 교화하는 것은 군자를 기다렸다가 맡기겠다고 하는 극히 공자의 눈치를 보는 듯한 소심한 태도를 염구는 취했다. 이런 염구에게 공자가 적극성을 따르고 주문하는 것은 당연한 일이었다. 그럴 때마다 염구는 자신감이 없었다. 이런 자신에 대해 염구는 변명을 늘어놓았다.

"제가 선생님의 가르침(道)을 싫어하는 게 아니라 힘이 부족할 따름입니다." (이하 「옹야」)

변명하고 있는 염구에게 공자는 가차없이 질책을 가했다.

"힘이 부족한 사람은 할 수 있는데 까지 해보고 포기하지만, 너는 그것조차 하지 않는다. 너는 스스로 한계를 긋는 것이다."

이 말은 한번 하면 끝을 보는 다른 제자들, 특히 안연이나 자로 같은 제자를 늘 보아왔던 염구 입장에서 기꺼이 할 수 있는 변명이었지만, 공자는 그런 염구를 꾸짖었던 것이다.

공자는 비록 염구에게 문제가 있었지만 그래도 그를 당시 실권자중 한사람이었던 계씨(季氏)에게 추천하여 관리가 되도록 하였다. 자신은 아무 것도 할 수 없을 것이라던 염구는 막상 관직에 오르자 세상 물정에 눈을 떴다. 하지만 그가 눈뜬 세상은 약삭빠른 데 있었다. 그는 앞으로 자기에게 필요한 사람은 공자가 아니라 계씨라고 판단, 계씨의 정책에 적극 참여하며 공자의 뜻과는 다른 방향으로 나아갔다. 이로 인해 역시 계씨의 가신으로 있던 자로의 신임은 오히려 떨어졌는데, 염구는 신임이 높아졌

계손씨의 토지세에 대한 자문에
답변하지 않았던 공자가
염구에게 말하는 장면
(不對田賦)

다. 굴러 들어온 돌이 박힌 돌을 빼내는 격이었다. 결국 공자는 이런 염구를 제자들에게 내치게 하였다.

"계씨가 주공보다 부유하였는데도 염구는 그를 위해 가혹하게 세금을 거둬들여 재산을 더 늘려주었다. 공자가 말했다. '염구는 이제 내 제자가 아니다. 얘들아! 북을 울려 그의 죄를 성토함이 옳다.'"(「선진」)

자로는 승산이 없는 싸움도 정의 구현차원에서 죽음도 불사했지만, 염구는 지속적으로 부정한 계씨 편에서 출세 가도를 달렸다. 그가 출세할 수 있었던 것은 당시 실권자들로부터 그 능력을 인정받았다는 이야기가 된다.

그런데 정치가로서의 능력과 도덕적 능력은 반드시 비례하는 것은 아니었다. 공자도 처음의 염구야 어찌됐든 그의 정치력은 인정했다. 하지만 공자의 이상인 인(仁)을 실현하는 것과는 거리가 있음을 분명히 하였다.(「공야장」) 나아가 주변 실권자들은 그의 정치력을 높이 샀던지 공자의 추천에 앞서 염구의 능력을 지목해서 질문할 정도였다. 그 때마다 공자는 다재다능함을 인정하고 정치인으로서는 그런 대로 쓸만할 것이라고 대답했다.(「옹야」)

하지만 스승 공자가 본 염구의 정치인으로서의 모습은 결코 소신이 있다거나 백성을 올바른 길로 이끌만한 인재는 되지 못했다. 다만 숫자만 채우는 신하(具臣. 「선진」)였던 것이다. 그래도 공자 문하에서 배웠으니 좀 다른 면이 있다면 인간으로서 신하로서 그런 대로 최소한의 덕목은 지킬 것이라고 하였다.

"아버지와 임금을 시해하는 일은 따르지 않을 것이다."(「선진」)

이후로 염구는 공자 문하에서 자로와 함께 유능한 정치인으로 통했다.(「선진」) 하지만 소신을 갖춘 신하 노릇은 끝내 하지 못했다. 계씨가 대부(大夫)의 지위로서 할 수 없는 대규모 제사〔旅祭〕를 스스럼없이 지냈다. 그때 공자가 염구에게 네가 신하로써 그걸 말릴 수 없겠느냐고 하자, 염구는 '불가능하다.'고 대답하였다.(「팔일」) 이것으로 보아 염구는 시비곡직에 대한 판단능력보다는 그저 시키는 일만 잘하는 신하에 지나지 않았던 것이다. 직속 상관이 무례(無禮)한 행동을 지속한다면 충실한 신하가 그를 바로 잡을 책무가 있다. 상명하복(上命下服)의 정치풍토라도 시비판단에는 위아래가 있을 수 없다. 그런데 염구는 신하로서 복종만 잘했지 정치를 바르게 하는 능력(「안연」)은 없었다.

한번은 계씨가 전유(顓臾)라는 나라를 치려하였다. 그런데 전유는 선왕이 봉한 나라로 사직의 신하 노릇 하는 나라이기에 정벌할 수 없을 뿐더러, 또한 이미 노나라 안에 있기 때문에 굳이 정벌할 필요도 없는 나라였다. 이것은 오로지 계씨가 자기 욕심을 채우려는 극히 잘못된 전쟁 의도였다. 이것은 공자도 계씨의 신하인 염구도 모두 잘 알고 있는 내용이었다. 이런 사태를 막상 맞이하자 공자는 염구를 불러 꾸짖었다.(이하 「계씨」) 그러자 염구는 마침 같이 신하로 있던 자로와 함께 자신의 뜻과는 상관없으며 오로지 계씨가 하려고 하는 일이라고 발뺌하였다. 공자는 이런 염구에게 옛날의 어진 사관(史官)이었던 주임(周任)의 말을 인용하며 이렇게 질책하였다.

"'능력을 펴서 대열에 나아가 능히 할 수 없는 경우에는 그만 두라.' 고 하였다. 위태로운데도 (주변 신하들이) 바로잡지 못하고, 넘어지는데 도 (주변 신하들이) 부축하지 못한다면 장차 저런 재상 신하들을 어디에 다 쓰겠느냐?"

또 염구가 둘러낸 변명도 잘못되었다고 신랄히 지적하였다.

"호랑이와 들소가 우리에서 뛰쳐나오며, 구갑(龜甲)과 옥(玉)이 궤 속에서 망가졌다면 이것은 누구의 잘못이겠는가?"

이 말은 계씨의 악행을 방치하는 것이 보필하는 신하에게 책임이 있음을 밝힌 것이다. 그러면서 공자는 자꾸 변명만 늘어놓는 염구에게 말하였다.

"군자는 하고자 한다고 말하지 않고 굳이 변명하는 것을 미워한다."

그리고 바른 정치지도자의 덕목을 가르쳐주었다.

"백성이 적은 것을 근심하지 말고 (경제적으로) 균등하지 못함을 근심하며, 가난함을 근심하지 말고 편안하지 못함을 근심하라. 균등하면 가난함이 없고, 조화를 이루면 적음이 없고, 편안하면 기울어짐이 없다. 이와 같아야 하므로 먼 지방사람들이 복종하지 않으면 문덕(文德)을 닦아서 그들을 오게 하고, 이미 오게 했으면 편안하게 해주는 것이다."

그런 의미에서 염구는 정치지도자로서의 역할을 제대로 감당하지 못하였다.

집권자의 잘못은 집권자만의 잘못이 아니라 그를 보필하는 모든 자들의 잘못이라는 것이다. 그렇기 때문에 보필하는 신하는 집권자의 잘못을 지적하고 고칠 의무가 있다. 염구는 이를 망각하고 오로지 복종하는 것만을 신하된 도리로 알고 이것만을 일 삼았기 때문에 스승 공자로부터 강한 질책과 비난을 받았던 것이다.

『논어』속으로...

🌿 (공자가 만일 너희를 써준다면 어찌하겠는가 라고 묻자 염구가 대답하였다.) "사방 60~70리, 혹은 50~60리쯤 되는 작은 나라를 제가 다스리게 된다면 3년 안에 백성들을 풍족하게 해 줄 수 있으며, 그 예악과 같은 것은 군자를 기다렸다 맡기겠습니다." (方六七十, 如五六十, 求也爲之, 比及三年, 可使足民. 如其禮樂, 以俟君子. 「선진」)

🌿 염구가 말했다. "제가 선생님의 가르침(道)을 싫어하는 게 아니라 힘이 부족할 따름입니다." 공자가 말했다. "힘이 부족한 사람은 할 수 있는데 까지 해보고 포기하지만, 너는 그것조차 하지 않는다. 너는 스스로 한계를 긋는 것이다." (冉求曰: 非不說子之道, 力不足也. 子曰: 力不足者, 中道而廢. 今女畫. 「옹야」)

🌿 계씨가 주공보다 부유하였는데도 염구는 그를 위해 가혹하게 세금을 거둬들어 재산을 더 늘려주었다. 공자가 말했다. "염구는 이제 우리 무리가 아니니, 애들아! 북을 울려 죄를 성토함이 옳다."(季氏富於周公, 而求也爲之聚斂而附益之. 子曰: 非吾徒也. 小子鳴鼓而攻之, 可也.「선진」)

🌿 "염구는 숫자만 채우는 신하라고 말할 수 있다." (求也, 可謂具臣矣. 「선진」)

🌿 "염구는 천 가구정도 되는 큰 마을이나 백승정도의 경대부 집안에서 관리 노릇할 수는 있지만, 인 한지는 잘 모르겠다." (求也, 千室之邑, 百乘之家, 可使爲之宰也, 不知其仁也. 「공야장」)

🌿 "염구는 다재다능하기 때문에 정치에 종사하는데 무슨 어려움이 있겠는가?" (求也藝, 於從政乎何有. 「옹야」)

말 많고 비판적이었던
재여

재여(宰予, B.C. 522~458)는 자가 자아(子我), 혹 재아(宰我)라고도 하였다. 739년 당나라 때 제후(齊侯), 1009년 송나라 때 임치공(臨菑公), 제공(齊公)이라 추봉하였다.

　　어느 문헌이든 재여에 대한 공통된 평가는 말솜씨가 뛰어나다는 것이다. 농경사회에서는 재주는 없어도 근면하고 부지런한 사람을 인정하였다. 또한 말많은 사람보다는 말은 어눌해도 성실한 사람을 좋아하였다. 특히 사계절이 뚜렷한 지역은 더욱 그랬다. 이유는 간단하다. 각 계절마다 계절이 인간에게 요구하는 것이 분명하기 때문이다. 봄철은 씨뿌리고, 여름철은 가꾸고, 가을철은 거두고, 겨울철은 저장하고, 또 봄철을 준비한다. 만일 게으름 떨다가 씨뿌리는 봄철을 지나쳐 여름철에 뿌렸다고 가정해보자. 그 씨앗은 가을철 거두기전에 말라비틀어질 것이다. 여름철 가꾸지 않는다면 역시 그 씨앗은 성장할 수 없으며, 가을철 거두지 않고 방치한다면 쭉정이가 될 것이다. 그래서 인간은 각 계절마다 요구하는 자연의 흐름에 성실히 따라야만 생존할 수 있다. 이런 농경생활은 근면·성실함을 최고의 덕목으로 여기게 만들었다. 숫자와 언어의 논리가 우선하는 상업문화와는 전형적으로 다른 문화를 잉태한 것이다.

공자와 그 제자들이 태어나 활동하던 지역은 사계가 분명한 전형적인 농경사회였다. 공자의 인생철학도 그 제자들의 삶도 이러한 삶의 터전과 무관하지 않았다. 그래서 공자는 말 잘하는 제자보다는 실천이 앞서는 제자를 좋아했다. 게으른 제자보다는 부지런한 제자를 좋아했다.

그런데 재여는 게으르면서 말재주만 좋았던 것으로 보인다.(「선진」.) 『가어』 「72제자해」에서도 재여를 "말재주로 이름을 날렸다."고 했고, 「열전」에서는 "구변이 날카로웠고, 말을 조리 있게 잘하였다."고 전한다.

재여는 말을 잘해 스승 공자로부터 질책을 받았고, 낮잠 자다 심한 꾸짖음을 당했다. 그런데 그 꾸짖음의 정도가 다른 제자와 비교해 볼 때 너무 심하지 않았나 할 정도이다. 재여는 낮잠 잔 것으로 인해 졸지에 썩은 나무, 썩은 흙 신세가 됐다.

"썩은 나무로는 조각할 수 없고, 썩은 흙으로 만든 담장은 흙손질 할수 없다."(「공야장」)

주희는 이렇게 주석하였다.

"그 뜻과 기운이 흐리고 게을러 가르침을 베풀 곳이 없음을 말한 것이다."(『집주』)

낮잠 한번 잔 것으로 인해 이렇게 심한 말을 들을 수 있을까 하는 동정이 재여에게 가해질 수 있을 것이다. 당장 『논형』의 저자 왕충은 「문공 (問孔)」편에서 이 내용을 문제 삼고 있다.

"낮잠 자는 것은 작은 잘못이지만, 썩은 나무와 썩은 흙은 더 이상 물건이 될 수 없으니 큰 악이라는 것이다. 작은 잘못을 가지고 큰 악으로 책망한다면 어떻게 남을 복종시킬 수 있는가? 가령 재여의 성품이 선하지 않아서 썩은 나무나 더러운 흙과 같다면, 공자의 문하에 들어가서 사과(四科), 즉 덕행 · 언어 · 정사 · 문학을 잘하는 제자 반열에 들어서는 안 된다. 성품이 착하다면 공자가 그를 너무 심하게 싫어하는 것이니 잘못이다."

"만일 아주 어리석은 사람이 .... 가벼운 죄를 범하였는데, 관리가 사형이라고 판결했다면 억울해서 원망하겠는가? 아니면 승복하고 자신을 탓하겠는가? 재여가 어리석다면 가벼운 죄를 지은 사람과 같은 생각일 것이다. 재여가 현명하여 공자가 자신을 책망하는 줄 알았다면, 느낀 점이 있어서 스스로 고칠 것이다. 명백한 말로 알려주고, 말을 흘려서 고치게 하거나 말로 암시하기만 하면 스스로 고칠 것이다. 스스로 고치는 것은 말의 무게에 있지 않고 재여가 고칠 수 있는지의 여부에 달렸다."

이렇게 비난하며 왕충은 "어질지 못하다고 해서 너무 심하게 미워하면 거스르게 된다."(「태백」)는 공자의 말을 빌려 공자를 비판하였다.

그렇기 때문에 혹 재여가 단순히 낮잠만 잔 게 아니라 더 큰 실수를 한 것은 아닐까 생각할 수도 있다. 예컨대 지금도 대낮에 성업하는 러브호텔을 연상해 본다면 잠이란 단순히 휴식하거나 잠시 눈을 붙인다는 의미 말고도 다른 뜻이 있을 수 있기 때문이다. 차마 재여의 이런 행태를 점 잖은 『논어』에서 구체적으로 표현하지 못한 것은 아닐까? 아니면 낮잠 잔 것을 두고 이리저리 변명하다 이런 심한 소릴 들은 것은 아닐까?

평소 이리저리 둘러대고 꾸며대는 것을 싫어했던 공자 아닌가? 특히 말잘하는 제자에게는 어느 경우든 좋은 소리 안 하던 공자였다면, 재여의 말투는 더더욱 맘에 들지 않았을 것이다.

공자와 재여의 대화를 주목해 보자.

재여가 물었다.

"인자(仁者)는 비록 우물에 사람이 빠졌다 말해 주더라도 (우물에 빠진 사람을 구제하고자 하여) 따라서 우물에 들어갈 것입니다."(이하 「옹야」)

공자가 말했다.

"어찌 그렇게 하겠는가? 군자를 (우물까지) 가게 할 수는 있으나 빠지게 할 수는 없다. (이치에 있는 말로) 속일〔欺〕 수는 있으나, (터무니없는 말로) 속일〔罔〕 수는 없을 것이다."

주희는 이 문장을 "몸이 우물가에 있어야 우물 안에 빠진 사람을 구제할 수 있는 것이다. 만일 함께 우물로 따라 들어간다면 다시는 구제할 수 없을 것이다. ..... 인자는 비록 사람을 구제하는데 절실하여 자기 몸을 돌보지 않더라도, 응당 이와 같이 어리석게 행동하지는 않을 것이다."(『집주』)고 하였다.

이 질문은 말재주꾼 재여가 공자를 시험하기 위해 한 질문으로 보인다. 즉 재여가 "인자는 남을 사랑한다고 하는데, 만약 우물에 사람이 빠졌다는 거짓말을 들었다면, 인자는 어떻게 처신하겠습니까?"라는 질문에, 공자는 "만일 그런 일이 있다면 인자는 일단 우물까지 달려가겠지만, 우물 안을 자세히 살펴보고 우물 안으로 뛰어드는 무모한 행동은 하지 않는다."고 대답한 것이다.

이 대화를 통해 공자가 왜 재여를 싫어했는가를 생각해 볼 수 있을 것 같다. 아마도 공자는 재여의 질문 내용도 내용이지만 그 방법에 문제가 있다고 생각한 것은 아닐까? 재여의 질문하는 태도가 다른 제자들과는 사뭇 다르다는 점이다. 보통 제자들은 공자가 의향을 묻는 질문이 아니고서는 자신의 생각을 감추고 순수한 질문만 하였다. 예컨대 "인에 대해 묻습니다." "귀신 섬기는 것을 물었다." "감히 죽음에 대해 묻습니다."는 식의 순수한 질문이다.

그런데 재여의 질문은 질문이라기 보다는 자신의 뜻을 먼저 알리고 공자의 의중을 타진하는 형식을 취하였다. 재여의 이런 질문 형태는 다른 곳에서도 계속된다.

"3년상은 너무 길다고 생각합니다. 군자가 3년 동안 예를 시행하지 않으면 예가 반드시 무너지고, 3년 동안 음악을 익히지 않으면 음악이 반드시 무너질 것입니다. 묵은 곡식은 다 없어지고 새 곡식이 오르며, 불씨 만드는 나무도 바뀌어지니, 1년이면 그런대로 족할 것 같습니다."(이하

「양화」)

재여의 주장과 의도가 분명히 드러난 질문 아닌 질문이다. 이 같은 당돌한 질문에 공자가 대답했다.

"(3년상을 치르지 않고서도) 쌀밥을 먹고 비단 옷을 입는 것이 너는 편안하냐?"

재여가 단호하게 확신에 찬 대답을 하였다.

"예, 편안합니다."

공자가 말했다.

"네가 편안하면 너는 그렇게 해라. 군자가 상을 당하면 맛있는 것을 먹어도 그 맛을 알지 못하며, 음악을 들어도 즐겁지 않으며, 거처함에 편안하지 않기 때문에 하지 않는 것인데, 네가 편안하면 너는 그렇게 하거라."

이 때 까지만 해도 재여는 당당했다. 상례(喪禮)에 대한 자신의 생각을 공자에게 분명히 설명하였고, 또 인정받았다고 생각했기 때문이다. 사실 재여의 이런 문제제기는 아마도 당대 상당한 사람들로부터도 호응을 얻었을 만한 현실적이면서도 실리적인 내용이었다.

실리주의적 재여의 태도는 이것 말고도 곳곳에서 드러난다. 『대대례기』「오제덕(五帝德)」에 소개된 재여는 전설시대의 제왕 황제(黃帝)가 3백년을 살았다고 전해오는 말에 대해서도 의구심을 나타냈다. 3백년을 살았다면 과연 그가 "인간인가 아닌가?"라는 질문을 한 것이다.

여하튼 이 대화는 여기서 끝난 게 아니었다. 재여가 나가자 공자는 자신의 의중을 펼치며 3년상의 당위성을 설파하였다.

"재여의 인(仁)하지 못함이여! 자식이 태어나서 3년이 지난 뒤에야 부모의 품을 벗어나게 된다. 3년상은 온천하의 공통된 상례인데, 재여에게도 그 부모에게서 받은 3년의 사랑이 있었는가?"

재여의 현실적이면서도 실리주의적 입장은 훗날 묵자(墨子)·고자(告子)·순자(荀子)계열의 학자들에게 선구적 노선이 되었다고는 하지만, 당대 스승 공자로부터는 혹독한 비판을 받았다. 인간의 자연한 순리를 거스르는 반인륜적 처사라는 것이다.

말을 잘한다는 것은 그만큼 아는 것도 많다는 뜻이다. 그런데 아는 것이 풍부하다보면 정상적인 것만 아는게 아니라 비뚤어진 상식도 알게 마련이다. 또 거기서 응용력도 생기게 된다. 재여도 여기에 속한 것으로 보인다. 노나라 애공(哀公)이 재여에게 토지신을 제사지내는 사(社)에 쓰는 나무가 무엇이냐고 물었다. 재여가 대답했다.

"하후씨(夏后氏)는 소나무를 심어 사주(社主)로 사용하였고, 은나라 사람들은 잣나무를 사용하였고, 주나라 사람들은 밤나무를 사용하였으니, (밤나무를 사용한 이유는) 백성들로 하여금 전율(戰栗)을 느끼게 하려고 해서였습니다."(이하「팔일」)

국가가 나서서 행하는 제사는 하늘과 땅, 그리고 종묘대제가 있는데, 그 가운데 하나였던 토지신을 제사지내는데 사용한 나무 위패는 관행적으로 밤나무[栗]였다. 재여는 밤나무가 전율한다는 율(慄)과 통하기 때문에 그 의미를 백성을 전율(戰慄)케 하기 위한 일종의 공포정치라고 설명한 것이다. 따라서 재여의 이 대답은 충분히 있을 법한 일이지만 정치의 정도는 아니다. 제정(祭政)분리가 아직 완벽하지 않은 상태였기에 제사의식을 통한 통치행위도 한편으론 중요한 의미를 지닐 수 있기 때문이다.

하지만 이것은 바른 정치도 바른 설명도 아니다. 당연히 스승 공자의 지적이 없을 수 없었다. 하지만 공자는 기왕 나온 말이고, 이미 지나간 일이라며 그냥 넘어갔다. 공자가 당연히 책망했어야할 이 문제에 대해 그냥 넘어간 데에는 아마도 몇 가지 추측 가능한 게 있을 것이다.

하나는 공자의 표현대로 "이미 엎질러진 물이니 이제 와서 탓해 무엇하랴!" 식의 체념에서 그럴 수 있을 것이고, 다른 하나는 재여의 이런 대답이 당시 일각에서 설득력 있게 나돌던 어찌 보면 그런 사유가 진짜일 수도 있는 일이기 때문에 그 대답보다도 재여가 그런 소리를 정상적인 정치 논리로 더 설명하지 않은 데 대한 불만의 표시일 수도 있을 것이다. 다시 말해 재여가 어린 애공에게 정상적인 가르침[仁政]을 베풀지 않고 편법(戰慄)을 가르쳤다는 것이다.

또한 재여처럼 아는 게 많고 말이 많다보면 언제나 그 사람의 행동이 문제될 수 있다. 행동이 말을 따라가지 못하기 때문이다. 재여도 항상 이것 때문에 공자로부터 지적 받았다. 오죽하면 재여로 인해 스승 공자의 삶의 패턴이 바뀌었겠는가?

공자가 말했다.

"전에는 사람들의 말을 단지 듣기만 하고 그들이 그것을 실행할 것으로 믿었으나, 지금은 말하는 것을 듣고 동시에 그 행동을 관찰한다. 재여와의 경험 때문에 이렇게 변한 것이다."(「공야장」)

주희는 이것을 이렇게 해석하였다.

"재여는 말은 잘 하였으나 행실이 말에 미치지 못하였다."(『집주』)

또 다른 주석가(范氏)는 이렇게 말하였다.

"군자가 학문에 대하여 날로 부지런히 힘쓰다가 죽으면 그 뒤에 그만둔다. 그러면서도 행여 따라가지 못할까 두려워하는데, 재여는 낮잠을 잤으니, 스스로 포기함이 무엇이 이보다 심하겠는가? 그러므로 선생님이 그를 책망한 것이다."(『집주』)

『한비자』「현학(顯學)」편에는 그의 말재주에 혀를 내두르는 공자의 심정의 일단이 피력되었다.

"재여의 말은 우아하고 세련되었다. 공자는 기대를 걸고 그 점을 취하였는데, 함께 지내면서 지혜가 그의 말을 따르지 못함을 알았다. 그래서 공자가 말했다. '말하는 것을 가지고 사람을 취했다가 재여에게서 실패하였다.' 여기서 공자의 지혜를 가지고도 실제를 잘못 판단했다는 소리가 나온 것이다."

훗날 재여가 공자의 이 소리를 접하고는 두려워서 다시는 공자 앞에 나아가지 못했다고 전한다. 이 말은 『대대례기』「오제덕」과 『가어』「오제덕」에 모두 기록되어 있다.

이렇듯 말 잘하는 것 때문에 문제덩어리로 비친 재여의 말로는 결코 창창하지 않았던 것 같다. 재여는 제(齊)나라 대부(大夫)의 지위에 올라 간공(簡公)을 섬기었다. 그러나 당시 실력자 전상(田常)이 간공을 시해하는 사건이 벌어졌다. 이 때 재여는 이 사건에 연루되어 결국 멸족의 화를 당했다고 한다.(「열전」과 『가어』의 기록)

그러나 이와 반대되는 설도 있다. 전상이 반란하자 간공은 재여와 결탁하여 전상을 제거하려다 오히려 살해되었다는 설도 있다. 이 설은 『좌씨전』에 재여가 전상과 난을 일으켰다는 기록이 없고, 다만 당시 전상과 함께 간공에게 총애를 받던 감지(闞止)라는 인물이 있는데, 그의 자가 공교롭게도 자아(子我)여서 재여의 자와 같아 「열전」에서는 아마도 혼동한 것일 수 있다고 보기 때문이다.

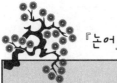

『논어』 속으로...

🌱 재여가 낮잠을 자자 공자가 말했다. "썩은 나무로는 조각할 수 없고, 썩은 흙으로 만든 담장은 흙손질 할 수 없다. 내가 재여를 꾸짖어봤자 무엇하리요!" (宰予晝寢. 子曰: 朽木不可雕也, 糞土之牆不可杇也, 於予與何誅. 「공야장」)

🌱 공자가 말했다. "전에는 사람들의 말을 단지 듣기만 하고 그들이 그것을 실행할 것으로 믿었으나, 지금은 말하는 것을 듣고 동시에 그 행동을 관찰한다. 재여와의 경험 때문에 이렇게 변한 것이다." (子曰: 始吾於人也, 聽其言而信其行; 今吾於人也, 聽其言而觀其行. 於予與改是. 「공야장」)

🌱 재여가 물었다. "인자는 비록 우물에 사람이 빠졌다 말해 주더라도 (우물에 빠진 사람을 구제하고자 하여) 따라서 우물에 들어갈 것입니다." 공자가 말했다. "어찌 그렇게 하겠는가? 군자를 (우물까지) 가게 할 수는 있으나 빠지게 할 수는 없다. (이치에 있는 말로) 속일 수는 있으나, (터무니없는 말로) 속일 수는 없을 것이다." (宰我問曰: 仁者, 雖告之曰: 井有仁焉. 其從之也? 子曰: 何爲其然也? 君子可逝也, 不可陷也; 可欺也, 不可罔也. 「옹야」)

🌱 재여가 물었다. "3년상은 너무 길다고 생각합니다. 군자가 3년 동안 예를 시행하지 않으면 예가 반드시 무너지고, 3년 동안 음악을 익히지 않으면 음악이 반드시 무너질 것입니다. 묵은 곡식은 다 없어지고 새 곡식이 오르며, 불씨 만드는 나무도 바뀌어지니, 1년이면 그런대로 족할 것 같습니다." 공자가 대답했다. "(3년상을 치르지 않고서도) 쌀밥을 먹고 비단 옷을 입는 것이 너는 편안하냐?" 재여가 대답했다. "예, 편안합니다." 공자가 말했다. "네가 편안하면 너는 그렇게 해라. 군자가 상을 당하면 맛있는 것을 먹어도 그 맛을 알지 못하며, 음악을 들어도 즐겁지 않으며, 거처함에 편안하지 않기 때문에 하지 않는 것인데, 네가 편안하면 너는 그렇게 하거라." 재여가 나가자 공자가 말했다. "재여의 인하지 못함이여! 자식은 태어나서 3년이 지난 뒤에야 부모의 품을 벗어나게 된다. 3년상은 온천하의 공통된 상례인데, 재여에게도 그 부모에게서 받은 3년의 사랑이 있었는가?" (宰我問: 三年之喪, 期已久矣. 君子三年不爲禮, 禮必壞; 三年不爲樂, 樂必崩. 舊穀旣沒, 新穀旣升, 鑽燧改火, 期可已矣. 子曰: 食夫稻, 衣夫錦, 於女安乎? 曰: 安. 女安則爲之! 夫君子之居喪, 食旨不甘, 聞樂不樂, 居處不安, 故不爲也.

今女安, 則爲之! 宰我出. 子曰: 予之不仁也! 子生三年, 然後免於父母之懷. 夫三年之喪, 天下之通喪也. 予也有三年之愛於其父母乎?「양화」)

🌿 애공이 재여에게 토지신 제사에 쓰는 위패의 나무종류에 대해 묻자 재여가 대답했다. "하후씨는 소나무를 심어 사주로 사용하였고, 은나라 사람들은 잣나무를 사용하였고, 주나라 사람들은 밤나무를 사용하였으니, (밤나무를 사용한 이유는) 백성들로 하여금 전율을 느끼게 하려고 해서였습니다." (哀公問社於宰我. 宰我對曰: 夏后氏以松, 殷人以柏, 周人以栗, 曰使民戰栗.「팔일」)

겁쟁이면서도 효자였던
증삼

> 증삼(曾參, B.C. 505~436)은 남무성(南武城)사람으로 자는
> 자여(子輿)이고, 공자보다 46세 연하였다. 668년 당나라 때
> 태자소보(太子少保), 739년에 성백(郕伯), 1009년 송나라
> 때 성후(郕侯), 1111년 무성후(武城侯), 1267년 성국공(郕
> 國公), 1330년 원나라 때 성국종성공(郕國宗聖公)으로 추
> 봉되었고, 대대로 추존되면서 스승 공자보다는 못하지만
> '종성(宗聖)'이란 칭호를 받았다.

   증삼의 고향은 산동성 가상현(嘉祥縣)이다. 그곳은 오늘날 시멘트
의 원료인 석회석 채취로 희뿌연 먼지로 가득 차 있는데, 증삼의 무덤과
사당도 희뿌연 먼지로 덮여 있다. 1997년까지만 해도 사당과 무덤은 폐허
속에 방치되어 있다가 2000년대 들어 새로 단장되었다. 이곳이 단장되는
데에는 효를 그래도 세계에서 가장 잘 실천하는 한국인의 손길과 무관하
지 않았다. 효의 대명사처럼 불리는 증삼의 유적을 복원하는데 한국 정주
학회가 주도적으로 참여한 것이다.

   공자의 어록과 그 제자들과의 대화를 담은 『논어』에서는 그를 증자
(曾子)라고 하였다. 이는 그의 제자들이 증삼과 그 스승 공자를 현창하는
데 주역이 되었음을 보여준다.

문화대혁명 때 훼손된
증삼묘와 그곳을 찾은
한국의 유림들, 위와 아래.

　　안연의 아버지 안로(顔路)가 공자의 제자였듯, 증삼의 아버지 증석
(曾晳)도 공자의 제자였으니 몇 안 되는 2대에 걸친 공자의 제자였다. 그
러나 증삼에 대한 공자의 언급은 거의 없다. 아마도 공자 생전에 증삼은
별 볼일 없는 제자였을 수도 있기 때문이다. 다만 공자는 "아둔한 인간."
(「선진」)이라고 그를 가볍게 평했을 뿐이다.

　　소위 공자의 선택된 제자 열 명(孔門十哲,「선진」)을 언급하는데, 증
삼은 없다. 이에 대해 송나라 때의 정자(程子)는 말했다.

"사과(四科)에 지목된 사람들은 바로 스승 공자를 진(陳)나라와 채(蔡)나라에서 따르던 자들일 뿐이다. 문인 중에 어진 자가 여기에 그치지 않았다. 증자는 공자의 도를 전수했는데도 여기에 참여하지 못하였다. 그러므로 십철(十哲)은 세속의 말임을 알 수 있다."(『집주』)

이 말을 역으로 다시 해석한다면, 세속에서는 증삼을 제외하고 있다는 것이다. 다시 말해 당시 증삼의 지위가 그렇게 대단했던 것은 아닌 것으로 보인다. 그러나 언제부턴가 증삼을 높게 평가하였는데, 이것은 공자의 학통(學統) 한복판에 증삼이 자리하였기 때문일 것이다. 공자 → 증삼 → 자사(子思, 공자의 손자) → 자사문인(子思門人) → 맹자(孟子)로 이어지는 학통 체계상 증삼은 공자의 학문을 정통으로 계승하여 맹자에게 이어 주었다. 그로부터 그 지위도 달라졌다. 물론 이것은 증삼 계열의 주장이다. 이를 비판적으로 말하는 사람들은 아마도 전국시대 유가의 헤게모니를 장악한 맹자 계열에서 자신의 스승 계열인 증삼을 추숭하며 마치 그가 공자의 적통처럼 꾸몄을 것이라는 주장이다.

『한비자』「현학(顯學)」편에는 전국시대 유가의 분파가 제법 치열했음을 알려준다. 자장(子張)의 유가·자사의 유가·안연의 유가·맹자의 유가·칠조씨(漆雕氏)의 유가·중량씨(仲良氏)의 유가·순자(荀子)의 유가·악정씨(樂正氏)의 유가로 분파해서 서로가 공자의 적통이라 하며 요순의 도를 본받았다고 주장하였다.

이렇게 볼 때 자사학파와 맹자학파의 지원을 받은 증삼은 훗날 대단한 지위에 올랐다고 할 수 있을 것이다. 하지만 공자는 46세나 연하였던 증삼에게 "삼(參)아!" 라고 불렀다.

스승 공자가 한번은 이렇게 말한 적이 있었다.

"나의 도는 하나로 꿰뚫고 있노라." (이하 「이인」)

그러자 증삼이 지체없이 대답하였다.

"예, 그렇습니다."

마치 공자와 이심전심 통하는 그 무엇이 감지되는 듯한 간단한 문답이었다. 하지만 이 대화는 분명 선문답이었다. 그렇다면 두 사람사이에 뭔가가 통했다는 것이다. 마침 그 자리에 배석했던 문인들은 두 사람의 대화가 도대체 무슨 소린지 알아듣질 못했다. 공자가 나가자 문인들이 증삼에게 "무슨 말입니까?" 라고 물었다.

증삼이 대답했다.

"선생님의 도는 충(忠)과 서(恕)일 뿐이다."

주희는 "자기 마음을 다하는 것을 충성이라 하고, 자기 마음을 미루어 생각하는 것을 용서라고 한다." (『집주』)고 했다. 글자 그대로 충(忠)은 중심(中心)이고, 서(恕)는 여심(如心)이다. 자기 마음을 다하는 것은 마음의 중심에서 우러나오는 것이고, 자기 마음을 미루어 생각한다는 것은 상대와 마음을 같이한다는 것이니 뜻은 통한다고 할 수 있겠다. 한편으론 중심은 나의 마음이고 여심은 너(女:汝)의 마음이다. 충서는 그렇다면 나의 마음과 상대방의 마음을 진실하게 합한다는 뜻이다.

내용이야 어떻든 여기서 관심의 초점은 공자의 초기 제자들이었던 안연이나 자로와 같은 제자들에게도 붙이지 않았던 극존칭 자(子)를 증삼에게 붙이고 있다는 점과 그 자리에 배석했던 문인들은 과연 누구였는가 하는 점이다. 먼저 후자부터 보자. 공자보다 46세 연하였던 증삼은 기껏해야 20대 초반이었을 것이고, 그런 증삼에게 증자라 했던 것도 의문이 남고, 그 문인들이 증삼의 제자들이었다고 보기도 난망하다. 아마도 후대 증자학파의 견해를 담은 편집된 내용이 아닐까 생각한다.

그렇다면 공자의 사상을 '충서'로 '일이관지(一以貫之)' 했다는 것도 증자학파의 단순한 견해일 뿐, 공자 사상과는 거리가 있을 수 있다. 적어도 『논어』를 한번이라도 숙독한 사람에게 공자 사상을 한마디로 정의하라면 누구나가 '인(仁)'이라고 말할 것이다. 막상 『논어』에는 '인'이란 글자가 108회 나온다. '충(忠)'은 18회, '서(恕)'는 2회, '충서'는 1회만 나오는 것을 생각해 보더라도 공자가 역점을 두었던 것이 무엇인지 그대로 드러난다. 물론 글자의 사용빈도 수만 갖고 이야기하자면 문제가 있을 수 있다.

하지만 내용적으로도 '충'과 '서'는 '인'을 이루는 하나의 방법이지 목적은 될 수 없다. 다양한 '인'의 실천항목 가운데 '충'과 '서'는 하나에 지나지 않을 뿐이다. 체용(體用)으로 말하자면 '인'이 '체(體)'라면 '충서'는 '용(用)'에 해당한다고 하겠다. 다시 말해 '충서'는 인을 이루는 단지 하나의 방법일 뿐이다. 결코 공자사상을 대표할 만한 게 못된다는 말이다. 그렇다면 증삼이 공자의 '일이관지'란 말을 '충서'라고 단정한 것은 설득력을 잃는다. 앞에서 말한 것처럼 이 내용은 아마도 그 문인들이 『논어』를 편집하면서 나온 일종의 그들의 주장일 수 있다.

한편 『논어』아닌 다른 문헌에 전하는 증삼은 오히려 비겁하고 고약한 면도 있었다. 증삼이 노나라 무성(武城)이란 곳에 거처할 때 월(越)나라의 침략이 있자, 어떤 사람이 피할 것을 권유하면서 이렇게 말했다.

"침략군이 도착하였는데, 어찌 도망가지 않습니까?"(이하 『맹자』「이루하」)

증삼이 말했다.

"내 방에 사람을 배치하여 섶과 나무를 훼손하거나 상하지 않도록 하라."

이렇게 전하고, 증삼은 도망갔다가 적이 물러가자 돌아오기 전 이렇게 말했다.

"나의 담장과 지붕을 수리하라. 내가 장차 돌아갈 것이다."

수리가 끝나자 증삼은 다시 무성으로 돌아왔다. 당연히 여론이 좋을 리 만무했다. 주변에서 이렇게 말했다.

"선생 대하기를 이렇게 충성스럽게 하고, 또 공경하였거늘, (선생은) 적이 이르자 먼저 도망가시어 백성들이 바라보고 그것을 본받게 하시고, 적이 물러가자 돌아오시니 옳지 못한 것 같습니다."

이렇게 힐난하자 그의 제자였던 심유행(沈猶行)이 대신 변명을 늘어놓았다.

"이는 너희들이 알 바가 아니다. 옛날 우리 심유씨에게 부추(負芻)라는 자가 난을 일으켜 화를 입힌 적이 있었는데, 선생을 따르는 자 70명이 한 사람도 이에 참여한 자가 있지 않았다."

구차한 변명이다. 막상 심유행의 변명도 증삼의 무리를 말한 것이지 증삼과는 관계없는 일이다. 하지만 비슷한 경우를 당했던 자사는 그렇지 않았다. 자사가 위(衛)나라에 거할 때, 제나라로부터 도둑떼가 침략해 왔다. 주변 사람들이 자사에게 말했다.

"도둑떼가 몰려오니 도망가야하지 않겠습니까?"

그러자 자사는 단호하게 말했다.

"도망가다니! 만일 내가 떠나면 임금께서는 이 땅을 누구와 더불어 지키실 수 있겠는가?"

이 말을 기록한 맹자는 이렇게 상반된 증삼과 자사의 행동에 대해 모두 같은 경우라며 다음과 같이 증삼을 옹호하였다.

"증자는 스승이자 부형이었고, 자사는 신하이면서 미천하였다. 증자와 자사가 입장을 바꾸었다면 모두 그렇게 했을 것이다."

이 문제를 해석하는 사람들은 한결같이 그 추구하는 바는 하나이지만 방법은 처한 지위에 따라서 다를 수 있다고 하였다. 크게 틀린 것은 아니다. 하지만 도망을 갔든 가지 않았든 중요한 것은 거기에 있지 않다. 위의 말처럼 자신의 위치에 처신을 달리할 수도 있기 때문이다. 그러나 증삼은 도망가기 전 어떻게 했으며, 돌아오기 전 어떻게 했는가를 놓고 본다면 상황은 달라진다.

비겁했던 증삼의 모습은 변명의 여지가 없다. 평소 소극적인 모습이 이런 극한 상황에서 이런 결과를 낳았던 것이다. 그는 결코 자로와 같이 적극적인 삶을 살았던 것 같지는 않다. 이것은 그의 이 말에서도 엿볼 수 있다.

또한 『가어』「재액(在厄)」편의 기록도 이를 증명한다. 언젠가 증삼이 다 떨어진 옷을 입고 노나라 시골에서 농사를 지으며 생활하고 있었다. 이를 들은 노나라 군주가 증삼에게 한 고을을 떼어 주려고 하자 증삼은 이를 사양하며 받지 않았다. 그러자 주변에선 군주가 마음에 들어 주는 것이니 받을 것을 권면하였다. 그러나 증삼은 단순히 겸손해서 받지 않은 게 아니었다. 증삼의 말을 들어보자.

"듣자하니 남의 것을 받는 자는 남을 두려워하게 마련이고, 남에게 물건을 주는 사람은 항상 교만해진다고 한다. 군주가 비록 나에게 땅을 주고 교만하지 않는다 해도, 나야 어찌 두려운 마음이 없겠는가?"

증삼의 대답 어디에서도 겸손을 느끼게 하는 대목은 없다. 비록 공자가 이 말을 듣고 "절개를 완성하였다."고 칭찬하였지만, 뜯어보면 증삼의 소극적 성향만 부각될 뿐이다. 군주가 땅을 주는 것은 시혜이고, 그런 시혜를 베푸는 것은 어느 정도 카리스마를 담보하기 때문에 교만의 차원에서 볼 수 없다. 다시 말해 받는 사람이 혹 넉넉한데도 준다면 그것은 뇌

물일 것이고, 넉넉하지 않기 때문에 베푸는 것이라면 은택일 것이다. 물론 넉넉하지 않아도 받지 않는다면 그것은 겸손임에 틀림없다. 하지만 여기서 증삼은 군주의 수혜를 두려움으로 해석하고 받지 않았다. 앞에서 말한 겁쟁이의 소극적 태도 아닐까 생각한다. 만일 넉넉지 못해도 자족한 삶을 살고 있다면 굳이 이런 변명을 하지 않았을 것이다. 이렇게 그의 소극적인 세계관은 『논어』에서도 읽을 수 있다.

"선비는 넓고 굳세지 않을 수 없다. 임무는 막중한데 갈 길은 멀구나!"(「태백」)

얼핏보면 선비의 기상을 표현한 것 같기도 하지만 전혀 아니다. 뒷말의 뉘앙스에서 결코 기상을 읽을 수 없기 때문이다. 오히려 소극적인 세계관을 보여줄 뿐이다. 중천에 떠 있는 태양을 바라보며, "벌써 태양이 중천에 있다."는 것과 "아직도 태양은 중천에 있다."는 표현상의 뉘앙스는 완전히 다르다. 임무가 막중하다면 갈 길이 멀더라도 당당하게 나가야 한다. 더구나 선비라면 죽음을 무릅쓰고라도 그 길을 가야한다.(「이인」) 그렇다면 멀고 가까운 게 문제될 것이 없다. 마치 자로가 중과부적임을 알면서도 적장에게 달려든 것처럼 말이다. 그러나 증삼의 이 말은 염세적인 냄새까지 풍긴다. 갈 길이 멀다는 것은 이미 그 길에 대한 부담을 느낀다는 것이다. 부담이 막중하면 결국 그 길을 갈 수 없다.

증삼의 장점은 자로와 같은 성격에서 찾을 수 없다. 문헌에 나타난 증삼의 장점은 덕행(德行)에 있다. 정치적 포부보다는 개인적 수양과 도덕적 삶에 그 장점이 있다고 하겠다. "나는 하루에 세 가지로 나를 돌아본다."(이하 「학이」)는 말속에서 바로 증삼의 장점을 취할 수 있다.

"남을 위해 일을 도모하는데 충성스럽지 않았는가?"

"친구와 사귀는데 성실하지 않았는가?"

"스승에게서 전수 받은 것을 복습하지 않았는가?"

또한 논란의 여지는 있으나 증삼은 『효경(孝經)』의 저자로 알려졌다. 「열전」에 "공자는 그가 효성이 지극하다고 여겨 가르침을 베풀어 『효경』을 짓게 했다."는 기록도 있다. 그러나 『효경』이 전국말 혹은 진(秦) 혹은 서한초(西漢初)의 작품이므로 증삼의 직접 저술이기보다는 그 문인학파의 기록일 가능성도 있다.

『대대례기』「위장군문자」의 기록에도 증삼이 효(孝)·제(悌)·신(信)·충(忠)에 뛰어났다고 한 것으로 보아 증삼이 효에 대한 남다른 면은 증명된다고 하겠다. 『장자』의 기록에도 증삼이 두 번 벼슬했다고 하는데, 그 때의 심정을 부모와 관련하여 표현한 것도 그의 효성심에 대한 남다른 모습을 보여준다. 『장자』「우언(寓言)」편의 내용이다.

"내가 부모님 살아 계실 적에 벼슬했을 때는 녹봉이 3부(三釜, 여섯 말 넉 되 정도)밖에 되지 않았으나 그래도 마음은 흡족했는데, 그 뒤 다시 벼슬했을 때에는 녹봉이 3천종(三千鐘, 두 석(石) 다섯 말 정도)이나 되었 건만 이미 부모님이 돌아가셔서 마음이 슬펐다."

부모님에 대한 절절한 심정을 잘 표현한 내용이다. 이런 모습은 『논

증삼에게 효경을 교육하는 장면
(孝經傳曾)

어』에도 『맹자』에도 여실히 드러난다. 조상에 대한 추모의 절절한 심정이 그의 말과 삶 속에 잘 표현되어 있다는 것이다.

"마지막을 삼가하며 잘하고, 오래 전에 돌아가신 분을 잘 추모하면 백성의 덕은 후한 데로 돌아간다."(「학이」)

"살아서 산 자 섬기기를 예로써 하며, 죽어서 죽은 자 섬기기를 예로써 하며, 제사지내기를 예로써 하면 효라고 말할 수 있다."(『맹자』「등문공상」)

사실 『맹자』「등문공」편의 기록은 증삼의 말이라기 보다는 공자의 말이다.(「위정」) 공자가 번지(樊遲)에게 한 말을 증삼이 외우고 있다가 그 제자들에게 다시 한 말일 것이다. 그렇더라도 증삼이 다른 제자들에 비해 효에 대해 더 관심을 갖고 있었던 것은 다음 내용을 통해서도 확인할 수 있다.

증삼이 그 부친 증석(曾晳)을 부양할 때에는 반드시 밥상에 술과 고기가 올라갔다. 증석이 식사를 마치면 반드시 증삼은 질문했다.

"이 남은 음식을 누구에게 줄까요?"(이하 『맹자』「이루상」)

증석이 대답했다.

"아직 남은 것이 있느냐?"

그러면 증삼은 반드시 이렇게 대답했다.

"남았습니다."

증석이 돌아가고 증삼이 이제 그 아들 증원(曾元)에게 부양을 받았다. 그 때에도 역시 밥상에는 술과 고기가 반드시 올라갔지만, 증원은 남은 음식이 있어도 "누구에게 줄까요?"라고 물은 적이 없었다. 오히려 증삼이 물었다.

"아직 남은 음식이 있느냐?"

그때마다 증원은 말했다.

"없습니다."

이렇게 말한 것은 그 남은 것으로 다시 밥상에 올릴 참이었기 때문이다. 맹자는 이런 태도를 "입과 몸만 모시려고 한 태도"라고 했다. 반면에 증삼이 증석을 모신 태도는 "그 뜻을 고려하고 그 뜻을 모시려고 한 것이다."고 하면서 부모를 섬기는 것은 증삼처럼 해야 옳다고 하였다.

효의 기본이 몸을 부양하는 데 있는 것이 아니라 뜻을 부양하는데 있음을 보여준 말이다. 다시 말해 진정한 효란 육체적인 봉양보다는 정신적인 봉양이라는 것이다. 증삼의 효가 정신적인 효라면 증원의 효는 물질적 효였다.

『시자』「권학(勸學)」편의 내용도 증삼의 지극한 효성심을 표현하고 있다.

"아버지와 어머니가 사랑하면 기뻐하고 그 사랑을 잊지 않아야 한다. 아버지와 어머니가 미워하더라도 두려워하거나 원망하지 말라."

이런 점에서 증삼은 공자의 뜻을 잘 이행한 제자임에 틀림없다. 참고로 공자가 말했던 효의 본질을 말하자면 다음과 같다.

"아버지께서 살아 계실 때에는 그 뜻을 살피고, 돌아가시면 그 행적을 살피고, 3년 동안 아버지의 뜻을 고치지 않아야 효라고 할 수 있다." (「학이」)

"지금의 효라는 것은 물질적으로 봉양 잘하는 것만을 말한다. 그러나 개나 말에게도 모두 길러주는 것은 있으니, 공경하는 마음이 없으면 무엇이 그것과 다르겠는가?" (「위정」)

"부모를 섬길 때에는 은미하게 간해야 하고, 부모의 뜻이 내 말을 따르지 않음을 보고서도 더욱 공경하고 어기지 않으며, 수고롭되 원망하지 않아야 한다." (「이인」)

증삼의 효성과 그 인격에 대한 『가어』 「72제자해」의 기록도 몇 개 소개해 보자.

첫째, 제나라가 증삼을 경(卿)으로 맞이하려고 초빙하였지만, 이를 거절하였다는 기사이다. 그 이유는 "내 부모님이 연로하신데, 남의 녹을 먹으면 남의 일만 걱정하게 될 것이다. 그러므로 차마 부모님을 떠나 남 심부름하는 일은 못하겠다."는 내용이다.

둘째, 증삼의 고약했던 계모와의 관계 고사이다. 증삼을 항상 박대하던 계모를 극진히 모시면서 봉양을 게을리 하지 않았다는 것을 말한다.

셋째, 증삼 부인이 나물무침을 잘못하자 증삼이 부인을 내쫓았다는 내용이다. 주변 사람들이 너무 심한 것이 아니냐고 항의하자 증삼이 말했다. "나물 무침은 작은 일에 지나지 않는다. 나는 나물 삶을 때 잘 익혀 달라고 당부했다. 그런데도 그 여자는 내 명령을 전혀 귀담아 듣지 않았다. 그렇다면 이렇게 작은 일에도 내 말을 듣지 않는데 큰 일에는 어떻게 하겠는가?"

첫째와 둘째 내용은 증삼의 효성심을 표현한 것이고, 세 번째 내용은 특히 부인에게 예민했던 증삼의 태도를 보여준다. 앞의 두 내용이야 효의 대명사처럼 여겨지는 증삼의 당연한 모습이라면, 세 번째 내용은 다소 의외의 내용이다. 다만 증삼은 그런 아내를 쫓아내고 죽는 날까지 새 장가 들지 않았다고 한다. 그 아들 원(元)이 새 장가들기를 청했을 때, 이렇게 말했다고 『가어』에는 전한다. "옛날 고종(高宗)은 후처 때문에 효기(孝己)를 죽였고, 윤길보(尹吉甫)도 후처 때문에 백기(伯奇)를 내쳐 버린 일이 있다. 나는 위로 고종에게도 못미치고 중간으로는 길보에게도 비교할 수 없으니, 그들이 한 이런 나쁜 일들을 하지 않는다고 어찌 장담하겠으냐?" 아무리 그렇다 하더라도 증삼이 아내를 내 쫓은 것은 좀 심한 측면이 없지 않다.

나아가 부모에 대한 증삼의 효성심은 곧바로 자식들에 대한 진실함으로 표현되었다. 그러나 여기서도 증삼은 자식만 생각했지 부인에 대한 배려의 정은 찾을 수가 없다. 『한비자』「외저설좌상(外儲說左上)」편에 전하는 고사이다.

"증삼의 처가 시장에 가는데 아들이 따라오면서 울었다. 어머니가 말하기를 '돌아가거라. 돌아와서 너를 위해 돼지를 잡아주겠다' 고 하였다. 처가 시장에서 돌아오자 증삼이 돼지를 붙잡아 죽이려고 하였다. 처가 그것을 말리며 말하기를 '다만 어린아이와 장난했을 뿐이다' 고 하였다. 증삼이 말하기를 '어린아이와 장난하면 안 된다. 어린아이는 아는 것이 없다. 부모를 의지하여 배우므로 부모의 가르침을 듣는다. 만일 자식을 속인다면 이는 자식에게 속임을 가르치는 것이 된다. 어머니가 자식을 속이면 자식이 어머니를 믿지 않게 되니 가르침을 이루는 것이 아니다' 고 하였다. 그리고는 그대로 돼지를 잡았다."

이 고사가 모두 사실이라면, 못된 계모에게 효성을 다하고 자식에게 진실했던 증삼이 부인에게만은 비인격적 대우를 한 것이다. 돼지를 잡으며 부인을 자식 앞에서 망신 주었던 모습을 상기한다면, 공자가 증삼을 '아둔하다〔魯〕' 고 한 것은 정확히 본 것이었다.

빗나간 이야기이지만 퇴계 이황의 자식교육의 일화를 하나 소개해보자. 퇴계가 살던 당시 국법상 진상용이었던 은어(銀魚)는 일반인들이 잡을 수 없었다. 그러나 낙동강에서 어린이들이 헤엄치며 잡는 물고기는 은어가 대부분이었다. 그만큼 은어가 많았다는 것이다. 결국 은어낚시를 금하는 것은 있으나마나한 법이 되고 말았다. 마을 노인이 퇴계 선생에게 와서 은어의 흔함과 어린이의 자연스런 놀이를 어찌 막을 수 있는가? 라고 항의하자, 퇴계 선생은 수긍하면서 잘못된 법도 법이니 고쳐질 때까지는 준수해야 나라의 기강이 선다고 강조하였다. 그리곤 법이 개정될 때까지 자녀들에게 은어 낚시를 금하였다. 하지만 시정되지 않았고, 퇴계는 결국 강이 없는 마을 죽동(竹洞)으로 이사를 갔다. 퇴계의 지혜가 번뜩이는 일화이다.

　역시 퇴계 선생의 부인에 대한 일화 하나만 더 소개하며 증삼의 경우와 비교해보자. 퇴계 선생은 김해허씨(金海許氏)와 결혼하였지만 허씨 부인은 아들 형제를 남겨두고 결혼 7년만에 세상을 떴다. 3년 뒤 퇴계는 좀 모자라는 권씨와 재혼하였다. 하지만 권씨부인은 음식솜씨도 센스도 부족했던 것 같다. 언젠가 조회(朝會)에 나가는데 도포자락이 해져 부인에게 기워 달라고 하자 부인은 하얀 도포에 빨간 헝겊으로 기워주었지만 퇴계는 화를 내지 않고 태연히 그걸 입고 입궐했다고 한다. 대개 과거에 급제하여 서울로 올라갈 때 부인을 고향에 남겨두고 가는 게 다반사지만 굳이 부인을 데리고 서울로 간 이유를 알만도 하다. 그만큼 권씨부인은 모자랐고 남에게 맡길 수 없었다는 것이다. 퇴계는 한 술 더 떠 요리를 못하는 부인을 위해 스스로 요리를 하며 살림을 꾸렸다고도 한다. 그는 바보부인을 데리고 살면서도 조금도 불평하거나 싫은 기색을 하지 않았다고 전한다. 오히려 그런 부인을 공대했다는 일화도 있다. 퇴계 선생의 제자 이함형(李咸亨)이 부인과의 불화가 나자, 퇴계는 그를 초청해서 아침을 먹었다. 권씨부인은 아침상 반찬으로 가지나물과 산나물만 내왔다. 그때 퇴계는 조금도 나무라지 않고 부인을 공대하였다. 이함형은 퇴계의 이런 모습을 보고 각성하면서, 자신의 부인이 권씨부인보다 미인이고 예의 범절도 권씨 부인보다 낫고, 음식솜씨도 손님 접대하는 것도 모두 권씨보다 나은데도 그런 부인을 쫓아내려고 했던 자신을 반성하면서 이후로 금실 좋은 부부가 되었다는 내용이다.

다시 증삼의 얘기로 돌아가자. 증삼은 위로 부모에게 아래로 자식에게는 잘 했지만, 부인에게만은 박했던 것 같다. 퇴계와는 완전히 대비되는 장면이다. 『장자』 「양왕(讓王)」편의 기록에 보면 증삼은 안연만큼이나 가난하였다. 남편으로서는 매우 무능한 모습이었다.

"증삼이 위(衛)나라에서 살 때, 해진 솜옷이 겉 천이 없을 정도로 다 떨어지고, 얼굴에는 부황기가 돌았으며, 손과 발은 트고 갈라졌다. 사흘 동안이나 밥을 짓지 못했고, 십 년 동안 옷 한 벌 해 입지 못했다. 관을 쓰려면 갓끈이 끊어져 있고, 옷깃을 여미려면 팔꿈치가 나오며, 신을 신으려면 뒤꿈치가 떨어져 있었다. 그러나 그가 발을 끌며, 『시경』의 「상송(商頌)」을 노래하면 소리가 하늘과 땅 사이에 가득 차 마치 악기에서 나는 소리와 같았다. 천자도 그를 벗삼지 못했고, 제후들도 그를 벗할 수가 없었다. 그러므로 뜻을 기르는 사람은 자기의 형체를 잊고, 자기의 형체를 기르는 사람은 이욕을 잊으며, 도를 터득한 사람은 마음조차 잊는 것이다."

이 내용이 비록 장자적 관점에서 편집된 것이라도 이를 미뤄 몇 가지 추론하자면 증삼이 도의 경지에 이른 것은 현실적인 것과 떨어져 나갔다는 것이기도 하다. 그렇기 때문에 가난도 초라함도 문제될 것이 없는 상태에 이르렀다는 것이다. 안연이 그랬듯이 증삼의 이상적 경지는 호의호식에 있지 않았다. 그렇다면 그 가족 특히 부인의 고충은 이루 말할 필요도 없을 것이다. 지극한 도의 경지에 노닐며 의식주 문제는 뒷전이었고, 그나마 현실적인 고민은 부모님에 대한 극진한 봉양에 있었다. 이것은 현실을 고민해야할 주변 사람들에게는 또 다른 부담이 아닐 수 없었을 것이다. 이상을 추구하면서도 현실적 삶을 적절히 추구했던 스승 공자가 왜 그를 두고 '아둔하다' 고 했는지 알 것도 같다.

 『논어』 속으로...

🌿 "증삼은 아둔한 인간이다."(參也, 魯. 「선진」)

🌿 공자가 말했다. "나의 도는 하나로 꿰뚫고 있노라." 증삼이 대답했다. "예, 그렇습니다." 공자가 나가자 증삼에게 문인들이 물었다. "무슨 말입니까?" 증삼이 대답했다. "선생님의 도는 충과 서일 뿐이다."(子曰! 參乎! 吾道一以貫之. 曾子曰: 唯. 子出. 門人問曰: 何謂也? 曾子曰: 夫子之道, 忠恕而已矣. 「이인」)

🌿 증자가 말했다. "선비는 넓고 굳세지 않을 수 없다. 임무는 막중한데 갈 길은 멀구나!"(曾子曰: 士不可以不弘毅, 任重而道遠. 「태백」)

🌿 증자가 말했다. "나는 하루에 세 가지로 나를 돌아본다. 남을 위해 일을 도모하는데 충성스럽지 않았는가? 친구와 사귀는데 성실하지 않았는가? 스승에게서 전수 받은 것을 복습하지 않았는가?"(曾子曰: 吾日三省吾身: 爲人謀而不忠乎? 與朋友交而不信乎? 傳不習乎? 「학이」)

🌿 증자가 말했다. "마지막을 삼가하며 잘하고, 오래 전에 돌아가신 분을 잘 추모하면 백성의 덕은 후한 데로 돌아간다.(曾子曰: 愼終追遠, 民德歸厚矣. 「학이」)"

닭 잡는데 소 잡는 칼을 썼던
자유

오(吳)나라 출신인 자유(子游, B.C. 506~?)의 성은 언(言)
이고, 이름은 언(偃)이니, 우리 식으로 부르면 언언이다. 공
자보다 45세,(『가어』에는 35세) 연하이다. 공문십철의 한
사람으로 예법을 공부했고 문학으로 이름을 날렸다. 739년
당나라 때 오후(吳侯), 1009년 송나라 때 단양공(丹陽公),
그 뒤 오공(吳公)으로 추봉되었다.

곽말약(郭沫若, 1892~1978)은 『십비판서(十批判書)』에서 "「예운편
(禮運篇)」은 조금도 의심할 나위 없이 자유씨 유가의 주요 경전"이라며
유가학파에서 그에 대한 지위를 확고히 부여하였다. 스승 공자는 그를 문
학에 뛰어났다고 했다.(「선진」)

『가어』「제자행」에는 "능한 일을 하고자 한다면 배워야 하며, 알고
자 한다면 남에게 물어야 하며, 착한 일을 하고자 한다면 삼가야 하며, 넉
넉하게 하고자 한다면 예비하는 것이 있어야 한다. 그런데 이것을 능히
하는 자는 자유이다."라고 하는 자유에 대한 공자의 극찬이 담겨있다.

자유가 한번은 음악과 의례로 자신이 다스리던 읍민(邑民)들을 교
화하였다. 이것을 두고 그를 최초의 대중교육자라고 말했다. 이 모습을

직접 목격한 공자는 매우 흡족했다. 아마도 가르친 보람을 느꼈을 것이다. 이 때 상황을 담고 있는 내용을 좀더 살펴보자.

공자가 자유가 읍재로 있던 무성(武城)이란 곳을 갔을 때, 그곳에서는 마침 현악에 맞추어 노래를 부르고 있었다. 아마도 시골동네에 어울리지 않던 현악과 노래 소리였었나 보다. 전혀 기대할 수 없었던 현악과 노래 소리를 들은 공자가 깜짝 놀랐다. 하지만 거기에 지휘자로 자신의 제자 자유가 있음을 알고는 빙그레 웃으면서 말했다.

"닭 잡는데, 어찌 소 잡는 칼을 쓰느냐?"(이하 「양화」)

잠시 당황한 듯 멈칫하던 자유가 이내 대답했다.

"예전에 전 선생님께 이런 말을 들은 적이 있습니다. 군자가 도를 배우면 사람을 사랑하고, 소인이 도를 배우면 부리기가 쉽다고 말입니다."

자유의 진지한 대답에 공자가 동행했던 다른 제자들에게 말했다.

"얘들아, 자유의 말이 옳다. 방금 내가 한 말은 농담이었다."

자유는 자신이 맡은 읍을 다스리면서 공자의 가르침대로 예악(禮樂)을 충실히 가르쳤다. 읍민들도 이에 호응해서 열심히 따르며 배웠다. 시골마을이었지만 그 예악은 대도시에서나 들을 수 있던 세련된 예악 그대로였다. 그래서 공자가 "닭 잡는데, 어찌 소 잡는 칼을 쓰느냐?"고 농담했던 것이다. 이렇게 작은 고을을 다스리면서 어찌 대도(大道)를 쓸 필요가 있느냐고 말한 것이다.

당시 일반 백성들은 일자무식이었다. 그런 백성들을 교화시키는 방법으로 음악과 그림은 매우 중요한 수단이었다. 예컨대 조선 세종 때 부모를 살해하는 사건이 터지자 이를 교화의 잘못으로 여기고 무지몽매한 백성들을 가르치는데 그림을 이용한 것이 이를 잘 증명한다. 『삼강행실도』가 그것이다. 마찬가지로 음악도 무지한 백성들을 교화하는데 매우 중요한 기능을 하였다. 적절한 음악은 노동을 진작시키기도 하고, 마음의 평정을 찾게 하기도 하고, 필요한 내용을 손쉽게 널리 전파하게 하는데 매우 유용하였다. 더군다나 일과 삶에 지친 사람들에게 음악은 삶의 활력이 될 수 있었던 것이다.

그런데 그 음악도 규모와 신분과 지역(도시와 농촌)에 따라 달리 했다. 자유는 이런 구분을 하지 않고 배운 대로 예악을 실천하였다. 그러니 듣는 사람 입장에서는 신기할 수밖에 없었을 것이다. 꽹과리에 북과 징소리 만으로도 족할 것 같은 지역에서 온갖 현악기가 동원된 음악회를 연상해 본다면 이해할 만도 하다.

스승의 가르침을 성실히 이행한 자유의 모습을 읽어낼 수 있는 장면이다. 어찌 보면 고지식한 성격의 소유자로도 보이지만 의외로 자유는 널리 사람의 마음을 꿰뚫고 있었다. 여기서 스승 공자의 농담을 농담으로 듣지 않았던 것은 평소 농담을 안 하시던 스승의 말씀인지라 당황해서 그랬는지도 모른다.

한편 자유는 대인관계의 원리를 잘 간파했던 제자였다. 자유가 말했다.

"군주를 섬김에 자주 간언하면 욕을 당하고, 친구 사이에 자주 충고하면 소원해 진다.(「이인」)

사실 그렇다. 아무리 총애 받는 신하라고 해도 자주 간언하게 되면 군주의 눈에 나고, 아무리 옳은 말이라도 자주 하면 미움을 받게 된다. 친구 사이도 마찬가지이다. 아무리 가까운 친구라도 충고가 잦으면 잔소리로 들리고, 그 소리가 좋을 리 없다.

『대대례기』「위장군문자」에서는 이렇게 묘사하고 있다.

"먼저 주도면밀하게 생각한 다음에 일에 나아가 그것을 적용한다. 그래서 빠뜨리는 것이 없었는데, 이것이 바로 자유의 모습이다."

조선시대 중종의 특별한 예우를 받던 정암 조광조(趙光祖, 1482~1519)는 자주 바른 소리로 간언하다 결국 단명하였다. 자유의 충고를 역으로 생각나게 하는 사건이다. 이렇게 대인관계의 흐름을 꿰뚫고 있는 자유였기에 공자는 그가 사람을 제대로 쓰고 있을 것이라 판단했다. 공자는 실제로 그것을 알고 싶었고, 확인하고 싶었다.

"너는 인물을 얻었느냐?"(이하 「옹야」)

자유가 기다렸다는 듯이 대답했다.

"담대멸명(澹臺滅明)이란 자가 있는데, 길을 다닐 적에 지름길을 따르지 않으며, 공적인 일이 아니면 일찍이 저의 집에 들른 적이 없습니다."

평소 대인관계를 원만하게 유지하던 자유였다고 하지만, 스승 공자는 그래도 그가 적당한 인물을 주변에 두고 있는가를 확인하고 싶었다.

사실 정치를 잘하고 못하고는 사람을 제대로 쓰느냐 못쓰느냐에 달려 있기 때문에 공자의 입장에선 자유가 걱정되었을 것이다. 평소 원만한 대인관계를 유지하던 자유는 역시 측근에 좋은 사람이 있었다. 근묵자흑(近墨者黑)이라 했으니, 자유의 측근에 유능한 사람이 있다는 것은 당연한 것일 수도 있다.

『가어』「72제자해」에 비친 자유도 역시 대인관계가 뛰어 났음을 확인해 준다. 공자와 함께 위(衛)나라에 갔을 때의 일이다. 자유가 위나라 장군의 아들이었던 난(蘭)과 친하게 되자, 그를 공자에게 추천해서 배움을 받게 하였다는 얘기이다. 사람 사귀는데 일가견이 있었음을 보여준다. 그것도 공자가 누누이 강조하던 "자기만 못한 자와 벗삼지 말라."(「학이」)고 한 것을 잘 실천하였던 것 같다. 물론 '자기만 못하다'고 하는 것이 물질적인 풍요나 사회적인 지위를 빗댄 것은 아니다. 위나라 장군의 아들이 정치적으로 경제적으로 나아서 사귄 것은 아니다. 함께 공부할 만한 사람이기에 친해졌고, 그래서 그를 공자에게 데려간 것일 것이다.

다만 그에게도 스승 공자의 입장에서 보면 부족했던 점이 있다. 스승 공자와의 문답 속에는 반드시 제자의 단점을 들어 보충하는 것으로 그 대답이 이어지는데, 한번은 자유가 효(孝)에 대해 질문한 적이 있다. 이 때 공자는 이렇게 대답했다.

"지금의 효라는 것은 물질적으로 봉양 잘하는 것만을 말한다. 그러나 개나 말에게도 모두 길러주는 것은 있으니, 공경하는 마음이 없으면 무엇이 그것과 다르겠는가?"(「위정」)

효의 본질이 물질이 아닌 공경하는 마음 자세에 있다는 말이다. 물질적 봉양이 효라면 부모에게 하는 것과 개나 말에게 하는 게 다를 바 없다는 것이다. 그렇다면 제법 고위직에 있었던 자유가 부모를 봉양하는데 문제가 있었다면 물질적으로는 넉넉하게 봉양하면서도 경건한 마음씀은 부족했을 수도 있다. 스승 공자는 바로 이점을 경계하려고 이렇게 말한 것이다. 훗날 순자는 자유를 미천한 유자라고 했는데, 아마도 이런 모습을 보고 그랬는지 모르겠다.

"게으름만 피우고 일하기를 꺼려하며, 염치없이 마시고 먹기만을 좋아하며, 필시 말하기를 군자는 본래 힘쓰는 일은 하지 않는다고 말한다. 이 것이 바로 자유가 천유(賤儒)라는 것이다."(『순자』「비십이자(非十二子)」)

비록 한참 후대를 살았던 순자였지만, 당시 그가 본 자유의 모습은 관료로서의 부정적인 이미지가 더 크게 보였던 것 같다. 전국시대 정치 군사적인 노선만큼이나 치열했던 공자학파의 분열상속에서 비록 남을 비방하는 것이 횡행하였어도, 없는 말을 억지로 꾸며 비방하지는 않았을 것이다. 최소한의 근거자료를 갖고 말했을 것이다. 그렇다면 자유에 대한 평가는 당대는 물론 후대의 평가도 함께 고려되어야 마땅할 것이다.

『논어』 속으로...

🌸 공자가 무성 땅에 가서 현악소리를 듣고 빙그레 웃으며 말했다. "닭 잡는데, 어찌 소 잡는 칼을 쓰느냐?" 자유가 대답했다. "예전에 전 선생님께 이런 말을 들은 적이 있습니다. 군자가 도를 배우면 사람을 사랑하고, 소인이 도를 배우면 부리기가 쉽다고 말입니다." 공자가 말했다. "얘들아, 자유의 말이 옳다. 방금 내가 한 말은 농담이었다." (子之武城, 聞弦歌之聲. 夫子莞爾而笑, 曰: 割雞焉用牛刀? 子游對曰: 昔者偃也聞諸夫子曰: 君子學道則愛人, 小人學道則易使也. 子曰: 二三子! 偃之言是也. 前言戲之耳.「양화」)

🌸 자유가 말했다. "군주를 섬김에 자주 간언하면 욕을 당하고, 친구 사이에 자주 충고하면 소원해 지는 것이다." (子游曰: 事君數, 斯辱矣, 朋友數, 斯疏矣.「이인」)

🌸 공자가 질문했다. "너는 인물을 얻었느냐?" 자유가 대답했다. "담대멸명이란 자가 있는데, 길을 다닐 적에 지름길을 따르지 않으며, 공적인 일이 아니면 일찍이 저의 집에 들른 적이 없습니다." (子曰: 女得人焉爾乎? 曰: 有澹臺滅明者, 行不由徑. 非公事, 未嘗至於偃之室也.「옹야」)

🌸 자유가 효에 대해 묻자 공자가 말했다. "지금의 효라는 것은 물질적으로 봉양 잘하는 것만을 말한다. 그러나 개나 말에게도 모두 길러주는 것은 있으니, 공경하는 마음이 없으면 무엇이 그것과 다르겠는가?" (子游問孝. 子曰: 今之孝者, 是謂能養. 至於犬馬, 皆能有養; 不敬, 何以別乎?「위정」)

정렬이 넘쳤던 자장

> 자장(子張)의 성은 전손(顓孫), 이름은 사(師), 자장은 자이
> 며, 공자보다 48세 연하이다. 진(陳)나라 사람으로 전해진
> 다. 739년 당나라 때 진백(陳伯), 1009년 송나라 때 완구후
> (宛邱侯), 그 후 진공(陳公)으로 추봉되었고, 공문십철의 한
> 사람.

자장은 공자사후 진나라를 기반으로 세력을 잡아 하나의 학파를 이루었다. 『한비자』 「현학(顯學)」편에는 그의 학파를 제일 먼저 소개하여 그 위세를 짐작케 하였다. 동한(東漢)의 화상석(畵像石)에 공자가 노자를 만나는 장면이 나오는데, 그를 수행했던 수많은 제자가운데 오로지 이름이 기록된 사람은 자장·자로·자공 뿐일 정도로 그가 후대에 미친 영향력은 대단했던 것으로 보인다. 삼국시대에는 그를 '아성(亞聖)의 덕'(『삼국지』 「오서(吳書)」을 갖춘 자로 칭송하였다.

『가어』 「72제자해」에 전하는 그는 다른 제자들과 비교해서 용모가 잘 생겼고 성격도 너그럽고 정렬이 넘쳤으며, 친구들과의 교제범위도 넓었다. 그래서 제자들 사이에서는 인기도 제법 있었다. 남자들 사이에선 소극적인 사람보다 적극적인 사람이 인정을 받는다. 하지만 제자들은 이런 자장을 가까이하며 사귀었지만 그를 공경하지는 않았다. 중용의 미덕을 추구하는 입장에서 보면 지나친 것도 역시 문제이기 때문이다. 자공은 이렇게 적극적이었던 자장과 소극적이었던 자하를 비교하며 누가 더 나은지 공자에게 질문하였다.

"자장과 자하 두 사람가운데 누가 현명합니까?"(이하 「선진」)

공자는 마치 동문서답하듯 대답했다.

"자장은 지나치고〔過〕, 자하는 미치지 못한다〔不及〕."

이 대답을 들은 자공은 자신의 의도를 은근히 내비친다.

"그렇다면 자장이 나은 것입니까?"

질문의 의도를 알아챈 공자는 단호히 말했다.

"지나친 것과 미치지 못한 것은 다 같다."

역시 공자다운 대답이었다.

이 문답을 통해 자장의 성격을 유추해 본다면 그는 매우 적극적이었을 것이다. 때론 앞서간다는 인상을 줄 정도였다. 그래서 그는 공자에게 스스럼없이 출세의 방법을 질문하였다. 자장의 성격을 잘 알고 있는 공자는 그의 장점이자 단점인 적극적인 성격을 보완해야한다는 차원에서 이렇게 대답하였다.

"많이 듣고서 의심나는 것을 빼버리고 그 나머지를 삼가해서 말하게 되면 허물이 적어질 것이다. 많이 보고서 그 위태로운 것을 빼버리고 그 나머지를 삼가해서 행동하면 후회하는 일이 적어질 것이다. 말하는 것에 허물이 적고, 행동하는 것에 후회가 적으면, 봉록(俸祿)은 그 가운데 있다."(「위정」)

평소 앞서 나가던 자장에게 공자는 말과 행동을 조심하면 허물이 적어지고 후회하는 일이 줄어들 것이기 때문에 그것을 잘하면 출세하는 데 별 지장이 없을 것이라 말해준 것이다. 살다보면 말많은 사람 보단 말 수 적은 사람이 실수가 적다. 마찬가지로 앞서가는 행동을 하는 사람보다는 신중히 행동하는 사람들이 후회를 적게 한다. 그러나 이런 사람은 답답하다. 그럼에도 공자가 자장에게 한 말은 좀 답답하더라도 인내하고 신중하라는 주문이다. 자장의 성격을 너무 잘 알고 있기 때문에 가능한 말이다.

그러나 자장이 생각하던 출세와 스승 공자가 생각하던 출세는 같지 않았다. 자장이 이런 질문을 했다.

"선비가 어떠하여야 도달했다고 말할 수 있겠습니까?"(이하 「안연」)

자장은 선비가 어느 정도 해야 그 삶의 목적과 목표를 달성했다고 할 수 있을까? 라는 질문을 한 것이다. 하지만 공자가 생각하는 삶의 목적과 목표는 자장의 생각과는 크게 달랐다. 뭔가 차이를 감지한 공자가 다시 질문하는 것은 당연했다.

"네가 말하는 도달이란 무엇인가?"

자장이 대답했다.

"나라에 있어도 반드시 소문이 나며, 집안에 있어도 반드시 소문이 나는 것입니다."

자장의 대답은 일반인들이 생각하는 출세의 한 측면이었다. 출세하면 소문이 안팎으로 나게 마련이다. 그야말로 입신양명(立身揚名)이란 말뜻의 직역 그대로였다. 표면적인 것만을 자장은 생각했다. 하지만 스승 공자의 입장은 그 경계가 완전히 달랐다. 일반인들의 평범한 생각과는 달리 공사의 경시는 겉에만 머물지 않고 내면적 성취까지도 포괄하였다.

"(네가 말하는) 그것은 소문일 뿐이지 도달한 것은 아니다. 도달했다고 하는 것은 질박하고 정직하며 의를 좋아하며 남의 말을 살피고 얼굴빛을 관찰하며 생각해서 몸을 낮추는 것이니, 나라에서도 반드시 도달하고, 집안에서도 반드시 도달하는 것이다. 소문이라는 것은 얼굴빛은 인을 취하나 실제로는 위배되며 그대로 머물면서 의심하지 않는 것이니, 나라에 있어도 반드시 소문이 나며, 집안에 있어도 반드시 소문이 나는 것이다."

자장은 소문나는 것과 도달하는 것을 구별하지 못했다. 소문나는 것을 곧바로 도달한 것으로 이해하였다. 아마도 자장은 소문나는 것을 출세로 생각했고, 출세 자체를 도달하는 것으로 착각했던 것 같다. 그러나 공자는 소문과 도달하는 것에 분명히 선을 그으며 제자를 바로 가르쳤다.

이렇듯 자장은 평소 겉 표면을 꾸미는데 신경을 많이 썼던 것 같다. 안팎으로 두루 갖추는 것보다는 일단 겉을 화려하게 장식하였고, 그것을 도달했다고 생각했다. 그래서 공자가 "자장은 한쪽〔外貌〕만 잘 한다."(「선진」)고 지적하였던 것이다. 여기서 "벽(辟)이란 한쪽만 잘하는 것이니, 용모〔容止〕에만 익숙하고 성실성이 부족함을 말한다."(『집주』)고 주희는 해석을 달았다.

스승 공자도 이렇게 용모 꾸미는데 비상한 재주가 있었던 자장에게 잠시 혼동했다. 『대대례기』 「오제덕」에 기록된 공자의 소회를 보자.

"내가 용모를 가지고 사람을 취하려고 했는데, 자장을 보고 난 이후로 생각을 바꿨다."

『순자』 「비십이자」편의 기록도 역시 마찬가지이다.

"그 관을 바로 쓰지 않고, 고상한 말만 늘어놓고, 우(禹)임금처럼 걷고, 순(舜)임금처럼 달리고 흉내내는 것이 자장의 천한 선비모습이다."

이 같은 자장의 모습은 주변 사람들 모두에게 비슷한 평가를 받았다. 용모에만 신경 쓰던 자장을 보고 그 동학 자유(子游)와 증삼이 평가한 말이다.

"나의 벗 자장은 어려운 일을 잘하나 인하지는 못하다.(이하 「자장」)

"당당하구나 자장이여, 그러나 함께 인을 실천하기는 어렵다."

정열적이면서도 외면을 중시했던 자장이 같은 제자들 사이에서 제법 인기가 있었던 것으로 보인다. 하지만 공자의 가르침 속에서 이런 자장의 모습은 결코 인을 실천하는 모습은 아니란 것을 다들 알고 있었다.

자장은 평소 스승 공자로부터 자신의 부족한 점을 교육받았고, 동료

들로부터도 이런 지적을 받았기에 선비의 바른 기상과 마음가짐을 새로이 할 수밖에 없었다. 그는 지식인의 바른 삶의 태도를 이렇게 정립하였다.

"선비는 위태로움을 보고 목숨을 바치며〔士見危致命〕, 이득을 보면 의로운지 생각하고〔見得思義〕, 제사지낼 땐 공경을 생각하고〔祭思敬〕, 상사엔 슬픔을 생각한다〔喪思哀〕면, 괜찮다."(이하 「자장」)

"덕을 잡음이 넓지 못하고, 도를 믿음이 독실하지 못하면, 어찌 있다고 말하며, 어찌 없다고 말하겠는가?"

공자의 제자다운 발언이다. 공자는 이미 오래 전부터 제자들에게 "이익을 보면 의로운가를 생각하고〔見利思義〕, 위태로움 속에서는 목숨을 바치는 것〔見危授命〕"(「헌문」)이 인간의 바른 도리라고 설명하였다. 그리고 덕과 도를 충실히 하라고 하였다. 자장은 이 같은 스승의 가르침을 실천하려고 노력했음이 이 문장을 통해 드러난다.

이렇게 훈련된 자장은 결국 공자로부터 제법 괜찮은 평가를 받았다.

"(자장이 일을 성취하고 난 뒤) 자랑하지 않음은 남들이 따라할 수 있어도, 그가 백성들에게 위해를 입히지 않는 것은 누구나 따라하기 힘든 인(仁)한 것이었다."(『대대례기』「위장군문자」)

『가어』「제자행」에 기록된 평가도 『논어』의 그 어디에도 비슷한 것이 없는 매우 긍정적인 내용이다.

"자기에게 아름다운 공로가 있어도 그것을 자랑하지 않으며, 귀한 벼슬에 올랐어도 그것을 좋게 여기지 않으며, 빈천한 자를 만나도 그를 업신여기지 않으며, 홀아비·과부·고아·자식 없는 부모 등 의지할 곳 없는 자를 더욱 불쌍히 여기는 사람이다."

물론 이 말은 자공이 위나라 장군 문자의 질문에 대한 답변에서 한 말로 공자의 직접적인 평가는 아니더라도 자장에게 이런 긍정적인 면이 있다는 증언인 것만은 분명하다.

덧붙여 『장자』「도척(盜跖)」편에 실린 자장의 모습을 살펴보자. 자장이 만구득(滿苟得)이라는 가공의 인물과 나눈 대화록이다.

자장이 만구득에게 물었다.

"당신은 어찌하여 인의(仁義)를 행하지 않습니까? 인의를 행하지 않으면 신용을 받지 못하고, 신용을 받지 못하면 벼슬을 얻지 못하고, 벼슬을 얻지 못하면 이익이 없게 됩니다. 그러므로 명성의 입장에서든 이익의 입장에서든 인의야말로 가장 좋은 것입니다. 만약 명성이나 이익을 버린다 해도, 마음을 돌이켜 생각해 볼 때, 선비가 행동함에 있어 인의는 하루도 실천하지 않을 수 없게 됩니다."

만구득이 말하였다.

"수치를 모르는 자가 부자가 되고, 말 많은 자가 출세하는 법입니다. 대저 세상에서 큰 명성이나 이익은 거의 수치도 모르고 말만 많은 자들에게 돌아가는 것입니다. 그러니 명성이나 이익이라는 측면에서 보자면 말 많은 게 가장 좋은 것이 됩니다. 만약 명성과 이익을 내버리고 마음을 돌이켜 생각한다면, 행동하매 그 천성(天性)을 간직하는 것이 옳은 일일 것입니다."

자장이 말했다.

"옛날 걸왕(桀王)과 주왕(紂王)은 천자라는 귀한 자리에 있으면서 온 천하의 부를 차지하고 있었습니다. 그러나 지금 노예들에게라도 너의 행동이 걸왕·주왕과 같다고 하면 곧 부끄러워하며 마음으로 승복하려 하지 않는데, 이는 곧 이런 미천한 사람들까지도 천하게 여기기 때문입니다. 공자와 묵자는 한갖 필부(匹夫)로서 곤궁하게 지냈으나 지금 재상의 지위에 있는 사람에게 당신을 공자나 묵자와 같다고 하면 곧 얼굴빛을 바꾸며 그 정도에까지 이르기에는 부족하다고 말하는데, 이는 곧 선비들이 진실로 귀하게 여기는 대상이기 때문입니다. 그러므로 천자의 권세를 지녔다 해도 반드시 존귀한 것은 아니고, 필부로서 곤궁하게 지낸다 해도 반드시 천하게 볼 것만은 아닙니다. 귀하고 천하고의 구분은 행동이 아름다우냐 추하냐에 의해 결정되는 것입니다."

만구득이 말하였다.

"작은 도적은 잡히고 말지만 큰 도적은 제후가 됩니다. 그런데 일단 제후가 되면 그 문하에는 의사(義士)들이 모이게 됩니다. 옛날 제나라 환공(桓公) 소백(小白)은 자기의 형을 죽이고 형수를 자기의 부인으로 삼았으나, 현명하다고 하는 관중이 그의 신하가 되었습니다. 전성자상(田成子常)은 제나라 군주를 죽이고 나라를 훔쳤으나 공자는 그에게서 예물을 받았습니다. 관중과 공자는 말로는 그들을 천하게 보면서도 실제 행동으로는 그들에게 머리를 숙이고 있습니다. 말과 행동의 실제적인 문제가 모순을 이룬 채, 마음속에서 서로 다투고 있는 것입니다. 이치에 어긋나는 게 아니겠습니까? 그렇기 때문에 옛 책에 이르기를 어떤 것이 나쁘고 어떤 것이 좋은지를 알 수가 없습니다. 성공하면 우두머리가 되고, 실패하면 꼬리가 되어 천대받는다고 하였습니다."

자장이 말하였다.

"하지만 당신이 인의를 행하지 않는다면, 멀고 가까운 구별이 없어지고, 귀하고 천한 신분의 기준도 없어지게 될 것이며, 어른과 아이의 질서도 없게 될 것입니다. 군주와 신하, 아버지와 아들, 남편과 부인, 어른과 아이, 친구와 친구들 사이의 관계인 오륜(五倫)과 아저씨들, 형제들, 일가들, 조카들, 스승과 친구들 사의의 관계인 육기(六紀)를 어떻게 구분할 수 있겠습니까?"

만구득이 말하였다.

"요임금은 맏아들을 죽였고, 순임금은 이복동생을 내쫓았습니다. 거기에도 멀고 가까운 구분은 있다는 것인가요? 탕(湯)임금은 걸왕을 내쫓았고, 무왕은 주왕을 죽였습니다. 그래도 귀하고 천하고의 차별이 있다는 것인가요? (문왕의 아버지) 왕계(王季)는 형을 물리치고 왕위를 이었고, 주공(周公)은 형을 죽였는데도 어른과 아이의 질서가 있다고 하겠습니까? 유자는 거짓말을 늘어놓고 묵자는 모든 사람을 사랑해야 한다고 주장하는데, 과연 이런 것으로 오륜이나 육기의 구별이 생긴다고 할 수 있겠습니까? 그런데 당신은 명분을 위해 행동하는 게 옳다고 생각하고, 나는 이익을 위해 일하는 게 좋다고 생각하지만, 명분이나 이익이나 사실은 도에 맞지 않는 것이며 참된 도를 보지 못하는 것입니다. 내가 전에 당신과 함께 무약(無約)에게 가서 의논을 드렸을 때, 그가 이렇게 말하지 않았습니까? '소인들은 재물을 추구하고 군자들은 명예를 좇는다. 그들이 각각 자기 본래의 성정을 일그러뜨려 가며 찾는 목적은 다르더라도, 살아 있는 한 해야할 일은 버리고 하지 않아도 될 일을 좇고 있다는 점에서는 같다. 그러므로 소인이 되지 말고 본성으로 돌아가 자연을 따르고, 군자가 되지 말고 자연의 도리에 따라야 할 것이다. 굽었든 곧았든, 하늘의 법도에 따라야하며 사방을 두루 둘러보며 적응하여 시간의 변화와 더불어 살아가야 한다. 옳든 그르든 원만한 마음을 지켜야만 한다. 자기의 뜻을 홀로 이룩하여 도와 함께 세상에서 소요하여야 한다. 한결같이 행동하려고 애쓰지 말고, 의로움을 이루려고 노력하지 말라. 그렇게 하면 자기의 본성만 잃을 것이다. 자기의 부를 추구하지 말고, 성공하려고 애쓰지 말라. 그런 행동은 자기의 천성을 버리는 결과가 될 것이다. 비간(比干)이 가슴을 찢기고 오자서(伍子胥)가 눈이 도려내어진 것은 충성을 하려다가 당한 화근이다. 직궁(直躬)이 아버지의 도둑질을 증언했다가 처벌되고, 미생(尾生)이 여자와의 약속을 지키려다 다리 밑에서 빠져죽은 것은 신의를 지키다 당한 환난이다. 포자(鮑子)가 나무를 끌어안고 선 채로 말라죽고, 신자(申子)가 자기 변명도 못하고 목을 매

죽은 것은 청렴 때문에 얻은 해이다. 공자는 어머니가 돌아가실 때 임종하지 못하였고, 광자(匡子)는 아버지가 돌아가실 때 임종하지 못하였는데, 이것은 인의 때문에 얻은 과실이다. 이상은 옛부터 전해오고 후세에도 이야기되는 사실들이다. 선비된 사람으로서 자기 말이 옳다고 고집하고 자기 행동이 바르다고 주장했기 때문에 그런 재앙을 당하고 그런 환난을 만난 것이다.'"

대화의 내용상 은근히 자장을 묵적(墨翟)에 접근시키는 듯 하다. 막상 묵적이 자장의 후배였다는 설이 있는 것도 우연한 말은 아닌 것 같다. 묵적이 처음 유가의 학문을 접한 것은 그렇다면 자장의 영향일 수도 있을 것이다.

그래도 이 대화에서 자장에 대해 살필 수 있는 것은 도덕군자로서의 명분과 이상을 추구하는 공자의 제자로서의 모습과 실리론자 만구득과의 차별상이다. 편집자의 의도에 따라 다소 각색되었을지도 모를 대화 내용이기는 해도, 자장은 유가적 대의를 크게 벗어난 것 같지는 않다.

이렇듯 자장은 스스로 만족한 군자의 인생을 살았다. 자장이 병들어 누워있을 때, 아들 신상(申祥)을 불러 말했다.

"군자는 마친다〔終〕고 말하고, 소인은 죽는다〔死〕고 말한다. 나는 오늘에야 거의 군자이기를 바랄 수 있겠구나!' (『예기』 「단궁상」)

군자는 수양과 덕을 쌓았기 때문에 일반 사람들과 다르다는 이야기이다. 그렇기 때문에 죽는다 해도 그것은 단지 육체가 끝나는 것일 뿐 그의 수양과 덕은 이어진다는 것이다. 반면에 소인은 수양도 덕도 쌓지 않았기 때문에 형체가 없어지면 모든 게 끝날 뿐이다. 자장이 병들어 죽어가면서 이 문제를 거론한 것은 스스로 군자의 삶을 살면서 나름대로 수양과 덕을 쌓았다는 자신감의 표현일 것이다.

『논어』 속으로...

🌿 자공이 물었다. "자장과 자하 두 사람가운데 누가 현명합니까?" 공자가 대답했다. "자장은 지나치고, 자하는 미치지 못한다." 자공이 물었다. "그렇다면 자장이 나은 것입니까?" 공자가 대답했다. "지나친 것과 미치지 못하는 것은 다 같다."(子貢問: 師與商也孰賢? 子曰: 師也過, 商也不及. 曰: 然則師愈與? 子曰: 過猶不及.「선진」)

🌿 자장이 벼슬하는 방법을 배우려고 하자, 공자가 대답했다. "많이 듣고서 의심나는 것을 빼버리고 그 나머지를 삼가해서 말하게 되면 허물이 적어질 것이다. 많이 보고서 그 위태로운 것을 빼버리고 그 나머지를 삼가해서 행동하면 후회하는 일이 적어질 것이다. 말하는 것에 허물이 적고, 행동하는 것에 후회가 적으면, 봉록은 그 가운데 있다."(子張學干祿. 子曰: 多聞闕疑, 愼言其餘, 則寡尤; 多見闕殆, 愼行其餘, 則寡悔. 言寡尤, 行寡悔, 祿在其中矣.「위정」)

🌿 자장이 질문했다. "선비가 어떠하여야 도달했다고 말할 수 있겠습니까?" 공자가 물었다. "네가 말하는 도달이란 무엇인가?" 자장이 대답했다. "나라에 있어도 반드시 소문이 나며, 집안에 있어도 반드시 소문이 나는 것입니다." 공자가 대답했다. "(네가 말하는) 그것은 소문일 뿐이지 도달한 것은 아니다. 도달했다고 하는 것은 질박하고 정

직하며 의를 좋아하며 남의 말을 살피고 얼굴빛을 관찰하며 생각해서 몸을 낮추는 것이니, 나라에서도 반드시 도달하고, 집안에서도 반드시 도달하는 것이다. 소문이라는 것은 얼굴빛은 인을 취하나 실제로는 위배되며 그대로 머물면서 의심하지 않는 것이니, 나라에 있어도 반드시 소문이 나며, 집안에 있어도 반드시 소문이 나는 것이다."(子張問: 士何如斯可謂之達矣? 子曰: 何哉, 爾所謂達者? 子張對曰: 在邦必聞, 在家必聞. 子曰: 是聞也, 非達也. 夫達也者, 質直而好義, 察言而觀色, 慮以下人. 在邦必達, 在家必達. 夫聞也者, 色取仁而行違, 居之不疑. 在邦必聞, 在家必聞. 「안연」)

🌿 자유가 말했다. "나의 벗 자장은 어려운 일을 잘하나 인하지는 못하다."(子游曰: 吾友張也, 爲難能也. 然而未仁. 「자장」)

🌿 증자가 말했다. "당당하구나 자장이여, 그러나 함께 인을 실천하기는 어렵다."(曾子曰: 堂堂乎張也, 難與並爲仁矣. 「자장」)

🌿 자장이 말했다. "선비가 위태로움을 보고 목숨을 바치며, 이득을 보면 의로운지 생각하고, 제사할 땐 공경을 생각하고, 상사엔 슬픔을 생각한다면, 괜찮다."(子張曰: 士見危致命, 見得思義, 祭思敬, 喪思哀, 其可已矣. 「자장」)

🌿 자장이 말했다. "덕을 잡음이 넓지 못하고, 도를 믿음이 독실하지 못하면, 어찌 있다고 말하며, 어찌 없다고 말하겠는가?"(子張曰: 士見危致命, 見得思義, 祭思敬, 喪思哀, 其可已矣. 「자장」)

공자가 「주역」을 읽으며 탄식하자 자하가 그 이유를 묻는 장면. (讀易有感)

대기만성형
자하

자하(子夏)는 성이 복(卜)이고, 이름은 상(商)으로, 공자보다 44세 연하였다. 진(晉)나라 온국인(溫國人)이라고도 하고 위(衛)나라 사람이라고도 한다. 하지만 온국이 원래는 위나라에 속해 있었기에 통상 위나라 사람으로 통했다. 공문십철의 한 사람. 739년 위후(衛侯), 1009년 송나라 때 동아공(東阿公), 혹은 하동공(河東公), 그 뒤 위공(衛公)이라 추봉되었다.

「열전」에는 "자하가 서하(西河, 황하 서쪽)에 살면서 학생들을 가르치다가 위나라 문후(文侯)의 스승이 되었다."라고 기록하였고, 『가어』「72제자해」에는 "위문후(魏文侯)가 그를 스승으로 모시고 국정을 자문하였다."고 하였다. 결과적으로 그는 위문후의 스승이 되어 국정에 참여하였고, 때로 그 문인들과 함께 위문후를 보좌하면서 일종의 씽크 탱크역할을 하였기에, 이들이 훗날 전국시대 생겨난 제나라 직하학파(稷下學派)의 선구라는 말도 나왔다. 『여씨춘추(呂氏春秋)』「당염(當染)」편에는 단간목(段干木)이 자하에게 배웠다고 하였고, 『사기』「유림열전(儒林列傳)」에는 전자방(田子方)·오기(吳起)·금골리(禽滑黎)등이 모두 자하의 학생들이라고 하여, 그의 후대에 미친 영향이 자못 컸음을 확인시켜 준다. 그래서 주변사람들은 자하를 '서하의 공자'라고까지 떠받들었다.

한편 『논어』 「선진」편에서는 자하를 자유와 함께 문학에 뛰어났던 제자로 분류했다. 한번은 자하가 스승 공자에게 옛날부터 전해 내려오는 『시경』의 한 노랫말의 뜻을 물었다.

"(전해져 내려오는 시구 가운데) '아름답게 웃는 얼굴에 보조개가 예쁘며, 아름다운 눈의 맑은 눈동자가 선명하구나! 흰 비단으로 광채를 내도다!'라는 말이 있습니다. 이 말은 무슨 뜻입니까?"(이하 「팔일」)

'소이위현혜(素以爲絢兮)'란 본래 흰 비단에 채색한다는 것인데, 자하는 '흰 비단으로 광채를 낸다.'는 뜻으로 잘못 알고 질문한 것이다.

공자가 대답했다.

"그림 그리는 일은 먼저 흰 바탕이 있은 뒤에 색을 칠해 다듬는다는 뜻이다."

자하가 문제의 본질을 파악하고서는 말을 이어갔다.

"예(禮)가 뒤라는 말이군요."

맥을 제대로 짚은 자하를 흐뭇하게 바라보며 공자가 한마디 덧붙인다.

"나를 불러일으키는 자가 자하로다! 비로소 너와 더불어 시를 말할 수 있게 되었구나!"

아무리 자하가 제자의 입장이었더라도 스승보다 진전된 얘기를 했다면, 스승도 제자에게 배울 수 있는 법이다. 공자는 자신의 제자에게서 새로운 것을 발견하고 이렇게 말한 것이다. 덧붙여 공자는 자하와 더불어 "시를 말할 수 있게 되었다."고 하였는데, 이것은 이전 자공에게 한 말과 같은 최고의 찬사였다. 언제나 가르침만 받던 제자의 입장에서는 황홀한 소리가 아닐 수 없다. 더구나 시란 어느 정도 경지에 이른 사람과만 논의할 수 있는 고차원의 세계이다. 바로 그 세계의 반열에 자하가 낄 수 있었던 것이다.

그러나 자하는 성격적으로 강직하고 지나치게 뻣뻣한 사람이었다. 도리를 다하면서도 도리에 맞는 표정관리 능력이 떨어졌던 것 같다. 이것은 자하가 공자에게 효(孝)에 대한 질문을 했을 때 그 대답 속에서 찾을 수 있다.

"얼굴빛을 온화하게 하는 것이 어렵다〔色難〕. 부형(父兄)에게 일이 있으면 제자가 그 수고로움을 대신하고, 술과 밥이 있으면 부형을 잡숫게 하는 것을 일찍이 효라고 할 수 있겠는가?"(「위정」)

물론 여기서 '색난'은 두 가지 해석이 가능하다. 자식이 부모님께 온화한 얼굴빛으로 대하는 것이 어렵다는 해석과 부모님의 얼굴빛을 분간하는 게 어렵다는 해석이 그것이다. 하지만 당시 효라는 것이 어찌 보면 자식이 부모에 대한 일방적 형태였기 때문에 자식의 몸가짐일 가능성이 높다. 그 뒷문장의 내용도 행위 주체가 자식이므로 자식의 얼굴빛으로 봄이 타당할 듯하다.

사실 효에 대한 질문은 자하 말고도 다른 제자들도 하였지만, 이런 대답은 자하에게만 적용하였다는 것도 이를 증명한다. 스승 공자가 자하의 삶 속에서 부족한 것을 짚어서 말씀하신 게 분명하기 때문이다. 막상 정자(程子)의 주석에도 이 점을 바로 지적하고 있다.

"자하는 강직하고 의로우나 온화한 빛이 혹 부족하였으니, …… 그의 결함에 따라 말씀해 주신 것이다."

보통 효라고 하면 부모의 몸을 편안히 해드리는 물질적 봉양만을 생각하게 되는 데, 그것보다 중요한 것은 얼굴빛을 온화하게 하여 심리적으로 부모의 마음을 편안히 해드리는데 있다. 공자는 늘 이것을 강조하였다. 이 말은 자하가 「학이」편에서 "부모를 섬김에 그 힘을 다해야 한다."고 말했던 내용을 구체적으로 보완해주는 스승의 배려였던 것이다.

아무튼 『논어』 전반에 비쳐진 자하의 모습은 뛰어난 문학적 소양보다는 모자라는 모습이 더 많다. 공자도 「선진」편에서 자하를 자장의 넘침〔過〕에 비교하며 미치지 못한다〔不及〕고 지적했다. 그는 책을 읽어도 숙독하면서 내면의 온전한 뜻을 이해하기보다는 표면적인 것만을 이해하였다고 스승 공자는 지적하였다. 한번은 『서경』을 읽고는 자랑스럽게 스승 공자에게 말하자, 공자가 시험하듯 그에게 질문하였다.

"『서경』을 다 읽고 난 뒤 무슨 생각이 들었는가?"(이하 『상서대전(尙書大傳)』권5. 『한시외전(韓詩外傳)』권2에도 실려 있다.)

자하가 자신만만하게 대답했다.

"『서경』의 구체적인 사안에 대한 논의는 해와 달처럼 분명하였습니다. 선생님께 배운 것을 감히 잊을 수 없고, 비록 황하(黃河)나 제수(濟水)가로 물러가 궁핍하게 살거나 깊은 산속에서 황토로 집을 짓고 살아도 의연히 거문고를 타며 선왕(先王)의 노래를 부르는데 주변에 사람들이 있어도 그것을 즐기고, 주변에 사람들이 없어도 그것을 즐기며, 위로 요순의 도를 바라보고 아래로 삼왕(三王)의 뜻을 바라보면서 생사를 잊을 수 있었습니다."

자신만만한 자하의 대답이었다. 장자식으로 말하자면 일종의 좌망(坐忘)의 경지에 도달한 느낌이다. 자하는 이런 자신의 답에 스승 공자가 흡족해 할 것이라 생각했다. 그러나 자하의 대답을 들은 공자는 오히려 탄식하며 말했다.

"아! 너와 함께 『서경』을 말할 수 있을 듯 하구나! 비록 그렇다 해도, 그 겉만 보고 속을 보지 못하고 그 문을 찾고서도 그 안으로 들어가지 못한 것이다."

거창한 자하의 대답에 뭔가 부족한 점이 있다는 말이다. 이에 옆에 있던 안연이 무슨 말씀이냐고 물었다. 안연도 자하의 대답이 꽤나 인상적이었을 것이다. 그간 공자에게 배웠던 그 경지를 자하가 깨우친 듯한 인상도 받았을 법했다. 그런데도 스승 공자는 뭔가 부족함을 토로하고 있으니 안연의 궁금증은 더할 수 밖에 없었을 것이다. 공자가 대답하였다.

"내가 일찍이 마음과 뜻을 다해 그것을 읽으며 그 내면으로 침잠했을 때, 앞으로는 마치 우뚝한 언덕이 있는 듯 하고, 뒤로는 커다란 냇물이 흐르는 듯 한데, 나는 단지 거기에 단정히 서있을 뿐이었다. 「육서」(六誓: 甘誓·湯誓·泰誓·牧誓·費誓·秦誓)에서는 의(義)를 볼 수 있었고, 「오고」(五誥: 大誥·康誥·酒誥·召誥·洛誥)에서는 인(仁)을 볼 수 있었 고, 「보형」(甫刑: 呂刑)에서는 경계해야할 것을 볼 수 있었고, 「홍범」(洪 範)에서는 제도를 볼 수 있었고, 「우공」(禹貢)에서는 구체적인 사안들을 볼 수 있었고, 「고요모」(皐陶謨)에서는 정치하는 것을 볼 수 있었고, 「요 전」(堯典)에서는 아름다움을 볼 수 있었다."

　　같은 책을 보더라도 학문적 성숙도에 따라 이면세계의 디테일한 면 을 보는 것은 다르다. 자하가 본 『서경』과 공자가 본 『서경』은 같은 책이 었지만 이해의 정도는 완전히 달랐다. 치밀하지 못한 자하의 모습이 공자 의 눈엔 부족하게 보였던 것이다. 『서경』을 읽은 기분을 한껏 과시하였지 만 더 내밀한 것을 보지 못한, 그래서 불급(不及)하다고 지적 받은 자하의 모습이 그려지는 대목이다.

　　자하와 자장의 논전을 통해서도 이것을 확인할 수 있다. 두 사람의 논전은 직접적인 것은 아니었어도 공자사후 공자의 가르침에 대한 되새김 속에서 발생했다. 논전의 발단은 자하의 문인들이 자장에게 벗 사귀는 것 에 대해 질문한 것에서 시작됐다. 질문을 받은 자장은 질문한 이들이 자하 의 문인이었으니, 당연히 자하의 가르침이 무엇이었는가가 먼저 궁금했을 것이다. 막상 그것을 되물었을 때, 자하의 문인들은 이렇게 대답했다.

　　"가능한 자를 사귀고 불가한 자를 사귀지 말라."(이하 「자장」)

친구를 사귐에 가려서 사귀라고 한 내용이다. 그러자 대뜸 자장은 그것은 선생님의 가르침과 다르다며 이렇게 비판하였다.

"내가 (선생님에게) 들은 것과는 다르다. 군자는 현명한 이를 존중하고 대중을 포용하며, 잘하는 이를 아름답게 여기고 능하지 못한 이를 불쌍히 여긴다. 내가 크게 현명하다면 남에게 대해서 누구인들 포용하지 못할 것이며, 내가 현명하지 못하다면 남들이 장차 나를 거절할 것이니, 어떻게 남을 거절할 수 있겠는가?"

이 문장만 놓고 본다면 친구 사귐에 대한 자하의 편견이 자장을 통해 여실히 드러난다. 그런데 이 자리에 자하가 직접 있었다면 이 문제는 흥미있는 논전으로 전개됐을 법하다. 자장의 말대로 크게 현명한 사람은 누구인가를 나누지 않고도 모두를 포용할 수 있다. 그러니 사귐에 당연히 가불가(可不可)가 있을 수 없다.

하지만 공자의 가르침은 여기서 끝나지 않았다는데 있다. 아무리 절친한 친구라도 큰 잘못은 마땅히 시정되어야 하고, 그렇지 못할 경우 포용보다는 절교를 선택해야 할 것이기 때문이다. 공자는 제자들에게 친구 사이의 믿음을 강조하면서도 그 사귐에 있어서는 "자기만 못한 자와는 사귀지 말라."(「학이」)고 하며, 선택을 말했고, "세 사람이 길을 가다보면 반드시 나의 스승이 있는데, 그 선한 자를 선택하여 그를 따르고, 그 불선한 자를 가려서 자신의 잘못을 고쳐야 한다."(「술이」)고 말하며, 친구 사귐의 선택을 강조했다. 한편 자공이 친구 사귀는 것에 대해 질문했을 때에도 공자는 "충심으로 말해주고 잘 인도하되 불가능하면 그만 두어서 스스로 욕되지 말게 하여야한다."(「안연」)고 하였으니, 자하 입장에서도 할말은 많았을 것이다.

그렇다면 자장이 이렇게 반박할 때 자하가 함께 있었다면 멋진 토론이 되지 않았을까? 하지만 그 자리엔 자하의 어설픈 제자들만 있었고, 자하는 없었다. 이런 자하의 제자들을 두고 자유가 한 마디 했다.

"자하의 제자들은 물 뿌리고 청소하며 응대하고 진퇴하는 예절을 실천하는 것에는 그런 대로 괜찮다. 하지만 이것은 지엽적인 일이요, 근본적인 것은 없으니, 어찌 하겠는가?"(이하 「자장」)

이 소리를 접한 자하가 마음 편할 리 있었겠는가? 아무리 못난 제자라 하더라도 스승의 입장에서는 소중한 제자이거늘 자하는 이 소리를 단순히 제자에 대한 비난의 소리로 듣지 않았다. 평소에도 스승 공자가 자신을 평가하며 불급하다고 지적했던 것에 대한 일종의 콤플렉스가 있었는데, 자신의 제자들까지도 3D업종에나 어울릴 사람들이란 말을 듣고 가만히 있을 수만은 없었을 것이다. 아마도 자유가 이런 말을 했을 당시 그 자리에 자하가 있었다면 분위기가 달라졌겠지만, 전해들은 상태에서 자하는 분을 억누를 수밖에 없었다. 그리고는 애써 차분히 이렇게 대꾸하였다.

"아! 자유의 말이 너무 지나치다. 군자의 도에 어느 것을 먼저라 해서 전수하며, 어느 것을 뒤라 해서 게을리 하겠는가? 초목에 비유하자면 구역으로 구별되는 것과 같으니, 군자의 도가 어찌 이처럼 속이겠는가?

처음과 끝을 구비한 것은 오직 성인뿐이시다."

　내용상 자유는 자신의 제자들의 부족함을 한편으론 인정하는 듯 하다. 그러나 일의 경중에 따른 일 처리의 선후는 있을지언정 모두다 소홀히 할 수 없는 일이라 말하였다. 신분사회 속에서 사농공상(士農工商)의 차별은 있어도 모두가 중요하다는 선진적인 생각 아닌가?

　그래서 자하는 말했다.

　"온갖 노동자들〔工人〕은 공장에 있으면서 그 일을 이루고, 군자는 배워서 그 도를 지극히 한다."

　무슨 일을 하든 일하는 내용이 문제가 아니라 맡은 바 자신의 사명을 다하는 것이 중요하다는 것이다. 문제는 자신들의 잘못을 꾸미는 게 문제라고 자하는 말한다. 자신을 포장하고 꾸미는 것은 일종의 콤플렉스가 작용하기 때문이다. 어떤 일을 하든 맡은 바 임무에 충실하면 되는 것이지, 꾸민다고 되는 것이 아니란 얘기다.

　그래서였던지 『가어』 「제자행」에 전하는 자하의 성격은 세심하다. 세세한 것까지 챙기기 때문에 아주 정밀한 내용을 논의할 때에는 자하를 따라갈 사람이 없었다고 전한다. 하지만 그렇기 때문에 성품이 넓지 못하다고 하였다. 사실 아량이 넓은 사람은 세세한 것을 따지지 않는다.

　이런 자하를 『가어』 「72제자해」에서는 처음엔 별 볼일 없는 사람이었다가 나중에 능력을 평가받은 제자로 기술하였다. 그의 고향인 위나라 사람들은 그를 처음 대했을 때에는 특별하다고 생각하지 않았던 것 같다.

어느 날 자하가 고향으로 돌아왔을 때, 위나라 조정에서 역사 기록을 읽는 사람이 "진(晉)나라 군대가 진(秦)나라를 칠 때, 세 마리의 돼지가 황하를 건넜다.(晉師伐秦, 三豕渡河.)"라고 읽었다. 자하는 여기서 '삼시(三豕)'는 '세 마리 돼지'가 아니라 '기해(己亥)'의 오자임을 지적했다. 그러자 그 역사 기록을 읽던 사람이 진(晉)나라 사관(史官)에게 감정을 의뢰하였다. 진의 사관은 조회를 마친 후 '기해'가 맞다고 대답하였다. 그 일 이후로 위나라 사람들은 자하를 성인이라고 하였다는 것이다.

이렇게 본다면 자하는 처음엔 모자란다는 소릴 들었어도 공자문하에서 학문을 닦은 뒤로는 실력과 융통성을 갖추게 된 것으로 보인다. 공자도 그의 대기만성(大器晚成)의 가능성을 보고 이렇게 말했다.

"내가 죽은 뒤 자하의 학문은 날로 증진할 것이고, 자공은 날로 퇴보할 것이다. 자하는 자기보다 어진 사람들과 함께 하는 것을 좋아할 것이고, 자공은 자기보다 못한 사람과 어울리는 것을 기뻐할 것이다."(『설원(說苑)』「잡언(雜言)」)

이모저모 부족했던 자하는 자신의 진보를 위해서도 자신보다 나은 사람을 만날 것이고, 이미 유명해질 대로 유명해진 자공은 자신도 모르게 자신을 추종하는 사람과만 만나게 될 터이니 그들이 바로 소인배라는 공자의 예리한 판단이다. 그렇기 때문에 잘 나가는 사람이 경계해야할 것은 자신도 모르게 주변 사람들이 무조건 복종하며 추종하는 이들이다. 경계를 느슨히 하면 더 이상 발전은 없고, 주변 아첨꾼과 모리배만 남게 된다.

하지만 자하처럼 스스로 부족함을 느끼면 언제나 자신보다 나은 사람을 따라다닐 것이고, 그러다 보면 그들로부터 많은 교훈을 터득하게 될 것이다. 그러므로 대기만성은 과한 사람보다는 불급한 사람에게서 더 많이 볼 수 있지 않을까?

지도자의 도리에 대해서도 자하는 제대로 파악하고 있었다. 공자가 "군주된 자의 도리에 대해 알고 있는가?"(이하『시자』「군치(君治)」)를 물었을 때, 자하가 대답하였다.

"물고기가 물을 떠나면 곧바로 죽고 맙니다. 하지만 물은 물고기를 잃어도 여전히 물입니다."

군주가 백성을 잃으면 군주가 될 수 없지만, 백성은 군주가 없어도 여전히 백성으로서 남아 있을 뿐이다. 군주와 백성을 물고기와 물에 비유한 이 말은 적절하지 않을 수 없다. 비록 물고기가 물 속을 자유롭게 헤엄쳐 다닌다 해도, 물고기는 물 안에서만 활동할 수 있다. 물 떠난 물고기는 죽은 것이나 마찬가지이다. 마찬가지로 백성을 등진 군주는 존재가치가 없다. 순자가 군주와 백성을 배와 물에 비유한 것과 같은 맥락이다. 배가 물위를 자유롭게 헤집고 다녀도 그 배를 뒤집는 것은 물이다. 이런 자하의 비유에 공자는 제대로 그 도리를 알고 있다며 긍정하였다.

『한비자』「유로(喩老)」편에 자하가 증삼과 대화하는 장면이 있는데, 여기서도 자하의 성숙한 모습을 보여주는 일화가 전한다. 증삼이 자하에게 질문하였다.

"어찌하여 살이 붙었습니까?"

자하가 대답하였다.

"싸워 이겨서 살찌게 되었습니다."

증삼이 무슨 뜻인지 몰라 무슨 말이냐고 다시 질문하자 자하가 대답하였다.

"제가 집에 들어앉아 선왕의 법도를 배워보니 마음이 끌리고 밖에 나가서 부귀의 즐거움을 알아보니 또 마음이 끌렸습니다. 이 두 가지 것들이 가슴속에서 싸워 승부를 알 수 없었기 때문에 수척하였습니다. 지금은 선왕의 법도 쪽이 이겼기 때문에 살찌게 되었습니다."

이렇듯 자하는 생각보다 그렇게 속이 좁거나 무지했던 제자는 아니었다. 자하는 공자문하에 들어와서 시간이 흐르면서 점차 대기(大器)로서의 면모를 갖춰나갔던 것이다. 나아가 그는 소소한 것에 구애되기보다는 먼저 큰 것을 확립 해 놓으면 소소한 것들은 보아 넘겨도 된다는 말을 함으로써 평소 공자가 소극적이라고 평가한 것을 극복해 내었다.

"큰 덕(큰 일)이 한계를 넘지 않으면, 작은 덕(작은 일)은 출입하여도 괜찮다."(「자장」)

이에 대해 주희는 "큰 것을 확립시키면 작은 일은 혹 다 이치에 부합되지 않더라도 또한 무방함을 말한 것"(『집주』)이라고 해석하였다. 자하는 정치의 원리를 알고 있었던 것이다. 지도자로 있으면서 자질구레한 것은 부하에게 믿고 맡기는 것이 필요하다. 부하는 이런 상급자를 믿고 의

지한다. 그렇게 된다면 상하관계의 믿음이 바른 정치를 구현할 수 있기 때문에 정치는 더 공고해 질 것이다. 이 원리를 알고 있던 자하가 계속 말한다.

"군자는 (백성들에게) 신임을 얻은 뒤에 그 백성을 부리니, 신임을 얻지 못하고 부리면 자신들을 괴롭힌다고 여긴다. 신임을 얻은 뒤에 간해야 하니, 신임을 얻지 못하고 간하면 자기를 비방한다고 여긴다." (「자장」)

공자의 제자중 벼슬한 사람은 몇 안 되는데, 거기에 자하가 포함된 것은 바로 이런 점을 높이 샀기 때문이다. 벼슬자리에 나간 자하가 정치에 대해 묻자 공자는 이렇게 충고하였다.

"속성으로 뭔가를 하려고 서두르지 말고, 작은 이익에 한눈 팔지 말아라. 서두르면 이르지 못하고 작은 이익에 한눈 팔면 큰 일을 이루지 못한다." (「자로」)

소탐대실(小貪大失)·욕속부달(欲速不達)을 강조한 내용이다. 특히 일을 도모하는 사람들에게 이보다 더 중요한 교훈은 없을 것이다. 그러나 이 말을 실천하는 것은 그렇게 쉬운 게 아니다. 오로지 군자여야만 이를 실천할 수 있다. 소인은 작은 이익에도 눈이 어둡고 일을 빨리 이루려고 노력한다. 군자와 소인의 구별은 그래서 생겨났다. 소인은 작은 것에 얽매이다 큰 이익을 놓치고, 또 주어진 일을 빠르게 하려다 그르치기 십상이다. 그래서 공자는 사랑하는 제자 자하에게 이렇게 요구했다.

"너는 군자유(君子儒)가 되고, 소인유(小人儒)가 되지 말라." (「옹야」)

그러나 「열전」에 전하는 자하의 말로는 군자유라기 보다는 소인유 였던 것 같다.

"그는 자식의 죽음을 지나치게 슬퍼하여 소리 높여 울다가 눈이 멀 었다."

『논형』「화허(禍虛)」편에는 자하가 시력을 잃었을 때 증삼이 그의 죄를 들추며 책망하자, 자하가 들고 있던 지팡이를 내던지며 자신의 잘못 을 반성했다는 기록이 있다. 자하는 자신에게 잘못이 있었기 때문에 하늘 이 벌주었다고 생각한 것이다. 비록 『논형』의 저자는 이것이 허망한 말이 라고 단정하였지만, 자하 자신은 그렇게 생각하지 않았다. 자신에게 닥친 재앙을 운명으로 돌리는 사람과 그것을 자신의 죄 값(잘못)으로 돌리는 것은 큰 차이가 있다. 자하는 자신의 시력 잃음을 자신의 잘못에서 기인 한 것으로 여겼다.

군자는 학문을 하나 정치를 하나 의를 앞세우지만 소인은 이익을 앞 세운다. 또 군자는 큰 것을 바라보며 작은 것에 구애되지만, 소인은 작은 것 때문에 큰 것을 보지 못한다. 그래서 스승 공자는 자하에게 군자유가 되라고 당부한 것이다. 그러나 자하는 스승 공자의 말을 제대로 이행하지 못했던 것 같다.

그는 오히려 벼슬에 눈이 어두웠던 것 같다. 비록 유가를 '수기치인 (修己治人)'의 학문이라 말하며, 공부와 벼슬을 연속선상에서 말하지만 그래도 근본은 자기연마 곧 학문이 우선이다. '수기'가 자신을 연마하는 과정이라면 '치인'은 연마한 학문을 현장에서 실천하는 것이다. 그런데 자하는 생각이 좀 달랐다.

"벼슬하면서 여가가 있으면 학문을 하고, 학문을 하고서 여가가 있으면 벼슬을 한다."(「자장」)

먼저 학문하고 자신을 훈련시킨 다음 벼슬하는 것이 아니라, 벼슬이 먼저 주어지면 벼슬하다가 여력이 생기면 그 때 학문하라고도 하였다. 너 그렇게 공자의 기본 노선을 자기 입장에서 응용한 것이라 해석할 수도 있지만, 순서는 분명 문제가 있다. 그것을 자하가 몰랐던 것도 아니었다. 자하가 언급했던 말에 그대로 나와있다.

"배우기를 널리 하고 뜻을 독실히 하며, 절실하게 묻고 가까이 (현실에 필요한 것을) 생각하면 인이 그 가운데 있다."(「자장」)

이 말은 『중용』의 "널리 배우며〔博學之〕, 자세히 물으며〔審問之〕, 신중히 생각하며〔愼思之〕, 분명하게 분별하며〔明辨之〕, 독실히 행하여야〔篤行之〕 한다."는 것과 상통하는 내용이다. 학문하는 자세를 말한 것이다. 이런 자세로 학문을 하게 되면 성취하는 것이 분명 있을 것이다. 나아가 자하는 말했다.

"날마다 모르는 것을 알며, 날마다 능한 것을 잊지 않으면 학문을 좋아한다고 이를 만하다."(「자장」)

자하가 이것을 몸소 실천했는지는 모르지만, 호학(好學)의 기본은 알고 있던 것만은 분명하다. 원칙을 알고 있어도 원칙을 지키지 않으면 그 원칙은 무용지물이다. 자하는 학문의 중요성과 방법은 분명히 알고 있었다. 하지만 스승 공자가 인정할 만큼 호학했는가는 『논어』에 보이지 않는다. 그래서 공자는 그에게 "군자유가 되라."고 했는지도 모른다.

 『논어』 속으로...

🌿 자하가 물었다. "(전해져 내려오는 시구 가운데) '아름답게 웃는 얼굴에 보조개가 예쁘며, 아름다운 눈의 맑은 눈동자가 선명하구나! 흰 비단으로 광채를 내도다!' 라는 말이 있습니다. 이 말은 무슨 뜻입니까?' 공자가 대답했다. "그림 그리는 일은 먼저 흰 바탕이 있은 뒤에 색을 칠해 다듬는다는 뜻이다." 자하가 말했다. "예가 뒤라는 말이군요." 공자가 말했다. "나를 불러일으키는 자가 자하로다! 비로소 너와 더불어 시를 말할 수 있게 되었구나!"(子夏問曰: '巧笑倩兮, 美目盼兮, 素以爲絢兮.' 何謂也? 子曰: 繪事後素. 曰: 禮後乎? 子曰: 起予者商也! 始可與言詩已矣.「팔일」)

🌿 자하가 효에 대해 묻자 공자가 대답했다. "얼굴빛을 온화하게 하는 것이 어렵다. 부형에게 일이 있으면 제자가 그 수고로움을 대신하고, 술과 밥이 있으면 부형을 잡숫게 하는 것을 일찍이 효라고 할 수 있겠는가?'(子夏問孝. 子曰: 色難. 有事弟子服其勞, 有酒食先生饌, 曾是以爲孝乎?「위정」)

🌿 자하가 말했다. "온갖 노동자들은 공장에 있으면서 그 일을 이루고, 군자는 배워서 그 도를 지극히 한다."(子夏曰: 百工居肆以成其事, 君子學以致其道.「자장」)

🌿 자하가 말했다. "큰 덕(큰 일)이 한계를 넘지 않으면, 작은 덕(작은 일)은 출입하여도 괜찮다."(子夏曰: 大德不踰閑, 小德出入可也.「자장」)

🍂 자하가 말했다. "군자는 (백성들에게) 신임을 얻은 뒤에 그 백성을 부리니, 신임을 얻지 못하고 부리면 자신들을 괴롭힌다고 여긴다. 신임을 얻은 뒤에 간해야 하니, 신임을 얻지 못하고 간하면 자기를 비방한다고 여긴다."(子夏曰: 君子信而後勞其民, 未信則以爲厲己也; 信而後諫, 未信則以爲謗己也.「자장」)

🍂 자하가 정치에 대해 묻자 공자가 말했다. "속성으로 뭔가를 하려고 서두르지 말고, 작은 이익에 한눈 팔지 말아라. 서두르면 이르지 못하고 작은 이익에 한눈 팔면 큰 일을 이루지 못한다."(問政. 子曰: 無欲速, 無見小利. 欲速, 則不達; 見小利, 則大事不成.「자로」)

🍂 공자가 자하에게 말했다. "너는 군자유가 되고, 소인유가 되지 말라."(子謂子夏曰: 女爲君子儒, 無爲小人儒.「옹야」)

🍂 자하가 말했다. "벼슬하면서 여가가 있으면 학문을 하고, 학문을 하고서 여가가 있으면 벼슬을 하라."(子夏曰: 仕而優則學, 學而優則仕.「자장」)

🍂 자하가 말했다. "배우기를 널리 하고 뜻을 독실히 하며, 절실하게 묻고 가까이 (현실에 필요한 것을) 생각하면 인이 그 가운데 있다."(子夏曰: 博學而篤志, 切問而近思, 仁在其中矣.「자장」)

🍂 자하가 말했다. "날마다 모르는 것을 알며, 날마다 능한 것을 잊지 않으면 학문을 좋아한다고 이를 만하다."(子夏曰: 日知其所亡, 月無忘其所能, 可謂好學也已矣.「자장」)

공자의 거문고 소리를 들으며
대화하는 민자건과 증삼
(畫息鼓琴)

독야청청했던
민자건

민자건(閔子騫, B.C. 536~478)은 성이 민이고 이름은 손 (損), 자가 자건이다. 공자보다 15세가 적었다. 춘추시대 노 나라 사람으로 어려서 어머니를 일찍 여의고 계모의 학대 를 받으며 자랐다고 전한다. 그러나 그런 계모에게도 효성 을 다해 증삼과 더불어 효의 대명사로 불린다. 당나라 개원 (開元) 8년(720) 조칙으로 십철(十哲)이 되었고, 개원 27년 (739)에는 비후(費侯)로 추봉되었다.

산동성의 행정수도 제남시(濟南市)에는 민자건로(閔子騫路)가 있다. 제남시에 2년동안 살면서도 거기가 왜 민자건로 인지는 생각해보지 않았다. 그저 서울 한복판의 퇴계로(退溪路)나 율곡로(栗谷路)처럼 후대 붙여진 것으로만 생각했다.

하지만 나중에 안 사실은 그곳에 민자건의 무덤이 있다는 것이다. 그의 무덤은 민자건로의 모퉁이 공원에 방치된 상태로 놓여 숱한 곡절을 겪은 듯 하였다. 지난 2002년 여름 그곳을 찾았을 때는 한창 복원공사가 진행중이었다. 산동성 문물국에 문의하면서까지 어렵게 찾아간 곳이었기에 민자건에 대한 생각은 다른 어떤 제자들보다 더 절실히 다가왔다. 봉분 하나 달랑 남아 있고, 이것이 민자건의 무덤임을 알려주는 표석 말고는 아무 것도 없는 그야말로 방치된 문화재였다. 오히려 무덤 주변엔 불교 수도승들의 기념비와 라마불교의 문자로 보이는 알 수 없는 비석들이 널려 있는 것으로 보아 혹 불교사찰과 라마사원이 그곳에 있지 않았나 싶다. 그래도 민자건은 공문십철 가운데 한사람인데, 그의 무덤은 쓸쓸하기만 했다. 다행히 복원을 서두르고 있어서 조만간 새로 태어날 것이다.

공자의 제자 가운데 민자건을 높이 사는 이유는 독야청청했던 그의 삶 때문이다. 이 땅에 존경받는 인물들 모두가 벼슬을 한 것은 아니다. 공자만 해도 창고지기 정도의 말단 관리만 지냈을 뿐 고위관직을 맡지 않았다. 간혹 대사구(大司寇)를 지냈다는 설이 있지만 구체적 근거는 빈약하다. 하지만 인류의 위대한 스승이자 존경받는 인물 공자에게 억지로 고위관직을 만들어 줄 필요는 없다. 이 땅의 내노라하는 선비들도 고위관직을 지낸 사람보다는 오히려 초야에 묻혀 학문에 매진한 사람들이 많다.

퇴계(退溪) 이황(李滉, 1501~1570)이 그 대표적인 경우라 할 수 있다. 퇴계는 43세부터 52세까지 약 10년간 제법 중앙고위직에 있으면서 세 번이나 사표를 냈다. 임금의 강력한 만류로 벼슬에 억지로 나가긴 했지만 정3품 이상은 하나도 없었고, 주로 지방 군수 같은 한직에 몸담았고, 그나마도 사직하고 여생의 대부분을 후학 양성에 힘을 기울였다. 퇴계는 30종류의 벼슬을 제수 받았으나 11개만 받아들였다고 한다.

또한 한번도 벼슬자리에 오르지는 못했어도 그 어떤 고위관직에 있던 사람들 보다 존경받았던 인물들도 많다. 순수 재야인사로서 이름을 떨친 그 대표적인 경우는 남명(南冥) 조식(曺植, 1501~1572)을 들 수 있다. 남명은 20세에 생원진사(生員進士) 양과(兩科)에 일이등으로 급제했지만, 당시 기묘사화(己卯士禍)로 조광조가 죽는 화를 입자 이를 슬퍼하고 시국을 한탄하며 벼슬을 단념하고 낙향하여 후학 양성에 몰두하였다. 하지만 그의 능력을 인정한 조정에서는 그에게 여러 차례 벼슬을 권했지만 끝내 거절하였고, 결국 그가 죽자 조정에서 그를 영의정으로 추증하였다. 비록 죽어서 영의정을 지낸 사람이 되었지만, 이것은 그의 뜻과는 전혀 관계없는 일이었다.

이들은 모두 벼슬할 만한 위치에 있었고 높은 벼슬까지도 제수 받았음에도 벼슬을 사양한 사람들이다.

공자의 제자가운데에도 이런 사람이 있었다. 바로 민자건이다. 당시 실권자 계씨(季氏)가 민자건을 읍재로 삼으려고 사람을 시켜 그를 불렀다. 사자를 접한 민자건은 사양하며 이렇게 말했다.

"나를 위해 잘 말해 다오. 만일 다시 나를 부르러 온다면 나는 반드시 노나라를 떠나 제나라 문수(汶水)가에 있을 것이다."(「옹야」)

문수는 제나라 땅에 있다. 노나라 대부 계씨의 초청을 또다시 받게된다면 노나라를 떠나 제나라로 가겠다는 결연한 태도였다. 공부의 근본 목적이 자기 자신의 수양에 있다고 하더라도, 선비의 궁극적 목표는 치국평천하(治國平天下)임을 생각해 볼 때, 이 절호의 기회를 민자건은 사양하며 연연해하지 않았다. 이미 공자의 제자들 가운데 상당수가 계씨의 신하로 출세한 마당에 정치적으로 그 제안을 마다할 이유는 없었을 것이다. 그런데 『논어』에는 그 이유가 밝혀져 있지 않다. 다만 민자건의 평소 모습을 두고 상상해 본다면 어느 정도 그 이유를 유추할 수는 있을 것이다.

첫째, 계씨에 대한 공자의 평가가 민자건으로 하여금 그 밑에서 일하는 것을 꺼리게 했을 수 있다. 계씨가 누군가? 아무리 노나라의 실권을 움켜쥐고 있다해도 대부의 지위로써 할 수 없는 팔일무(八佾舞)를 자신의 뜰에서 추게했고(「팔일」), 역시 제후나 지낼 수 있는 태산에서의 여제(旅祭)를 방자히 지냈고(「팔일」), 가렴주구를 통한 부의 축적이 주공(周公)을 추월했고(「선진」), 선왕이 직접 봉한 전유(顓臾)를 정벌했던(「계씨」) 무도한 사람 아니었던가

특히 팔일무는 천자 앞에서나 가능한 춤이었다. 일(佾)은 춤추는 열(列)인데, 천자는 8열, 제후는 6열, 대부는 4열, 사(士)는 2열이다. 각 열마다의 인원수는 그 열의 수와 같다. 제후도 아닌 대부의 신분으로 천자나 가능한 일을 자행한 계씨 밑에서 민자건은 벼슬하고 싶었던 마음이 없었을 것이다. 아무리 다른 제자들이 그 밑에서 벼슬했다 하더라도 그것이 무도한 계씨의 행동을 무마할 수 있는 것은 아니기 때문이다. 「열전」에서도 그가 계씨의 초청에 응하지 않은 것을 이렇게 기록하였다. "옳지 못한 일을 한 군주의 봉록을 받지 않았다."

둘째, 민자건은 안연·염백우·중궁과 함께 공자로부터 덕행이 뛰어난 제자로 인정받았고,(「선진」) 효행에도 남다른 면이 있어서 일찍이

공자가 "민자건은 대단한 효자로다! 사람들이 그 부모 형제의 (칭찬하는) 말에 트집잡지 못하는구나!(「선진」)라며 그를 인정하였다. 예로부터 부모가 자식 자랑하면 팔불출이라 해서 자식 자랑은 자랑이 아닌 못난 짓이라 했다. 하지만 민자건 부모의 자식 자랑은 누구나가 인정하는 자랑거리였기에 공자는 이렇게 말한 것이다. 효성심이 대단했던 민자건에 얽힌 이야기도 결코 과장은 아닐 것 같다. '민손어거(閔損御車)'란 사자성어가 이를 말한다. 민자건의 어머니가 일찍 돌아가시자 그 부친은 후처를 들여 아들을 새로 낳았다. 계모는 자신이 난 두 아들에게는 목화로 짠 속옷을 입혔고, 민자건에겐 갈대 잎으로 짠 속옷을 입혔다. 아버지가 민자건으로 하여금 수레를 몰게 했는데, 세찬 바람에 말고삐를 그만 놓치고 말았다. 그 순간 민자건의 겉옷이 해지면서 갈대 잎으로 짠 속옷이 드러났다. 이 사실을 알게된 아버지는 크게 화를 내면서 계모를 내쫓으려고 하였다. 이때 민자건은 "어머니가 계시면 한 아들만 춥지만, 어머니가 나가시면 세 아들 모두 추워집니다."(『이십사효합간(二十四孝合刊)』)며 아버지를 말렸다. 계모도 자신의 행위를 뉘우치자 아버지가 내쫓지 않았다는 고사이다. 이후로 민자건은 증삼과 더불어 효행의 대명사처럼 칭송되었다.

이렇게 덕행과 효행이 뛰어났던 민자건이 벼슬에 나아가지 않았던 것을 그의 이런 덕행과 효행을 놓고 본다면 『삼국지연의(三國志演義)』에서 유비(劉備)가 노모를 두고 머뭇거리던 상황을 말하지 않더라도 충분히 예견할 수 있을 것이다. 냉혹한 정치현실은 가정을 내팽개치도록 하는 경우는 있어도 돌보게 하는 경우는 드물다. 민자건의 정치 거부도 이런 방향에서 충분히 검토할 수 있을 것이다.

셋째, 말보다는 행동을 앞세우고, 말한 것은 반드시 실천하려고 했던 민자건의 스타일상 정치는 매우 나아가기 곤란했던 것이었을 수 있다. 노나라에서 장부(長府)라는 대규모 창고건축이 있었다. 그 때 민자건은 "옛 것을 그대로 이용하는 것이 어떻겠는가? 어찌 반드시 고쳐지어야 만 하는가?"(이하 「선진」)라고 했다. 공사를 하는 것은 일반 백성들을 여하튼 수고롭게 하는 일이다. 굳이 하지 않아도 될 일을 하는 것은 더군다나 그렇다. 아직 쓸만한 건물인데도 신축을 했다면 낭비가 된다. 민자건은 차라리 옛 것을 그대로 쓰는 게 낫다는 판단을 한 것이다. 이런 생각을 피력하자 공자가 맞장구를 쳤다. "저 사람이 말을 하지 않을지언정, 말을 하면 반드시 (도리에) 맞는 말을 한다." 민자건의 평소 신중한 말 태도와 기왕한 말에 대한 무게감을 이 한 마디로 찾을 수 있다. 그렇기 때문에 민자건은 공자를 모실 때에도 나서기 좋아하는 자로와는 전혀 딴판으로 특히 온화하게 보였을 것이다. 성격적으로 민자건은 정치와는 거리가 멀었고, 이런 자신을 잘 알고 있는 민자건이 정치 참여를 사양한 것은 이상할 것이 전혀 없을 것이다.

이렇게 독야청청 할 수 있었던 것은 그의 성격과도 무관하지 않다. 그는 남 보기에 겉으로 드러난 선망의 대상보다는 스스로를 단속하는 것에 더 많은 신경을 썼다. 보통 사람들의 욕망하는 것과는 다른 생각과 태도를 지녔다. 그로부터 그는 풍요롭게 되었고, 살도 많이 쪘었나 보다. 그때 자공이 민자건에게 그 살찐 까닭을 물었다.(『시자』「산견제서문휘집」) 이에 민자건이 대답하였다.

"내가 밖에 나가서 아름다운 마차와 말을 보면 나도 저렇게 아름다운 마차와 말을 가져보고 싶다고 생각했고, 집에 들어와서 앞서간 선왕들의 말씀을 경전에서 대하면 나도 저렇게 훌륭한 언행을 갖추어야지 하는 생각을 했다. 마음속에서 이 두 마음이 싸웠는데, 지금은 선왕들의 말을 따르는 쪽이 승리했다."

어떤 생각을 갖고 사느냐에 따라 전혀 다른 삶을 살게된다. 민자건은 외면적 화려함을 추구하기보다는 내면적 풍요로움을 선택했다. 여러 사람 앞에 군림하는 부귀권력을 선망하지 않고 자신을 돌아보며 자족하는 삶을 추구하였다. 바로 이 같은 민자건의 삶이 스승 공자가 높게 평가한 군자의 삶이 아니었을까?

『논어』 속으로...

🌱 계씨가 민자건을 비재로 삼으려고 하자, 민자건이 말했다. '나를 위해 잘 말해 다오. 만일 다시 나를 부르러 온다면 나는 반드시 노나라를 떠나 제나라 문수가에 있을 것이다."(季氏使閔子騫爲費宰. 閔子騫曰: 善爲我辭焉. 如有復我者, 則吾必在汶上矣. 「옹야」)

군주감으로서의

중궁

> 중궁(仲弓, B.C.522~?)의 성은 염(冉)이고, 이름은 옹(雍),
> 자가 중궁, 혹 자궁(子弓)이라고도 하였다. 노나라 사람이
> 다. 공문십철의 한 사람. 739년 당나라 때 설후(薛侯), 1009
> 년 송나라 때 천하비공(天下邳公), 1265년에는 설공(薛公)
> 으로 추봉되었다.

중궁은 미천한 신분 출신이나 학문과 덕행이 뛰어났다고 전한다. 『순자』는 「비십이자」에서 중궁을 공자와 함께 병렬하면서 그를 평가하였다. 다시 말해 "성인가운데 권세를 얻지 못한 사람은 공자와 중궁이다."고 하며 중궁을 공자와 함께 성인이라 한 것이다.

중궁은 제자들 가운데 스승 공자로부터 유일하게 군주감으로 인정받은 인물이다. 공자의 정명(正名) 사상은 신분제도의 고착과 안정을 도모하려는 일종의 사회안전 보장책이었다. 춘추말기의 하극상에서 비롯된 혼란상의 치유방책으로 신분에 따른 자기 분수 지키기도 중요했지만, 한편으론 무능한 군주가 군주의 자리만 차지하고 있는 것도 문제였다. 훗날 맹자가 역성혁명(易姓革命)을 주장하는 근거도 바로 군주답지 못한 군주

때문이었다. 무능하고 포학한 군주가 비단 전국시대만 있었겠는가? 반면 군주는 아니지만 군주로서 손색이 없을 것 같은 사람을 볼 때 아쉬움은 컸을 것이다. 그런 사람이 바로 중궁이라고 공자는 생각했던 것이다.

"중궁은 군왕의 지위에 오르게 할만하다."(「옹야」)

군주시대 이 말은 역모에 해당될 정도로 파격적인 발언이다.

조선 중종 때 조광조가 '주초위왕(走肖爲王)' 이란 어처구니없는 사건으로 역모로 몰린 사건이 있었다. 당시 조광조는 부정부패로 얼룩진 조정을 혁신하려고 온갖 개혁을 외치고 있었다. 그 때 위협을 느낀 일단의 세력들이 조광조를 모함하려고 나뭇잎에 달콤한 꿀로 '주초위왕' 이라 썼다. 단 것을 좋아하는 개미가 이를 핥아먹으면서 '주초위왕' 은 글자로 선명해졌다. 그렇다면 '주초위왕' 이 도대체 무슨 말이기에 역모가 되었겠는가? '주(走)' 와 '초(肖)' 를 합하면 '조(趙)' 가 된다. '주초위왕' 은 "조씨가 왕이 된다."는 그야말로 기막힌 사연이다.

같은 입장에서 "중궁을 군왕에 오르게 할만하다."고 했다면, 이 역시 역모중의 역모가 될 것이다. 하지만 공자시대의 분위기는 그렇게까지 경직되지는 않은 것 같다. 원칙과 명분을 중시하던 공자가 그것도 자신의 제자를 군주감이라 말한 것이 이를 반증한다.

이렇듯 중궁은 인품과 재능면에서 높게 평가되었다. 비록 중궁은 계씨의 읍재에 지나지 않았지만,(「자로」) 그의 재능과 인품은 군주감이었다. 군주는 마음이 너그럽고 도량이 커야한다. 한편으론 대범해야 하고,

한편으론 소탈해야 한다. 동시에 군주는 건강하면서도 삶의 태도 또한 정갈해야 한다. 『논형』 「자기(自紀)」편의 기록을 보자.

"염백우는 병으로 누워 일어나지 못했으나, 중궁은 건강하면서 청결했다."

아무리 유능해도 건강이 받쳐주지 못한다면 무용지물이다. 아마도 중궁은 건강했나보다. 거기다 청결하기까지 했으니, 지도자감으로 손색이 없었다.

같은 제자이면서도 자공이 바라본 중궁의 모습도 최고지도자의 모습이었다. 위(衛)나라 장군 문자(文子)가 자공에게 공자의 제자 70여명 가운데 누가 가장 뛰어난가? 라고 질문했을 때, 자공은 동학들을 한 사람 한 사람 평가하면서 중궁에 대해서는 이렇게 말했다.

"자신의 분노를 다른 사람에게 옮기지 않고, 다른 사람에 대한 원망을 집요하게 따져들지 않고, 남의 오래된 잘못을 기억하지 않았는데, 이것은 중궁의 모습이다."(『대대례기』 「위장군문자」)

중궁의 대인(大人)으로서의 모습을 말한 대목이다. 이것은 자질구레한데 연연하지 않고, 멀리 내다보아야 하는 정치지도자로서의 필수 덕목이기도 하다. 중궁이 공자에게 인(仁)을 실천하는 방법을 물었을 때에도 다른 제자에게 대답했던 것과는 비교 안될 정도로 스케일이 컸다.

"문밖을 나서서는 귀중한 손님을 대접하듯이 하고, 백성을 부릴 때에는 큰 제사를 받들 듯이 신중하게 하라. 자기가 하기 싫은 것을 남에게 시키지 말라. 그렇게 하면 제후의 나라에서도 원망하는 사람이 없을 것이고, 대신의 집에서도 원망하는 사람이 없을 것이다."(이하 「안연」)

'큰 제사[大祭]'를 지내거나 '큰 손님[大賓]'을 치르는 것은 국가급 행사이다. 감히 아무에게나 이런 비유로 말할 수는 없는 것이다. 그야말로 "닭 잡는데 소 잡는 칼을 쓸 수 없다."는 논리가 여기에도 적용된다고 하겠다. 중궁의 위치에 어울리게 공자가 대답한 것이다. 이에 화답하는 중궁의 대답 또한 중후함이 느껴진다.

"제가 비록 불민(不敏)하나 말씀대로 열심히 따르겠습니다."

중궁이 정치하는 방법에 대해서 질문하자, 공자는 최고 지도자에게 꼭 필요한 말로 대답했다.

"유사(有司)에게 먼저 시키고 (그들의) 작은 허물을 용서해 주며, 어진 사람과 재능 있는 사람을 등용해야 한다."(이하 「자로」)

유사란 말단관리이다. 정권을 잡은 사람이 말단관리들이 할 수 있는 일까지 낱낱이 간섭하며 혼자서 모든 일을 처리하려 든다면 혹 자상하다는 소리를 들을 수는 있어도 큰 인물이란 소리는 듣지 못한다. 작은 일은 말단 관리에게 맡기고, 일하다 생길 수도 있는 사소한 문제는 덮어주고 용서해 준다면, 주변의 존경을 한 몸에 받을 것이다. 이에 대한 『집주』의 범씨(范氏) 해석이 눈에 띈다.

"유사에게 먼저 시키지 않으면 군주가 신하의 일을 하게 될 것이요, 작은 허물을 용서하지 않으면 아래에 온전한 사람이 없게 될 것이다."

한 기업체의 사장이 청소부에게 일을 맡겨 놓고도 몸소 청소를 할 수는 있다. 그래서 근면한 사장이라고 칭송 받을 수는 있다. 하지만 그것은 하나만 생각하고 둘은 생각 못한 단견이다. 만일 그렇게 한다면 부하 직원들과 청소를 맡은 사람은 어떻게 하란 말인가?

또한 지도자에게 무엇보다 중요한 것은 인사일 것이다. 인사가 만사라고 하듯, 지도자에게 인사는 가장 중요한 문제이다. 공자가 이를 놓칠 리 만무했다. 이야기가 여기에 이르자 중궁은 질문을 이어갔다.

"어떻게 어진 사람과 유능한 사람을 알아보고서 등용합니까?"

사실 인재등용을 몰라서 못하는 것이 아니라 누가 인재인가를 몰라서 등용 못하는 경우가 더 많다. 중궁의 고민도 여기에 있었다. 공자가 이에 대답하였다.

"네가 아는 자〔賢才〕를 등용하면, 네가 미처 모르는 자를 남들이 내버려두겠는가?"

알 듯 모를 듯한 내용이다. 결국 인재는 어떻게든 모두 등용된다는 뜻 같기도 하고, 알고 있는 사람만 등용하다보면 진짜 인재는 모두 남의 인재가 될 수밖에 없다는 뜻으로도 들린다. 아마도 후자에 비중을 두어야 전체 내용이 맞을 것 같다. 인재를 등용하는데, 공사(公私)를 분명히 해야 한다는 지적이다. 인사정책은 예나 지금이나 공사관념이 부족해서 결국 망신당하는 것을 너무 많이 보아온 터라, 공자의 이 말은 심각하게 받아들여야 할 것이다.

아무튼 제자들을 평가할 때 후한 평가보다는 까다로운 평가로 소문난 공자가 중궁을 군주감으로 손색이 없다고 하였는데, 이것은 그와의 대화내용에서도 쉽게 발견된다. 그만큼 중궁은 다른 제자들과는 남다른 점이 있었다. 그것은 아마도 안연만큼이나 그 삶이 철저했기 때문일 수도 있다.

이런 과분한 평가를 들은 중궁이 겸손해 하면서 자신보다 훌륭한 사람이 많다는 뜻을 품고, 노나라 사람 자상백자(子桑伯子)는 어떠하냐고 질문했다. 그러자 공자가 간단히 대답했다.

"그의 간략함〔簡〕도 괜찮다."(이하 「옹야」)

공자 특유의 매우 간단 명료한 대답이었다. 간략하다는 것은 대범하고 소탈하다는 뜻을 동시에 갖고 있다. 한마디로 까다롭지 않다는 뜻이다. 그렇다면 공자의 간단 명료한 대답도 대범 소탈한 것이고, 중궁이나 자상백자의 사람됨도 대범 소탈한 것이다. 그러나 이야기는 여기서 맺지 않았다. 과분한 평가를 받은 중궁의 입장에서 자신의 부족한 점을 표현하고도 싶었을 것이다. 그래서 그는 이렇게 덧붙였다.

"자신이 공경하면서 간략하게 행동하며 인민을 대한다면 괜찮지 않겠습니까? 자신이 간략함에 처하고 다시 간략하게 행동한다면 너무 간략한 것이 아니겠습니까?'

단지 외면으로 드러나는 대범 소탈함 갖고는 부족하다는 말이다. 대범하고 소탈한 성격 내면의 공경하는 태도가 선행되어야 한다는 이른

바 마음의 태도가 중요한 것이 아니겠느냐고 중궁이 반문한 것이다. 먼저 공경하는 자세를 갖고 백성들을 대범하고 소탈하게 대하는 것과 그냥 곧 바로 대범 소탈하게 백성을 대하는 것은 질적으로 다를 것이라는 지적이 다. 이 말에 공자는 순간 움찔하며 이렇게 말할 수밖에 없었다.

"중궁의 말이 옳다."

평소 공자를 놓고 볼 때 사실 이것을 몰라서 이렇게 말한 것 같지는 않다. 중궁이 하도 맘에 들어 그를 칭찬한 것이었고, 겸손한 중궁의 입장 에서는 어떻게 하든 자신의 부족한 점을 표현하고 싶었을 것이다. 만일 자로 같은 제자가 이런 상황이었다면, 곧바로 '3년 안에 태평성대를 이룰 수 있을 것'이라 호언장담했을 것이다.

얼마나 중궁이 맘에 들었든지 스승 공자는 입이 마르도록 안연을 칭 찬하였던 것처럼 중궁에 대해서도 격찬을 아끼지 않았다.

"얼룩소〔犁牛〕 새끼가 색깔이 붉고 또 뿔이 제대로 났다면 비록 쓰 지 않고자 하나 산천의 신이야 어찌 그것을 버리겠는가?"(「옹야」)

공자가 중궁을 논평하며 한 말이다. 내용상 당시 분위기를 모른다 면 선문답 같은 내용이 될 수도 있다. 『집주』에 기록된 주석들을 보면서 그 말 뜻을 이해해 보자.

주희는 이렇게 해석하였다.

"리(犁)는 여러 가지 무늬가 섞여 있는 것이고, 성(騂)은 붉은 색이 다. 주(周)나라 사람들은 붉은 색을 숭상하여 희생(犧牲)의 제물로 붉은 색을 썼다. 각(角)은 뿔이 완전하고 단정하여 희생의 규격에 알맞은 것이다. 용(用)은 (그것을) 써서 제사함이다. 산천(山川)은 산천의 신(神)이니, 사람들이 비록 (그것을) 제사에 쓰지 않으려 해도 산천의 신이 반드시 버리지 않을 것임을 말한 것이다. 중궁은 아버지가 미천하고 행실이 악하였으므로 공자가 이렇게 비유하여 '아버지의 악함이 그 자식의 선함을 버릴 수 없으니, 중궁과 같이 어진 인물은 스스로 마땅히 세상에 쓰여져야 한다' 고 말한 것이다." (이하 『집주』)

범씨(范氏)는 이렇게 설명하였다.

"고수(瞽瞍)를 아버지로 했던 순임금이 있었고, 곤(鯀)을 아버지로 했던 우임금이 있었으니, 옛날 성현께서 가문과 족류(族類)에 관계하지 않음이 오래 되었다. 자식이 아버지의 허물을 고쳐 악을 변화시켜 아름답게 만든다면 효(孝)라고 할 만하다."

중궁의 인물됨을 알게 하는 말들이다. 비록 못난 아버지가 그의 앞길을 막을 수 있을지 모른다. 그러나 그것이 결코 중궁의 앞날을 가로막을 수 없을 뿐더러, 그런 아버지를 오히려 변화시켜 아름답게 만든, 그래서 효의 표상이 된 이가 중궁이라는 것이다.

그만큼 중궁의 인간 됨은 뛰어났던 것 같다. 공자도 중궁을 안연·민자건·염백우와 함께 덕행이 뛰어났던 제자로 말한 바 있다.(「선진」) 하지만 그는 말재주가 너무 없었다. 표현력이 떨어졌기 때문에 사람들이 그를 오해하고 혹평하기도 하였다.

어느 시대나 말 못하는 사람보다는 말 잘하는 사람이 인정받았다. 특히 경쟁사회일수록 그것이 더 심했다. 춘추시대 열강이 다투는 분위기에서는 말 잘하는 것도 하나의 무기가 될 수 있었을 것이다. 공자를 중심으로 개창된 유가말고도 다른 사학(私學)집단이 점차 늘어나면서 각국의 제후들은 뛰어난 인재 찾기에 나섰고, 각각의 사학집단은 인력탱크로서의 역할을 했다. 결국 부국강병을 열망하는 각 나라마다 인력을 찾을 때 인재의 외면적 평가기준은 일단 말솜씨일 가능성이 가장 높았다. 말 잘하는 순서대로 관리로 등용되는 상황을 목격한 공자가 이를 안타깝게 바라본 것은 당연한 노릇이었다. 안타까운 심정은 시간이 흐르면서 말 잘하는 이들에 대한 증오로까지 이어졌다. 능력 평가의 기준이 결코 말에 있지 않고 행동에 있어야 함에도 불구하고 사회는 그렇지 못했기 때문이다. 결국 공자의 말 잘하는 이들에 대한 경멸은 잘못된 사회에 대한 준엄한 꾸짖음과도 같았다.

공자의 제자들 가운데에도 말 잘해서 일찌감치 출세가도를 달린 자공이나 재여같은 사람도 있었지만, 능력은 있으나 말재주가 부족해서 실권자들로부터 외면 당하던 제자들도 있었으니 공자의 안타까운 심정은 더했을 것이다. 그 가운데 한 사람이 바로 중궁이었다. 공자로부터 일찍이 군주감으로 인정받았으면서도 말재주가 없어서 문제라고 하는 주변 사람들의 평가가 그렇다.

"중궁은 인하기는 한데, 너무나 말재간이 없습니다." (이하 「공야장」)

사람들이 이렇게 말하곤 하자, 공자는 이에 대해 단호하게 대처하였다.

"말재주를 어디에 쓰겠는가. 약삭빠른 구변으로 남의 말을 막아서 자주 남에게 미움만 받을 뿐이니, 그가 인한지는 모르겠으나, 말재주를 어디에다 쓰겠는가?"

교언영색(巧言令色)을 경계했던 공자 입에서 나올 수 있는 예견된 대답이었다. 그런데 여기서도 역시 공자의 까다로운 평가기준을 또 한번 읽게 한다. 평소 공자는 그렇게도 중궁을 추켜세웠다. 당연히 이런 중궁을 주변 사람들이 인한 사람이라고 평하는 것도 크게 문제될게 없을 것 같다. 그리고 다만 말재간 없는 것이 유일한 단점이라 말했다. 하지만 공자는 당연히 말재간 없는 것은 문제될 게 없다고 말하면서도 그의 인하다는 주변의 평가를 유보하고 있다. 역시 중궁은 안연만은 못했던 것 같다. 공자가 제자들을 소위 인학(仁學)이란 과목을 갖고 평할 때 안연은 3개월 동안 인을 떠나지 않았던 제자로 평가하면서 최고 점수를 부여했고, 누구라 할 것도 없이 다른 제자들은 하루나 한 달에 겨우 한 두 번 인에 이른다고 했으니,(「옹야」) 중궁의 평점을 앞 뒤 사정 가려 독자 입장에서 평가한다면 안연 다음은 되지 않을까 생각해 본다.

『논어』 속으로...

🌿 공자가 말했다. "중궁은 군왕의 지위에 오르게 할만하다."(子曰: 雍也可使南面.「옹야」)

🌿 중궁이 인에 대해 묻자 공자가 대답했다. "문밖을 나서서는 귀중한 손님을 대접하듯이 하고, 백성을 부릴 때에는 큰 제사를 받들 듯이 신중하게 하라. 자기가 하기 싫은 것을 남에게 시키지 말라. 그렇게 하면 제후의 나라에서도 원망하는 사람이 없을 것이고, 대신의 집에서도 원망하는 사람이 없을 것이다."(仲弓問仁. 子曰: 出門如見大賓, 使民如承大祭. 己所不欲, 勿施於人. 在邦無怨, 在家無怨. 仲弓曰: 雍雖不敏, 請事斯語矣.「안연」)

🌿 중궁이 계씨의 재상이 되어 정치를 묻자 공자가 대답했다. "유사에게 먼저 시키고 (그들의) 작은 허물을 용서해 주며, 어진 사람과 재능 있는 사람을 등용해야 한다." 또 중궁이 물었다. "어떻게 어진 사람과 유능한 사람을 알아보고서 등용합니까?" 공자가 대답했다. "네가 아는 자를 등용하면, 네가 미처 모르는 자를 남들이 내버려두겠는가?"(仲弓爲季氏宰, 問政. 子曰: 先有司, 赦小過, 擧賢才. 曰: 焉知賢才而擧之? 曰: 擧爾所知. 爾所不知, 人其舍諸?「자로」)

🌿 중궁이 자상백자에 대해 묻자 공자가 대답했다. "그의 간략함도 괜찮다." 중궁이 말했다. "자신이 공경하면서 간략하게 행동하며 인민을 대한다면 괜찮지 않겠습니까? 자신이 간략함에 처하고 다시 간략하게 행동한다면 너무 간략한 것이 아니겠습니까?" 공자가 말했다. "중궁의 말이 옳다."(仲弓問子桑伯子, 子曰: 可也簡. 仲弓曰: 居敬而行簡, 以臨其民, 不亦可乎? 居簡而行簡, 無乃大簡乎? 子曰: 雍之言然.「옹야」)

🌿 공자가 중궁에 대해 말했다. "얼룩소 새끼가 색깔이 붉고 또 뿔이 제대로 났다면 비록 쓰지 않고자 하나 산천의 신이야 어찌 그것을 버리겠는가?"(子謂仲弓曰: 犁牛之子騂且角, 雖欲勿用, 山川其舍諸?「옹야」)

🌿 어떤 사람이 말했다. "중궁은 인하기는 한데, 너무나 말재간이 없습니다." 공자가 말했다. "말재주를 어디에 쓰겠는가. 약삭빠른 구변으로 남의 말을 막아서 자주 남에게 미움만 받을 뿐이니, 그가 인한지는 모르겠으나, 말재주를 어디에다 쓰겠는가?"(或曰: 雍也仁而不佞. 子曰: 焉用佞? 禦人以口給, 屢憎於人. 不知其仁, 焉用佞?「공야장」)

말 많고 근심많던
사마우

사마우(司馬牛)에 대해서는 『집주』에 "이름이 리(犁)이고
상퇴(向魋)의 아우"라고 하는 기록이 전부이다.

말이 화근이다. 그래서 공자는 말을 잘하기보다는 말을 아끼며 절
제하기를 원했다. 공자사상의 핵심이면서 아무나 이루지 못했던 인(仁)에
대해 사마우(司馬牛)가 알고자 했을 때, 그의 화두는 말이었다.

"인이란, 그 말함을 참아서 하는 것이다."(이하 「안연」)

말하기로 치자면 두 번째 가라면 서러워할 사마우가 자신 있게 말만
참아서 하면 인하다고 인정해 주실 수 있느냐고 다시 질문하였다.

"그 말하는 것을 참아서 하면 인하다고 할 수 있습니까?"

하지만 말을 참아서 하는 것이란 아무나 하는 게 아니었다. 사마우
처럼 조급한 성격의 소유자는 더군다나 매우 힘든 일이었다. 스승 공자가
자신에게 왜 이런 대답을 했는지 의도를 파악 못한 것이다. 공자가 대답

하였다.

"이것을 행하기 어려우니, 말함에 참아서 하지 않을 수 있겠는가?"

입 한번 열렸다하면 시간가는 줄 모르고 떠드는 이에게 그가 말하고 싶을 때 말을 참으라고 하는 것은 엄청난 일일 것이다. 사마우의 인에 대한 질문에 말을 참아서 해야 한다는 공자의 대꾸는 사마우의 약점을 파고든 것이었다. 말을 참아서 할 수 있는 것은 단순한 인내와는 다르다. 마음이 항상 보존되어 있어야 한다. 그리고 말에 책임질 수 있을 때에만 말을 해야하기 때문이다.

공자의 제자 가르침의 논법은 언제나 비슷하였다. 그 제자의 단점을 들어 그것을 보완해 주는 것으로 나타났다. 사마우의 평소 문제는 말 잘하는 것이었다. 말 한마디로 천냥 빚을 갚을 수 있다는 말은 곧 말 한마디 때문에 죽을 수도 있다는 말도 된다. 하지만 사마우의 조급한 성격은 언제나 입에서 나오는 말 때문에 문제가 생겼다. 일단 입을 조심하게 되면 허점이 줄어들 것이고 과오도 따라서 줄어들 것이다. 그렇다면 공자사상의 핵심인 인을 실천하기 위해서 사마우가 제일 먼저 실천해야할 것은 말을 참아서 하는 일이었다.

이번엔 사마우가 군자(君子)에 대해 질문했다. 군자가 되는 방법이라기 보다는 군자가 지녀야할 마음가짐과 태도를 알고 싶었다. 이에 공자가 대답했다.

"군자는 걱정하지 않으며, 두려워하지도 않는다."

이 대답 역시도 사마우가 처한 상황을 두고 대답한 것이다. 이 질문을 한 의도는 사마우의 형인 상퇴(向魋)가 반란을 일으켰기 때문이었다. 형의 반란으로 초조해하며 근심하던 사마우의 모습이 공자가 보기엔 안스럽기도 했겠지만 군자답지 못했던 것 같다. 그러자 사마우가 재차 질문하였다.

"걱정하지 않으며, 두려워하지 않으면 군자라고 할 수 있습니까?"

앞서 말한 인에 대한 질의응답 논법과 똑 같다. 마치 우는 어린아이에게 울음만 그치면 사탕사주겠다는 대사와도 같다. 그러나 우는 아이가 울음을 그쳤다고, 울게된 사유가 완전히 사라진 것은 아니다. 비록 사탕을 얻었어도 그 울음은 언젠가 반복될 울음이다. 다시 말해 여기 제시된 걱정하지 않고 두려워하지 않으면 되는 것이냐는 반문에 대한 대답도 마찬가지이다. 일단 군자로서 일시적인 모습은 갖추었다 해도 본질이 변하지 않고서는 걱정과 두려움은 사라지지 않기 때문이다. 결국 공자의 대답은 표피적인 데서 근원적인 곳으로 나아갔다.

"안으로 반성하여 조그마한 하자도 없으니, 어찌 근심하며 어찌 두려워하겠는가?"

사마우의 걱정과 두려움은 형의 반란 때문에 생긴 것이다. 하지만 그 반란이 돌아보아 떳떳한 것이라면 어찌 군자로써 걱정하며 두려워할 수 있겠느냐는 것이다. 어떤 환경에 처하든 도리에 맞게 대처하면 두려워할 것도 걱정할 것도 없다는 주장이다. 하지만 공자의 이런 말이 근심 많은 사마우에게 위로가 될 수 없었다. 결국 탄식하면서 동학들에게 자신의 심경을 털어놓았다.

"사람들은 모두 형제가 있는데, 나만이 홀로 없구나!"

반란의 옳고 그름을 떠나서 사마우는 형이 결국 죽을 것이라고 지레 단정하며 한 말이다. 이 때 옆에 있던 자하가 위로하며 한 마디 했다.

"죽고 사는 것은 명에 달려 있고[死生有命], 부귀는 하늘에 달려 있다[富貴在天]고 하더라. 군자가 공경함에 잃는 게 없으며, 남에게 공손함에 예절이 있으면 사해 안의 모두가 형제인데, 군자가 어찌 형제 없음을 걱정하겠는가?"

사마우의 걱정과 두려움에 직접적인 위로는 눈 높이가 비슷했던 자하에게서 받았을지도 모른다. 스승 공자의 위로 방법은 자신을 돌아보아 한 점 부끄럼이 없다면 결코 근심할 것도 두려워할 것도 없다고 하는 이른바 문제의 원인을 자기반성[反求諸己] 속에서 찾는 것이었다면, 자하의 방법은 일단 살고 죽는 것은 인간의 문제가 아닌 하늘의 문제이니 걱정한들 소용없다 하고, 혹 형이 죽는다해도 사해의 모든 사람이 다 한 형제인데 무엇을 걱정하느냐고 말한 것이다. 한편으론 하늘에 맡기었으니 속 편하게 생각될 것이고, 다른 한편으론 주변 사람들을 모두 형제라고 생각하면 된다는 낙천적 생각이 담겨 있었던 것이다.

그러나 자하가 만일 사마우와도 같은 상황에 처했다면 자신의 말처럼 할 수 있었을까? 막상 자하는 그 아들이 먼저 죽자 곡을 심하게 하다 실명까지 하였다고 하니, 역시 말은 쉽게 할 수 있지만 실천이 어렵다는 것을 증명한 셈이다. 그러니 사마우의 근심과 두려움을 공자 말대로 자기에게서 해결점을 찾지 못한다면 과연 어디서 찾을 수 있겠는가?

『논어』 속으로...

🌿 사마우가 인에 대해 묻자 공자가 대답했다. "인이란, 그 말함을 참아서 하는 것이다." 다시 물었다. "그 말하는 것을 참아서 하면 인하다고 할 수 있습니까?" 공자가 대답했다. "이것을 행하기 어려우니, 말함에 참아서 하지 않을 수 있겠는가?" 사마우가 군자에 대해 묻자 공자가 대답했다. "군자는 걱정하지 않으며, 두려워하지도 않는다." 사마우가 또 물었다. "걱정하지 않으며, 두려워하지 않으면 군자라고 할 수 있겠습니까?" 공자가 대답했다. "안으로 반성하여 조그마한 하자도 없으니, 어찌 근심하며 어찌 두려워하겠는가?" 사마우가 걱정하며 말했다. "사람들은 모두 형제가 있는데, 나만이 홀로 없구나!" 자하가 그 소리를 듣고 말했다. "죽고 사는 것은 명에 달려 있고, 부귀는 하늘에 달려 있다고 하더라. 군자가 공경함에 잃는 게 없으며, 남에게 공손함에 예절이 있으면 사해 안의 모두가 형제인데, 군자가 어찌 형제 없음을 걱정하겠는가?" (司馬牛問仁. 子曰: 仁者其言也訒. 曰: 其言也訒, 斯謂之仁已乎? 子曰: 爲之難, 言之得無訒乎? 司馬牛問君子. 子曰: 君子不憂不懼. 曰: 不憂不懼, 斯謂之君子已乎? 子曰: 內省不疚, 夫何憂何懼? 司馬牛憂曰: 人皆有兄弟, 我獨亡. 子夏曰: 商聞之矣, 死生有命, 富貴在天. 君子敬而無失, 與人恭而有禮. 四海之內, 皆兄弟也. 君子何患乎無兄弟也? 「안연」)

공자집안의 가신
원헌

원헌(原憲)의 자는 자사(子思)이고, 이름이 헌(憲)이며, 원사(原思)라고도 한다. 공자보다 36세 연하이고, 송나라사람이다.

원헌은 공자 집안의 가신(家臣)으로 있다가 공자가 죽은 뒤에는 위(衛)나라로 가서 숨어살았다고 전한다.(『가어』) 주희는 공자가 노나라 사구(司寇)로 있을 때 원헌을 가신으로 두었다(『집주』)고 하나, 공자가 사구란 직책을 가졌는지는 정확하지 않다. 정치에 뜻을 두었던 공자가 사구라고 하는 제법 높은 관직을 가졌다면 적어도 그의 말이나 주변 제자들 입으로 이에 관한 구체적 언급이 한번 정도는 있을 터인데 한번도 없는 것으로 보아 주희의 이런 말은 의심가는 부분이 있다.

원헌이 공자 집안의 가신이었다는 내용은 『논어』 「옹야」에 분명히 나와 있다. 공자의 가족과 제자들이 제법 규모를 이뤘으니, 공자가 높은 벼슬자리에 있지 않았어도 가신을 둘만도 했다. 더구나 가신이란 단순 집안의 살림꾼 정도가 아닌 한편으론 대부가 다스리는 고을 정도의 신하(관리)였으므로 그리 가볍게 볼일도 아니다.

어찌됐건 제자이면서 가신이었던 원헌에게 공자가 녹봉으로 곡식 9백을 주었지만 난처한 원헌이 이를 받지 않았다.(이하 「옹야」) 곡식 9백이 얼마나 되는 양인지 상세한 기록은 없지만, 원헌은 공자의 가신으로 있었던 만큼 공적관계에서 당연히 녹봉을 받아야 마땅하다. 하지만 두 사람은 주종관계 이전에 사제관계로 얽혀 있었으니 그 녹봉을 받을 수는 없었던 것이다. 공자입장에서는 아무리 사제관계라 하더라도 원헌을 가신으로 삼은 이상 주지 않을 수도 없는 노릇이다. 동양적 인간관계상 사제간의 거래는 비록 그것이 당연하다 하더라도 미묘할 수밖에 없다. 결국 공자는 "사양하지 말고, 너의 이웃집과 마을 및 향당에 주려므나!"고 하며, 원헌의 심리적 부담을 줄여주면서 받을 것을 권한다. 난처한 관계 속에 오간 녹봉에 다른 의미를 부여하며 받게 한 스승 공자의 재치가 번뜩이는 장면이다.

하지만 원헌은 가난했다. 『장자』 「양왕(讓王)」편에 기록된 내용이다.

"원헌이 노나라에 살고 있을 때, 그의 집은 사방이 한 칸 정도였고, 초가 지붕에는 잡초가 우거졌으며, 사립문은 온전치 않았고, 뽕나무 줄기로 문의 지도리를 삼았고, 깨진 항아리로 들창을 낸 방이 둘 있었는데, 칡으로 창을 가렸다. 위에서는 비가 새고, 바닥은 축축했는데, 원헌은 정좌하고 앉아서 거문고를 타며 노래를 부르고 있었다."

스승이 어찌 원헌의 이런 형편을 몰랐겠는가? 하지만 스승에게 받는 녹봉을 못내 부끄러워하는 원헌의 마음과 스승의 속 깊은 배려가 함께 어우러진 장면이 아닐 수 없다.

이렇게 지근 거리에 있었던 원헌은 스승 공자에게 좀더 평가받고 싶었던 것 같다. 원헌 스스로는 자신이 공자의 가신이면서 제자였기 때문에 다른 제자들과는 다르다고 생각했을 것이다. 그래서 그랬는지는 몰라도 원헌이 평소 늘 신경쓰면서 실천하는 바를 가지고 질문을 했다.

"이기기를 좋아하고〔克〕, 자기의 공로를 자랑하며〔伐〕, 원망하고〔怨〕, 탐욕〔欲〕을 행하지 않으면 인하다고 말할 수 있습니까?"(이하 「헌문」)

이 말이 너무 직역이라 얼핏 이해가지 않을 수도 있을 지 모르겠다. 다시 풀어쓰자면, 평소 이기는 것만을 능사로 하며 그것을 좋아하지 않고, 자기가 한 일의 공로를 자랑하지 않고, 시도 때도 없이 원망하지 않고, 아무 것에나 탐욕을 부리지 않으면 선생님께서 강조하시는 인을 실천한다고 할 수 있겠습니까? 라는 질문이었다.

이 때 공자의 대답은 역시 인색하였다.

"(그렇게 하는 것도) 어렵다고는 할 수 있으나, 인인지는 내가 알지 못하겠다."

그렇다면 누가 인을 실천할 수 있단 말인가? 원헌의 이 질문은 평소 스승 공자의 말씀을 실천하려는 의지에서 특히 신경 쓰며 노력했던 것들이었고, 그래서 이러면 되겠습니까? 라고 물었던 것인데, 공자의 대답은 너무도 인색했다. 원헌이 측근 가신으로 있어서 그랬는지는 몰라도 다른 제자들과는 달리 그래도 그렇게 하는 것이 매우 힘든 일이라며 위로 섞인 대답을 하였다.

여기서 원헌은 오래 전 안연이 인을 물었을 때 "자기의 사사로운 욕심을 이기고 예를 회복하면 인이라 할 수 있다."(이하 「안연」)고 하는 스승의 말씀을 떠 올렸을지도 모른다. 그러나 당시 안연과 비교해 본다면 원헌은 부족한데가 많았다.

안연은 자신이 한 일이나 자신 있는 것을 가지고 질문하지 않고 어떻게 하는 것이 인한 것이냐고 단지 질문만 했고, 공자가 '극기복례(克己復禮)'라고 하자, 구체적으로 어떻게 실천하는 것이냐고 질문을 이어갔다. 그 때 그 유명한 "예가 아니면 보지 말며〔非禮勿視〕, 예가 아니면 듣지 말며〔非禮勿聽〕, 예가 아니면 말하지 말며〔非禮勿言〕, 예가 아니면 행동하지 말라〔非禮勿動〕."고 했던 것이다. 이 말을 들은 안연은 겸손히 머리를 조아리며 "제가 비록 민첩하지는 않지만 이 말씀대로 하도록 노력하겠습니다."고 했다.

이것을 놓고 본다면 원헌의 태도와 안연의 태도는 사뭇 다르다. 자기가 한 일을 평가받으려는 원헌의 자세와 모든 것을 스승에게 의뢰하는 안연의 자세는 기본적으로 달랐다. 나아가 원헌은 스승 공자가 간단히 대답만 했을 때, "그렇다면 어떻게 하는 게 인한 것입니까?"라고 묻지도 않았다. 그 이면에는 아마도 자신의 확인 차원의 질문에 대한 기대가 너무

컸기 때문일 수도 있다. 안연처럼 백지상태에서 인을 물었더라면 공자의 대답은 역으로 원헌이 질문했던 "이기기를 좋아하고, 자기의 공로를 자랑하며, 원망하고 탐욕함을 행하지 않게 하는 것이다."라고 대답하셨을 수도 있지 않았을까? 만일 그랬다면 원헌은 "제가 비록 민첩하지는 않지만 이 말씀대로 노력하겠습니다."라고 대답했을지도 모른다. 역시 고수 제자와 그렇지 못한 제자의 차이가 이런데 있는 것 같다.

한번은 원헌이 어떤 것이 수치스런 것인지에 대해 질문했다. 왜 이런 질문을 했는지는 알 수 없으나, 공자로부터 녹봉을 받는 자신이 스승에게서 녹봉을 받는 것이 수치스런 것은 아닌가해서 질문한 것은 아닌지 모르겠다. 원헌의 의도를 알았든 몰랐든 공자는 이렇게 대답했다.

"나라에 도가 있을 때에 녹봉을 먹을 것이며, 나라에 도가 없을 때에는 녹봉을 먹는 것이 수치스러운 일이다."(「헌문」)

이에 대한 주희의 해석을 살펴보자.

"나라에 도가 있을 때에 훌륭한 일을 하지 못하고, 나라에 도가 없을 때에 홀로 선하게 하지 못하면서, 다만 녹봉을 먹을 줄만 아는 것은 모두 수치스러울만한 일이다. 원헌의 지조는 나라에 도가 없을 때에 녹봉을 먹는 것이 수치스런 일이라는 것에 대해서는 진실로 알고 있었으나, 나라에 도가 있을 때에 녹봉만 먹는 것이 수치스러운 일이라는 것에 대해서는 반드시 알지 못하였을 것이다. 그러므로 공자가 그의 질문을 통해서 이것까지 아울러 말씀함으로써, 그의 뜻을 넓혀 주고 스스로 힘쓸 바를 알게 하고 훌륭한 일을 할 수 있는데 나아가게 한 것이다."(『집주』)

공자의 대답이나 주희의 주석만 보면 녹봉에 대한 질문이었나 할 정도로 딴 얘기만 되풀이되고 있다. 이것은 "무엇이 수치인가?"라는 질문에 대한 예로 충분히 있을 수 있는 대답이다. 하지만 다른 곳의 수치에 대한 설명을 함께 비교해보면 역시 원헌의 질문에 대한 공자의 대답은 원헌의 특수상황과 관련되어 있을 수 밖에 없다는 결론이다.

먼저 『중용』에서는 공자가 이렇게 말했다.

"배우기를 좋아하는 것은 지(智)에 가깝고, 행함에 힘쓰는 것은 인(仁)에 가깝고, 부끄럼을 아는 것은 용(勇)에 가깝다."

여기서 비록 중심 주제가 수치는 아니지만, 지·인·용을 설명하는 구체적 내용으로 배움〔學〕·행함〔行〕·부끄럼〔恥〕을 설명한 것은 주목해 볼 필요가 있다. 나아가 정치 논리로 설명한 공자의 말을 보자.

"이끌기를 법으로 하고, 가지런히 하기를 형벌로 하면, 백성들이 형벌을 면할 수는 있으나, 부끄러워함은 없다. 이끌기를 덕으로 하고, 가지런히 하기를 예로써 하면, 백성들이 부끄러워함이 있고, 또 선하게 될 것이다."(「위정」)

정치를 어떻게 하느냐에 따라 부끄러워할 줄 모르고〔無恥〕, 부끄러워할 줄 알게 되는〔有恥〕 것을 설명한 내용이다.

수치에 대한 『중용』의 설명이 군자가 지녀야할 보편적 기준과 방법을 말한 것이라면, 후자의 내용은 지도자 아닌 피치자로서의 백성을 두고 한 말이다. 그렇다면 원헌의 수치에 대한 공자의 대답은 신하된 자들의 것이 된다. 더군다나 원헌은 공자의 가신이므로 신하된 자의 입장이었다. 그럼 여기서 확인할 수 있는 것은 공자가 수치심에 대해 알고 싶어하는 원헌의 질문에 신하된 자로서의 자세를 통해 설명한 것은 공자다운 설법이라 하겠다.

결국 앞서의 내용을 유추해 보자면 원헌이 받는 녹봉은 정당하니 받아야 하지만, 무도한 계씨 밑에서 추종만 잘하는 제자들이 받는 녹봉은 부끄러운 일이 된다는 것이다.

다음은 「열전」과 『가어』에 전하는 원헌에 대한 내용이다.

공자가 죽은 뒤 원헌은 세상을 등지고 풀이 무성한 늪가에 숨어살았다. 그런 원헌에게 위나라 재상을 지내며 떵떵거리던 자공이 말 네 필이 끄는 으리으리한 마차를 타고 호위병의 호위를 받으면서 찾아왔다. 그 때 원헌은 낡은 관과 옷을 입고 그를 맞았다. 자공은 그의 초라한 행색을 부끄럽게 여기며 이렇게 말했다.

"어쩌다 병이 들었는가?"

원헌이 힘없이 말했다.

"내가 들은 바로는 재물이 없는 것을 빈궁하다 하고, 도를 배우고도 실행하지 못하는 사람을 병들었다고 한다. 나는 가난하기는 하지만 병들지는 않았다."

그러자 자공은 몹시 부끄러워하며 언짢게 떠났다. 그리고 그는 평생동안 자신의 말이 지나쳤음을 부끄럽게 여겼다고 한다.

같은 내용이 『장자』 「양왕」편에 기록되어 있다. 여기서는 자공이 부끄러워 뒷걸음치자 원헌이 웃으면서 이렇게 했다고 전한다.

"무릇 세상의 평판이 좋기를 바라면서 행동하고, 자기와 친한 사람과만 벗하고, 학문은 남에게 뽐내기 위해 하며, 가르침은 자신의 이익만을 위해서 하고, 인의(仁義)를 내세워 나쁜 짓만 하고 수레와 말을 장식하는 등의 일은 나로서는 차마 못할 짓이오."

이 내용을 놓고 앞의 원헌의 질문에 대한 공자의 대답을 생각한다면 여간한 가치관이 아닐 수 없다. 자공과 대비된 삶을 살면서 다른 가치관을 가졌던 원헌은 결국 주변 사람들로부터 인정받았다. 『논형』 「자기」편의 기록이다.

"높은 덕성과 깨끗한 명성을 지녔지만 관직이 낮고 녹이 적다고 해서 재능을 탓할 수는 없으며, 결함이 된다고 할 수도 없다. 선비들은 원헌과 같은 방에 머물고 싶어는 하지만, 자공과 같은 마차를 타기를 바라지 않는다."

자공은 이미 당대부터 위정자로부터 신임을 받았다. 하지만 뜻 있는 선비의 이상적 삶을 살지는 못한 것 같다. 그는 돈과 권력을 쥐었어도 그의 삶은 떳떳한 삶으로 평가받지 못했다는 것이다. 반면 원헌은 상반된 삶을 살면서도 칭송을 받았다. 위정자에게서는 인정받지 못했어도 뜻 있는 선비들의 칭송을 들었다. 원헌은 공자 사후 더 열심히 스승의 가르침에 열중했던 제자였다. 뜻 있는 선비들이 귀중하게 여기는 것은 세속의 선비들과 다르다. 그들이 고귀하게 여기는 명성은 세속과 함께 끝나지 않는다. 그들이 원헌의 삶을 고귀하게 평가하는 것도 바로 여기에 있다.

『논어』 속으로...

🌿 원헌이 (공자의) 가신으로 있을 때 녹봉으로 곡식 9백을 주었지만 원헌이 이를 받지 않았다. 공자가 말했다. "사양하지 말고, 너의 이웃집과 마을 및 향당에 주려므나!" (原思爲之宰, 與之粟九百, 辭. 子曰: 毋! 以與爾鄰里鄕黨乎! 「옹야」)

🌿 원헌이 부끄러움에 대해 묻자 공자가 대답했다. "나라에 도가 있을 때에 녹만 먹으며, 나라에 도가 없을 때에 녹만 먹는 것이 부끄러운 일이다." 또 물었다. "이기기를 좋아하고, 자기의 공로를 자랑하며, 원망하고, 탐욕을 행하지 않으면 인하다고 말할 수 있습니까?" 공자가 말했다. "(그렇게 하는 것도) 어렵다고는 할 수 있으나, 인인지는 내가 알지 못하겠다."(憲問恥. 子曰: 邦有道, 穀; 邦無道, 穀, 恥也. 克伐怨欲不行焉, 可以爲仁矣? 子曰: 可以爲難矣, 仁則吾不知也. 「헌문」)

전과자이면서도 공자의 사위로 선택된
공야장

> 공야장(公冶長)의 성은 공야(公冶), 이름은 장(長), 자는 자
> 장(子長)이다. 일설에는 이름이 장(萇), 자가 자지(子芝)라
> 고도 했다. 제나라 사람이라고도 하고, 노나라 사람이라고
> 도 한다. 739년 당나라 때 거백(莒伯), 1009년 송나라 때 고
> 밀후(高密侯), 1530년 명나라 때 선현공야자(先賢公冶子)
> 라 추봉되었다.

　　『논어』의 편명가운데 「공야장」편이 있는데, 이것은 첫머리 말로 편
명을 삼았기에 큰 의미는 없지만 그 이름이 첫머리를 장식하였기에 그는
좀 더 알려지게 되었다. 이런 경우는 공야장 말고도 안연·자로·자장이
있다.

　　공야장에 대한 기록은 많지 않다. 그러나 공자로부터 인간적으로
인정받은 인물을 대라면 아마도 공야장이 아닐까 생각한다. 공자는 그를
사윗감으로 선택했기 때문이다. 비록 공야장이 무슨 연유로 감옥에 갔는
지 모르지만, 여하튼 전과의 멍에가 있는 공야장을 사위로 맞아들인 것은
그만의 매력이 분명 있었기 때문일 것이다. 공자가 그의 전과를 그의 죄
가 아니라고 단정하면서 딸을 시집보낸 것이 이를 증명한다.

보통 감옥에 갔다오면 일단 사람들로부터 커다란 결격사유가 된다. 하지만 공야장은 공자로부터 "그의 죄가 아니다."라는 말을 들었다. 이 말은 그의 죄가 그의 잘못이 아니라 누명을 썼든지, 아니면 오해를 받았든지, 아니면 자신의 주군(主君)을 위해 대신 일을 도모했든지, 아니면 무도한 군주의 횡포로 인한 희생일수도 있다는 추론을 가능케 한다. 그렇다면 당연히 보호해야 하고, 오히려 그 의리정신은 높이 평가받을 수도 있다는 것이다. 혹 주군을 위한 행동이었다면, 그 주군에 공자도 포함될 수 있다. 그렇다면 공자가 자신의 딸을 그에게 시집 보낸 것은 일종의 보은(報恩)일 수도 있다는 생각이다.

특히 춘추말기의 사회혼란 속에서 무도한 군주들이 활개치고 있던 시절에 때론 정의를 부르짖던 사람들이 감옥에 갈 수도 있었을 것이다. 예컨대 계씨 같은 무도한 지도자가 선왕이 봉한 전유를 정벌하려 할 때 당연히 거부해야할 것을 공자로부터 제안 받았던 염구가 자기 능력 밖이라고 고개를 저으며 정의를 저버렸던 경우를 보면 알 수 있다. 만일 공야장이 이 같은 경우을 당했더라면 그는 군주의 부정한 명령에 저항하다 감옥에 갔을 수도 있었을 것이다. 정당하지 못한 정권이나 부정한 정권하에서는 불법이 때론 정의로 둔갑하지만, 올바른 정의는 결국 공야장같은 누군가에 의해서 지켜지게 마련이다.

상황이야 다르지만, 이 땅의 군사독재 정권하에서 저항하던 수많은 사람들이 전과자의 신세가 되었다. 그러나 사회가 바뀌면서 이들의 전과는 오히려 자랑스런 경력이자 민주화의 상징으로 여겨지는 것을 우리는 많이 보아왔다. 부정한 군주, 부조리한 정권에 굴복하며 곡학아세(曲學阿世)하였다면 공야장은 결코 공자로부터 인정받지 못했을 뿐더러, 감히 그 집안 사람으로 받아들일 수도 없었을 것이다. 이런 점에서 공야장은 적어도 공자로부터 인정받은 양심수였다.

공야장의 죄가 무엇이었는가를 전하는 기록이 있다. 『논어집설(論語集說)』에 황간(黃侃)이 전하는 『논석(論釋)』이란 책의 기록이 그것이다. 비록 황당할 수도 있는 소설 같은 내용이지만 소개해본다.

공야장이 위나라에서 노나라로 돌아올 때의 일이다. 두 나라의 경계지역에 이르렀을 때 그가 새들이 속삭이는 것을 들었다.

"청계(淸溪)로 가보자. 거기에는 시체가 하나 있다. 그 시체를 먹으러 가자."

그러고는 얼마를 갔는데 한 할머니가 통곡하며 울고 있었다. 공야장이 그 이유를 물었다. 그러자 할머니가 대답했다.

"우리 애가 며칠전 집을 나갔는데 지금까지 돌아오지 않고 있소. 이미 죽었을 것 같은데, 어디 있는지 모르겠소."

공야장이 조금 전 새들이 말하던 것이 기억나 대답했다.

"조금 전 새들이 청계로 가서 고기를 먹자는 소리를 들었습니다. 아마도 그것이 그 아이의 시체일지 모르겠습니다."

할머니가 그곳에 가보니 바로 그 아이가 이미 죽어 있었다. 할머니가 이 사실을 마을 관리에게 알렸다. 마을 관리가 어떻게 알게 되었는가를 묻자, 할머니가 대답했다.

"공야장이라는 사람을 만났는데, 그 사람이 알려주었습니다."

그러자 마을 관리가 말했다.

"공야장이 사람을 죽이지 않았다면 어떤 연고로 그것을 알 수 있었겠는가?"

그리고는 공야장을 감옥에 가두었다. 감옥관리가 공야장을 심문하였다.

"왜 사람을 죽였는가?"

공야장이 대답했다.

"새들이 했던 말을 해석해서 전했을 뿐, 사람을 죽이지는 않았습니다."

감옥관리가 말했다.

"그것이 진짜인지 시험해 보겠는데, 당신이 만일 새소리를 해석한다면 반드시 풀어줄 것이고, 만일 해석하지 못한다면 사형에 처하겠노라."

공야장은 이렇게 해서 60일간 감옥에 갇혔다. 그런데 60일 째 되던 날 참새들이 감옥 창문에 와서 '찍찍짹짹' 하자 공야장이 얼굴에 미소를 머금었다. 간수가 이 사실을 감옥관리에게 공야장이 새소리를 알아듣는 것 같았다고 전했다. 감옥관리가 공야장에게 물었다.

"참새들이 뭐라고 말하였기에 웃는 것이오?"

공야장이 참새소리를 이렇게 해석하였다.

"찍찍쨋쨋, 백색의 연꽃이 물가에 피었고, 마차가 거기로 뒤집어져 기장과 좁쌀이 엎어졌고, 황소도 뿔이 부러졌다. 다 주어 담을 수 없으니 우리 가서 쪼아먹자."

감옥관리가 이 말을 믿지 않으면서도 사람을 보내 알아보게 했는데 과연 말 그대로였다. 그 뒤 또 돼지와 제비의 말을 해석하는 것을 여러 차례 시험해보고서야 공야장을 석방하였다는 이야기이다.

이 내용을 전하는 황간도 잡스런 글에 나오는 믿을 수 없는 내용이라 사족을 달았다. 다만 공야장이 새들의 소리를 들었다고 전하는 말에 따라 재미삼아 붙여진 내용이 아닐까? 라는 생각도 든다. 청나라의 고증학자 최동벽(崔東璧, 1740~1816)도 이 속설을 황당하고 비속한 말이라 일갈하였다.

아무튼 공자로부터 양심적인 사람이란 인정을 받은 이후 공야장에 대한 평가는 긍정적이었고, 훗날 황간이 전하는 것과 같은 황당한 이야기도 전승되었던 것 같다.

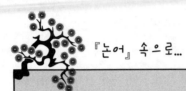
『논어』 속으로...

🌿 공자가 공야장을 평가하면서 "그를 사윗감으로 삼을 만하다. 비록 그가 포승줄에 묶여 옥중에 있었으나 그의 죄가 아니다."하고는 그 딸을 그에게 시집보냈다.(子謂公冶長, 可妻也. 雖在縲絏之中, 非其罪也. 以其子妻之.「공야장」)

능력있고 근실해서 조카사위로 삼은
남궁괄

> 남궁괄(南宮括)은 자가 자용(子容), 시호는 경숙(敬叔)이
> 고, 노나라 대부 맹의자(孟懿子)의 형이다. 본래 성은 중손
> (仲孫)이고 이름은 문(閱)이었는데, 거주하던 곳이 남궁(南
> 宮)이라서 남궁을 성으로 했다고 한다.

    남궁괄의 부친 맹리자(孟釐子)는 일찍이 노나라 대부로 있으면서
죽기 전 맹의자와 남궁괄을 공자에게 배우도록 하였다는 기록이 『좌전』
소공7년에 보인다. 그러나 이 때 공자의 나이가 17세라고 하였으니 그 신
빙성은 낮다고 하겠다. 한편 남궁경숙과 남궁괄이 동일 인물이 아니란 설
도 있으나, 여기서는 같은 인물로 보고 서술한다.

    맹의자가 노나라의 권력과 부를 쥐고 있었던 만큼 그도 또한 경제적
으로 여유가 있었다. 『설원』「잡언」편에는 공자가 그의 수레를 이용하면
서부터 더 적극적인 유세를 할 수 있었다는 말로 이를 유추해 볼 수 있다.
공자는 계손(季孫)씨에게 녹봉을 받은 이후로 친구들과 더 친근해졌고,
남궁괄에게 수레를 제공받은 이후로 더 용이하게 다닐 수 있었다고 하였

노나라 대부 맹리자(孟釐子)가
아들 형제 맹의자와 남궁괄에게
공자를 스승으로 삼으라 했고
두 사람은 공자의 제자가 되었다.
(大夫師事)

다. 그러면서 그는 이 두 사람의 도움이 없었다면, 아마도 자신의 학설이 폐기되었을지도 모른다고 하였다.

『한비자』「외저설좌하」편에도 이것을 추론할 수 있는 내용이 보인다. 남궁괄이 안탁취(顏涿聚)에게 물었다.

"계손씨가 공자의 제자들을 봉양하면서 조정에서 입는 예복을 입고 좌담한 적이 수십 번 있었습니다. 그런데 사람들에게 살해당한 것은 무엇 때문입니까?"

안탁취가 대답하였다.

"옛날에 주나라 성왕(成王)은 배우나 음악 연주하는 사람을 가까이 두려고 했지만, 나라 일만은 군자와 상의해서 결단을 내렸으므로 천하를 다스릴 수 있었던 것입니다. 지금 계손씨는 공자의 제자를 봉양하면서 조정에서 입는 복장을 하고 함께 좌담을 한 것은 수십 번이지만, 배우나 음악 연주하는 사람들과 일을 상의하고 결정하므로 사람들에게 살해된 것입니다. 그러므로 '일의 성패는 함께 기거하는 사람에게 있는 것이 아니라 함께 도모하는 자에게 있다' 고 한 것입니다."

계손씨가 공자 제자들의 경제적 후원자였음을 알게 하는 대목이다. 이렇게 계손씨가 공자와 그 제자들을 후원한 것은 선비들을 좋아했고, 자신 또한 그들과 같은 삶을 살았기 때문이다. 그러나 그는 마음이 해이해지면서 원망도 했기 때문에 살해당했다고 전하는 것으로 봐서 이중적인 삶을 살았던 것 같다.

같은 시절 남궁괄도 누구 못지 않은 권력과 부를 지닌 집안 출신으로 주변 인물들로부터 능력을 인정받은 공자의 제자였다. 그가 공자로부터 인정받은 것은 부자였기 때문에 인정받은 것은 절대로 아니다.『가어』「곡례자공문(曲禮子貢問)」의 기록에는 남궁괄이 부자로 살면서 정공에게 죄를 짓고 위나라로 도망했다는 기록이 나온다. 정공이 그에게 돌아올 것을 청하자 남궁괄은 보물을 싣고 와서 정공을 만났다. 공자가 이 소릴 듣고는 "재물이 그렇게도 중하단 말이냐? 지위를 잃었을 바에는 차라리 빨리 가난해 지는 것이 옳을 것이다."고 하였다. 그러면서 공자는 "부유하면서 예를 좋아하지 않으면 재앙이 있게 마련이다. 저 남궁괄은 부유한 것 때문에 지위를 잃어버렸는데도 역시 자기 허물을 고칠 줄 모르고 있으니 반드시 후환이 있을까 걱정된다."고 하자, 이 말을 전해들은 남궁괄이 자신의 재물을 주변 사람들에게 나눠주었다는 것이다. 공자의 가르침을 곧바로 실천한 모습을 그리고 있다.

물론 이면에는 그의 정치적 배경도 무시 못할 것이다. 하지만 더 근본적인 것은 그는 위로 공경하는 마음을 자연스레 표현하면서도 모나지 않은 성격을 지녔기 때문에 까다로운 스승 공자로부터도 인정받았던 것 같다. 한번은 남궁괄이 옛날 얘기를 화두로 공자에게 질문하였다.

"예(羿)라고 하는 사람은 활을 잘 쏘았고, 오(奡)라고 하는 사람은 힘이 세어 육지에서 배를 끌고 다녔지만, 모두 제대로 죽지 못하였습니다. 그러나 우왕(禹王)과 직(稷)은 몸소 농사를 지었는데도 천하를 소유하였습니다."(이하 「헌문」)

　상식적으로 예와 오라고 하는 사람이 천하를 제패해야할 것 같은데도 오히려 농사나 짓던 우왕과 직이 천하의 제왕이 되었다는 내용이다. 여기서 남궁괄이 의도한 것은 예와 오는 당시의 권력자들을 비유한 것이고, 우왕과 직은 공자를 비유한 것이다. 그렇다면 이 질문은 질문 아닌 질문으로 스승 공자를 찬양한 말이었다. 공자가 이에 대꾸하지 않았는데, 대꾸하지 않았던 것도 이해할만하다. 하지만 공자는 남궁괄이 나가자 그를 칭송하며 이렇게 말했다.

　"군자로구나! 이 사람이여! 덕을 숭상하는구나! 이 사람이여!"

　남궁괄의 차원 높은 칭송에 공자는 직설적인 대답을 피하고 이렇게 칭찬한 것이다. 이 같은 남궁괄에 대한 공자의 평가는 어느 환경에서도 절실한 인물로 묘사되었다.

　" '나라에 도가 있을 때에는 버려지지 않을 것이요, 나라에 도가 없을 때에는 형벌을 면할 것이다' 하고, 형의 딸을 그에게 시집보냈다."(「공야장」)

　만일 그가 날카로운 성격을 지녔다면 이런 평가를 받을 수 없었을 것이다. 두루두루 원만한 성격에 자기의 본분을 다하는 사람이나 받을 수 있는 평가이다. 이런 사람은 여자들로부터 인기를 얻기보다는 어른들로부터 사윗감 일 순위이다. 결국 그는 공자가 중매하여 조카사위가 되었다. 자기에게도 딸이 있었지만, 남궁괄의 어진 태도가 자신이 이미 점찍어

둔 공야장보다 나았기 때문에 형의 딸에게 보냈던 것이다.

여기서 형에게 더 공경하고 자신에게 박하게 한 공자의 예의를 보게 된다. 더구나 공자의 형은 부친 숙량흘(叔梁紇)의 두 번째 부인에게서 난 선천적으로 절름발이였던 맹피(孟皮)아닌가? 그는 세 번째 부인 안씨 소생인 공자의 배다른 형이었다. 공자는 그런 형을 우선 공경하는 태도를 보여주었던 것이다. 여기서 잠시『가어』「자로초견」에 보이는 맹피의 아들 공멸(孔蔑)에 대한 이야기도 살펴보자. 공멸은 작은 아버지 공자로부터 그렇게까지 인정받았던 것 같지는 않다.

공자가 공멸에게 "네가 벼슬한 후에 얻은 것은 무엇이며 잃은 것은 무엇이냐?"고 하였을 때, 공멸은 "얻은 것은 하나도 없고 잃은 것은 세 가지나 됩니다."고 하였다. 그 세 가지 일이란 첫째, 나랏일만 매달려 하다보니 학문할 틈이 없었다는 것이고, 둘째, 봉록이 적어서 죽을 먹었으니 친척을 돌아볼 여지가 없었다는 것이고, 셋째, 공무에 다급해서 친구들이나 주변 사람들의 대소사를 챙기지 못했다는 것이다. 비록 작은 아버지에 대한 조카로서의 투정 섞인 표현이라 해도, 그래서 친척들은 물론 주변 친구들을 돌보지 못했다는 공멸의 변명이었지만, 공자는 공감하지 않았다.

한편『가어』같은 편에는 공자가 공멸을 교육하는 장면이 그려져 있다.

"군자는 자기가 능하지 못함으로써 남을 두려워하며, 소인은 자기가 능하지 못함으로써 남을 믿지 않는다. 그래서 군자는 남의 재주를 키워나가도록 힘쓰며, 소인은 남을 억제하고 자기만 이기도록 도모하는 것이다."

　이런 가르침을 받은 공멸이 공자에게 그렇다면 어떻게 해야하느냐고 질문하자 공자가 대답하였다.

　"무슨 일이든지 알면서도 행하지 않으면 모르고 있는 것만 못하고, 친절하면서도 믿음이 없다면 친절하지 않은 것만 못하다. 즐거운 일이 바야흐로 다가온다 해도 교만해서는 안되며, 근심이 장차 온다고 해도 걱정하지 말아야 한다."

　이 정도 가르침과 대답이면 다른 제자들 같았으면 "예 알았습니다. 제가 비록 민첩하지는 못하지만 삼가 열심히 그렇게 하도록 노력하겠습니다."라고 했을 텐데, 조카어서인지 아니면 좀 모자라서인지 공멸은 또 "그것만하면 되느냐?"고 물었다. 공자가 대답했다.

　"자기가 능하지 못한 것은 열심히 연마해야하며, 부족한 것은 보충하고, 자기가 능하지 못한 것 때문에 남을 의심해서는 안되며, 자기가 잘할 수 있다고 남을 무시해서도 안 된다. 종일토록 말할 때에는 자기의 걱정거리를 남에게 끼쳐서는 안되고, 행동할 때에는 자기의 근심을 남에게 주어서도 안 된다. 오직 지혜로운 사람만이 이것을 할 수 있는 것이다."

　아주 상세한 설명이다. 공자가 조카를 교육하며 특별히 배려한 것이 아닐까 생각된다. 이렇게 조카 공멸에 대한 소개는 있어도 조카딸에 대한 소개는 찾기 힘들다. 그 어느 문헌에도 남궁괄의 부인이 된 맹피의 딸에 대한 언급이 없다는 것이다. 다만 딸의 남편이자 맹피의 사위가 된

남궁괄에 대해서는 제법 긍정적 평가가 전해진다.

공자는 자주 사람을 평가할 때, "시(詩)를 함께 논할 수 있다."는 식으로 그 사람의 능력을 가늠하였다. 남궁괄도 이런 평가에서 높이 인정된 제자였다. 조카 사위 발탁 배경에도 이런 상황이 숨어 있지 않았나 생각된다.

"남궁괄이 백규(白圭)란 내용의 시를 (하루에) 세 번 반복해서 외우니, 공자가 그 형님의 딸을 그에게 시집보냈다."(「선진」)

『시경』「대아(大雅)」'억(抑)' 편에 "백옥으로 만든 규(圭, 일종의 홀(笏)로 제사에 쓰던 물건)의 흠은 오히려 갈면 될 수 있지만, 말의 흠은 갈아낼 수 없다."고 하였는데, 남궁괄이 이 시구를 하루에 세 번 반복해서 암송했다는 내용이다. 이 시는 95세가 되도록 장수한 위나라 무공(武公)이 자신을 경계하고 다른 사람을 가르치기 위하여 지은 시라고 전한다. 남궁괄은 이 시구를 통해 말을 삼가고자 자주 암송하면서 경계했던 것이다.

공자가 시를 중시한 것은 그의 삶 속에서 여러 번 표출되었다. 특히 공자의 아들 백어(伯魚)에게 시를 읽게 한 것은 그 제자들로 하여금 동시에 『시』를 읽게 하는 계기가 되기도 하였다. 자금(子禽)이란 제자가 백어에게 물었다.

"그대는 (선생님으로부터) 무슨 특별한 가르침을 들은 게 있는가?" (이하 「계씨」)

사실 자금이 공자의 아들에게 이런 질문을 한 것은 혹시 공자가 자기 아들에게는 특별한 교육을 별도로 실시하는 것이 있지 않을까 해서였다. 백어가 대답했다.

"없었다. (그런데) 일찍이 뜰에 홀로 서 계실 때, 그 앞을 내가 빠르게 걸어가는데, '『시』를 배웠는가?' 라고 물으시기에 '아직 배우지 못했습니다.' 라고 하자, '『시』를 배우지 않으면 말을 할 수 없다.' 라고 하셨다. 그래서 나는 물러나 그 뒤로 『시』를 배웠다."

이렇게 『시』를 강조한 것은 시가 갖고 있는 특징 때문이다. 시는 정선된 언어로 인간의 심성을 교화시키고 감화시키기 때문에 사리를 분별하는데 통달하고 심사가 화평해지기 때문이다. 거기서 나온 말은 그렇다면 당연히 『시』를 배운 사람과 배우지 않은 사람은 구별될 것이다. 공자가 『시』를 중시하였던 것은 정치적 결단과 시행의 중요한 단서가 거기에 있다고 판단해서였다.

"『시』 3백편을 암송하고 있으면서도 정치를 맡겼을 때 제대로 해내지 못하고, 사방에 사신으로 나가 혼자서 처결하지 못한다면, 비록 『시』를 많이 외운다 한들 무엇에 쓰겠는가?'(「자로」)

『시』의 중요성과 이의 적용 능력을 말하고 있는 대목이다. 이에 대해 주희는 "『시』는 인정(人情)에 뿌리를 두고 사물의 이치를 포괄하여 풍속의 성쇠를 징험하고 정치의 잘잘못을 볼 수 있으며, 그 내용이 온후(溫厚)하고 화평(和平)하여 풍자해서 깨우침에 뛰어나다. 그러므로 『시』를 외우고 있는 사람은 반드시 정치에 통달하고 언어에 능한 것이다."(『집주』)라고 주석하였다.

결과적으로 남궁괄은 『시』를 통해 자신을 단속했고, 말을 조심하였기 때문에 공자로부터 인정받았고, 그로 인해 조카사위로 낙점되었던 것이다. 사실 『시』를 많이 외우고 적절히 사용할 줄 아는 사람에게 낭만적인 연애경험이 풍부할 뿐만 아니라 무슨 일을 하더라도 여유 있게 하는 것은 이와 맥을 같이 한다고 볼 수도 있을 것이다.

『논어』속으로...

🌸 남궁괄이 공자에게 물었다. "예라고 하는 사람은 활을 잘 쏘았고, 오라고 하는 사람은 힘이 세어 육지에서 배를 끌고 다녔지만, 모두 제대로 죽지 못하였습니다. 그러나 우왕과 직은 몸소 농사를 지었는데도 천하를 소유하였습니다." 공자가 대답을 않고 있다가 남궁괄이 나가자 공자가 말했다. "군자로구나! 이 사람이여! 덕을 숭상하는구나! 이 사람이여!"(南宮适問於孔子曰: 羿善射, 奡盪舟, 俱不得其死然; 禹稷躬稼, 而有天下. 夫子不答, 南宮适出. 子曰: 君子哉若人! 尙德哉若人! 「헌문」)
🌸 공자가 남궁괄을 평가하며 "나라에 도가 있을 때에는 버려지지 않을 것이요, 나라에 도가 없을 때에는 형벌을 면할 것이다"하고, 형의 딸을 그에게 시집보냈다.(子謂南容, 邦有道, 不廢; 邦無道, 免於刑戮. 以其兄之子妻之. 「공야장」)
🌸 "남용이 백규란 내용의 시를 (하루에) 세 번 반복해서 외우니, 공자가 그 형님의 딸을 그에게 시집보냈다."(南容三復白圭, 孔子以其兄之子妻之. 「선진」)

자천

스승 공자는 앞에서 보았듯이 에지간한 사람이 아니면 칭찬을 아끼는 편이었다. 그런데 자천은 공자로부터 군자라고 격찬을 들은 제자였다. 『가어』「자로초견」에 어떻게 해서 자천이 군자소리를 들었는지 상세히 기록되어 있다.

공자가 물었다.

"네가 벼슬하면서 얻은 것은 무엇이며 잃은 것은 무엇이냐?"

자천이 대답하였다.

"저는 벼슬하며 잃은 것은 아무 것도 없고, 얻은 것은 세 가지가 있습니다. 어려서 배웠던 것을 오늘 날 실천할 수 있었으니 학문을 더욱 발전시킨 것이며, 봉록을 받아 친척들까지 돌볼 수 있었으니 골육간에 더욱 친하게 된 것이며, 공무를 마친 뒤 여가시간에는 죽은 사람도 문상하고 병든 사람도 위문할 수 있었으니 친구간에 더욱 정을 두텁게 한 것입니다. 제가 얻은 세 가지란 바로 이것입니다."

공자가 이 말을 듣고는 탄식하며 "이 사람이 바로 군자로다."라고 하였다. 이런 자천의 대답은 공자 형 맹피의 아들 공멸이 같은 질문에 대한 대답에서 "얻은 것은 없고 잃은 것만 셋"이라는 대답과 대비된다. 공멸이 잃었다고 한 세 가지란 첫째, 일에 얽매어 학문을 익힐 수 없었다는 것. 둘째, 봉록이 적어 친척을 돌보지 못했다는 것. 셋째, 공무가 다급해서 주변(친구)을 돌보지 못했다는 것 등이다. 같은 사안에 대해 공멸은 부정적으로 응답하였고, 자천은 긍정적으로 대답하였다. 공자가 요구했던 것이 무엇이었는가는 말할 것도 없다. 하루 8시간 일하고, 한달 100만원을 똑같이 받는다 해도 그것을 사용하는 사람의 마음가짐 따라서는 족하게도 되고 부족하게도 된다. 공자는 공멸의 대답은 탐탁하게 여기지 않고, 자천의 대답에는 기쁨을 표시하며, 그를 군자라고 추켜세웠던 것이다.

『논어』에 나온 표현도 살펴보자.

"군자로구나! 이 사람이여! 노나라에 군자가 없었다면, 이 사람이 어디에서 이러한 덕을 취했겠는가?"(「공야장」)

주희는 이런 격찬을 들은 자천에 대해 몇 마디 덧붙였다.

"자천은 아마도 어진 이를 존경하고 훌륭한 벗을 취하여 덕을 이룬 사람인 듯 하다. … (공자의 이 말은) 노나라에 군자가 많음을 나타낸 것이다."(『집주』)

「열전」에는 자천과 공자의 대화록을 싣고 있다. 자천이 선보읍(單父邑, 지금의 산동성 單縣)의 재상으로 있을 때 공자와 나눈 대화이다. 먼저 자천이 말을 꺼냈다.

"이 나라에는 저보다 어진 사람이 다섯 사람이나 있습니다. 그 사람들이 저에게 나라를 어떻게 다스리는지 가르쳐 주었습니다."

대답 않고 있던 공자는 그가 자리를 떠나자 탄식하며 말했다.

"안타깝구나! 자천이 다스리는 곳이 너무도 작다. 다스리는 곳이 컸더라면 이상적인 정치를 펼칠 수 있을 텐데."

이보다 더한 칭송이 있을 수 있을까? 어떤 사람은 자천을 공자의 제자가 아니었을 수도 있다고 말한다. 그에 대한 공자의 평가가 높아 후대에 제자 명부에 올려졌다는 말이다. 아무튼 공자는 자천을 칭찬하는데 말을 아끼지 않았다. 그가 다스리는 나라가 너무 작아 그의 이상적인 정치가 아깝다는 아쉬움까지 토로하였다.

그런데 자천에 대한 공자의 언급은 『논어』에 더 이상 없다.

『가어』「굴절해(屈節解)」에 표현된 자천에 대한 역시 긍정적인 내용을 살펴보자. 그가 선보읍에 재상으로 임명될 때의 일이다. 그는 임금이 혹시나 남이 자신을 참소하는 말을 옳게 여기지 않을까 하는 생각에서 임금에게 사관(史官) 둘을 딸려 보내달라고 요청하였다. 임금이 요청을 허락하였고, 재상이 된 자천은 두 명의 사관들에게 모든 일들을 기록하라고 명령하였다. 그러면서 "글씨를 잘 쓰지 못하면 너희도 따라서 벌을 줄 것이다."고 하자, 두 명의 사관이 소임을 다하지 못할 것을 걱정하며 돌아 갈 것을 요청하였다. 자천이 그 말을 듣고 그럼 돌아가서 글쓰기 훈련을 더하라고 충고하였다. 그런데 두 사관은 돌아가자마자 임금에게 이 사실을 알렸다. 임금은 이 말을 듣고는 공자에게 자천에 대해 물었다. 임금의 입장에서는 자천의 행위가 황당무계한 일일 수 있기 때문이다. 그런데 공자의 대답은 달랐다.

"자천이란 사람은 군자입니다. 그의 재주를 말씀드리면 패왕을 보좌하는 소임을 맡긴다 해도 넉넉히 할 수 있을 것입니다. 그런데 그 절개를 굽혀 조그만 선보 고을을 다스리게 되었으니, 이번 일은 자기를 한번 시험해 보는 일일 것입니다. 또 이것은 왕께 간접적으로 간언하는 의미도 되는 것입니다."

공자는 꼿꼿한 자천이 일을 정당하게 처리하고자 했던 그 마음을 읽은 것이다. 일을 처리할 때에는 반드시 시기와 질투와 모함이 따르는데, 자천이 그걸 사전 예방하겠다는 주도면밀한 계획이 이런 식으로 드러난 것이다. 비록 임금 입장에서는 황당하고 어처구니없었겠지만, 거기엔 자천의 원려(遠慮)가 담겨 있었던 것이다. 공자의 이런 대답을 들은 임금이 크게 깨달은 것은 불문가지였을 것이다.

"이것은 과인의 불초한 탓이었습니다. 과인은 자천을 잘못 알고 정치를 잘하라고 책망하기를 자주 했습니다. 이제 두 사관이 아니었다면 과

인은 자신의 허물도 알지 못했을 것이고, 선생(공자)이 아니었으면 스스로 깨닫지도 못했을 것입니다."

임금은 이렇게 말하고는 그 사관들을 자천에게 보내서 이 말을 전하도록 하였다.

"오늘부터 선보 땅은 나의 소유가 아니니 그대의 법령에 따라서 백성들에게 편리한 일이 있거든 그대가 결정해서 처리해 다스리고 5년에 한 번씩 그 요점만 들어서 보고하도록 하여라."

이 말을 들은 자천이 소신껏 선보 땅을 다스린 것은 말할 것도 없다. 물론 그 방법은 솔선수범이었다.

①자기 몸부터 돈후하게 한다.

②친한 자를 가까이 하는 의리를 분명히 한다.

③독실하고 공경하는 것을 높인다. 남에게 은혜 베푸는 것을 지극히 한다.

④간곡하고 성실한 마음을 굳게 갖는다.

⑤충성스럽고 믿음 있는 마음을 갖는다.

지도자 자천은 이런 가치관을 몸소 실천하였고, 그 고을 사람들은 군풍민초(君風民草)라 했듯, 절로 감화를 받아 역시 이를 실천하였다는 기록이다.

이런 일도 있었다. 역시 『가어』 「굴절해」의 기록이다.

제나라가 노나라를 공격할 때 그 공격루트가 자천이 다스리던 선보 땅이었다. 그러자 선보 땅의 노인들이 말했다.

"보리가 벌써 다 익어가는데, 이제 만일 제나라 군사들이 공격해 들어오면 보리를 수확할 수 없을까 걱정됩니다. 그러니 모든 백성을 동원하여 보리를 거두면 민간의 부족한 식량을 보충시킬 수 있을 뿐 아니라 적군에게도 빼앗기지 않을 것입니다."

제법 그럴 듯한 제안이었다. 마을 노인들은 세 번씩이나 이를 청했지만, 자천은 이 말을 듣지 않았다. 막상 제나라 군대가 쳐들어와 선보 땅의 보리를 빼앗아 갔다. 계손씨가 이 일의 전후 사정 이야기를 듣고 자천을 꾸짖었다. 그러자 자천이 말했다.

"올 여름 보리를 거두지 못하면 내년에 새로 심어 거두면 됩니다. 하지만 보리를 심지도 갈지도 않은 사람에게 그것을 거둬가게 한다면 백성들에게 도둑질을 가르치는 것입니다. 또 선보 땅의 보리를 거둬봤자 노나라가 더 강해지는 것도 아니고, 그걸 잃어 봤자 더 약해지는 것도 아닙니다. 만일 그런 식으로 백성들로 하여금 거둬들이게 하는 것이 있다면 옛날부터 그런 법이 내려왔을 것입니다."

경제적 실리보다는 도덕적 원칙을 먼저 따져 내린 결론이다. 공자는 평소 군사력〔足兵〕과 경제력〔足食〕보다는 백성의 신뢰〔民信之〕가 무엇보다 중요하다고 하였는데, 자천은 몸으로 이를 실천하였던 것이다. 결국 이 말을 들은 계손씨가 얼굴을 붉히며 부끄러운 빛으로 말했다.

"내가 땅속으로 들어갈 수만 있다면 들어가고 싶다. 내 무슨 낯으로 자천을 대하겠느냐?"

아무리 패권을 손에 쥔 사람이라도 덕으로 정치해야 한다는 데에게는 약해질 수밖에 없는 것 같다. 물론 이를 부끄럽게 생각한 계손씨도 그렇다면 쉽게 생각할 인물은 아닐 것 같다. 『논어』 「위정」편에 공자가 "법으로 이끌고 형벌로 정치를 하면 백성들이 형벌을 면할 수는 있지만 부끄러워함은 없을 것이다. 덕으로 이끌고 예(禮)로 정치를 하면 백성들이 부끄러워할 줄도 알고 또 선하게 될 것이다."라고 하였는데, 자천의 덕치에 그의 주군 계손씨가 부끄러워한 것은 상하관념은 다르지만 역시 같은 효과가 아닐까 생각한다.

오늘날 정치지도자들이 주요 포스트에 오르게 되면 으레 도덕 윤리적으로 존경받는 종교·사회지도층인사를 만나 경청하는 것도 바로 이런 맥락에서 일 것이다.

공자가 이런 자천이 자랑스러울 것은 자명한 사실이나 그래도 끝까지 확인하고 싶었다. 한번은 무마기(巫馬期)를 시켜 자천의 정치현장을 몰래 살펴보라고 하였다. 변장을 하고 무마기가 선보 땅에 잠입해서 길을 가는데, 사람들이 한밤중에 낚시를 하고 있었다. 그런데 낚시하는 사람들이 물고기를 잡았다간 다시 놓아주는 것이었다. 이상하게 여긴 무마기가 왜 물고기를 놓아주느냐고 묻자 그들이 대답하였다.

"물고기 중에 제일 큰 것을 고래라 하는데, 이것은 우리 대부께서 사랑하시고, 작은 것은 승(繩)이라 하는데, 이것은 우리 대부께서 키우고자

하시는 것입니다. 제가 조금 전 잡았던 것은 그 작은 물고기 승이어서 다시 물에 놓아 준 것입니다."

무마기는 그 길로 더 돌아볼 것도 없이 돌아가 공자에게 이 사실을 보고하였다.

"자천의 덕은 백성들로 하여금 어두운 밤길에서도 마치 곁에서 엄한 형벌이 지켜보고 있는 듯 생각하게 합니다. 그런데 그가 어떤 정치를 해서 그런지 잘 모르겠습니다."

공자가 대답하였다.

"내가 일찍이 자천과 이야기할 때 이 일에 성실한 자는 저 일에도 성실하여 본받게 된다고 하였더니 자천은 이 일을 선보 땅에서 시행하고 있구나!"

덕치를 정치현실에 그대로 실천하며 백성들로부터 존경받는 자천의 모습을 잘 그리고 있는 내용이다. 『논어』「위정」편에 공자가 "정치를 덕으로 하는 것은 비유하자면 마치 북극성이 제자리에 머물러 있으면 뭇별들이 그에게로 향하는 것과 같다."고 하였는데, 자천의 정치 스타일이 이와 같음을 알려준다. 자천의 이런 정치스타일을 전하는 기록이 『여씨춘추』「찰현(察賢)」편에도 보인다.

"자천이 선보(單父)를 다스리며 가야금을 탔다. 그러면서 그는 몸을 당 밑으로 내려가지 않았는데도 선보가 잘 다스려졌다. 무마기(巫馬期)는 별이 떴을 때 출근해서 별이 질 때 퇴근하면서 밤낮을 가리지 않고 한시도 쉬지 않으며 몸소 돌아다녔다. 그래도 선보는 역시 잘 다스려졌다. 무마기는 자천에게 (편하게 다스리는 그의 방법에 대해) 물었다. 자천이 말했다. '나는 사람에게 맡기는 방법이고, 당신은 힘에 맡기는 방법이다. 힘에 맡기는 사람은 그래서 수고롭고, 사람에게 맡기는 자는 그래서 편안하다.' 자천은 군자이다. 사지를 편안하게 하고 이목을 온전히 하고 심기(心氣)를 편안하게 하니 모든 관리가 의로 다스리고 그 흐름에 맡길 뿐이다. 무마기는 그렇지 않다. 삶을 피폐하게 하고 정력을 낭비하고 수족을 수고롭게 하고 교화(教化)와 조칙(詔勅)을 번거롭게 하였다. 비록 다스려지기는 해도 이르지 못하는 것이 있다."

자천의 정치스타일은 '무위(無爲)'의 정치이고, 무마기의 스타일은 '유위(有爲)'의 정치로 서로 대비된다. 둘 다 나라를 잘 다스렸어도 몸이 느끼는 상태는 상반되었다. 굳이 '무위'의 정치를 도가적 방법, '유위'의 정치를 유가적 방법이라 국한시키며 차별할 필요성을 느끼지 못한다. 중요한 것은 나라가 편안히 잘 다스려지는가에 있기 때문이다. 이래야 공자식 정치이고 저래야 노자식 정치라는 편가르기는 훗날의 속 좁은 이들의 편협된 사고임이 이 글에서 증명된다고 하겠다. 더구나 자천은 자기가 임명한 사람을 믿고 맡기었기〔任人〕때문에 일하는 사람도 부리는 사람도 편안할 수 있었다. 여기서 예나 지금이나 좋은 정치의 한 모델을 보는 듯하다.

좋은 정치를 하면 백성들이 편안하고 정치가들과 친밀해진다. 자천이 이에 해당된다. 『한시외전』권8과 『설원』「정리(政理)」편의 기록에 의하면 자천은 백성들이 모두 그와 친밀하였다고 전한다. 『가어』에는 "그가 어질고 사람을 사랑하기 때문에 백성들이 차마 그를 속이지 못한다."고 기록하였다. 이렇게 된 까닭은 간단하다. 넉넉지 못한 사람들을 때에 맞게 구휼하고, 능력 있는 사람을 기용하고, 문제 있는 사람을 제거한 것이 그것이다. 공자는 이런 자천의 정치스타일을 보고, 너무 작은 고을 다스리는 것을 오히려 애석해 하면서, 만약 그가 큰 나라를 다스린다면 요순 못지 않은 공적을 이룰 것이라고 극찬하였다.

『논어』 속으로...

🌿 공자가 자천에 대해 평가했다. "군자로구나! 이 사람이여! 노나라에 군자가 없었다면, 이 사람이 어디에서 이러한 덕을 취했겠는가?"(子謂子賤, 君子哉若人! 魯無君子者, 斯焉取斯?「공야장」)

인정받았지만 벼슬을 사양한
칠조개

칠조개(漆雕開, B.C. 540~?)는 성이 칠조(漆雕), 이름이 개
(開), 자가 자약(子若) · 자개(子開)이다. 노나라 사람이라
는 설도 있고, 채(蔡)나라 사람이라는 설도 있다. 공자보다
11세 연하이다. 원래 이름은 계(啓)였는데 한(漢)나라 경제
(景帝)의 이름이 계(啓)였기 때문에 개(開)로 개명한 것이
다. 옛날부터 왕의 이름은 피하는 관례가 있었기 때문이다.
739년 당나라 때 등백(滕伯), 1009년 송나라 때 평여후(平
輿侯)로 추봉되었고, 현재 산동성 곡부 공묘 동무(東廡)에
종사되어 있다.

칠조개는 공부에만 열중하였고, 벼슬에는 관심이 없었다고 전한다.
나이는 갈수록 먹는데 벼슬할 생각을 안하자, 공자가 이를 걱정하며 벼슬
을 권하였다. 하지만 칠조개는 사양했다.

"저는 벼슬하는 것에 대해 아직 자신할 수 없습니다."(「공야장」)

그러자 공자가 대단히 '기뻐했다(子說)'고 한다. 여기서 '說'은 '열
(悅)'이다. 이 구절 말고는 『논어』에 칠조개에 대한 언급이 없다. 「열전」
에서는 이 내용을 두고 "공자는 그가 도에 뜻을 두고 있다는 것을 알고 기
뻐한 것이다."라고 덧붙이고 있을 뿐이다. 결국 이 하나의 문장 속에서 칠

조개의 인간 됨을 무한히 상상해 볼 따름이다.

제자들 평가할 때 엄격하기로 소문난 공자가 칠조개에게 벼슬할 것을 권유했던 것은 상당한 의미를 갖는다. 다시 말해 실권자 계씨가 추천을 의뢰했을 때 이미 죽은 안연만을 들먹이며 이젠 쓸만한 제자가 아무도 없다는 식으로 말하던 공자가 칠조개를 추천하였다는 것은 공자가 말년에 나이든 칠조개에 대한 특별한 배려 아니면 칠조개의 남다른 모습을 인정한 것이었을 것이다. 이 짧은 내용만 놓고 본다면 후자일 가능성이 높다. 스스로를 부족해서 믿을 수 없다고 한 것이 이를 증명한다. 다른 제자들보다 나이가 많았던 칠조개의 이런 태도는 공자가 보았을 때 여간 대견한 것이 아니었을 것이다. 기회만 주어지면 눈치 빠르게 곧바로 달려가는 다른 제자들과 비교되었다는 것이다. 그러나 그에 대한 언급은 이것밖에 없다. 훗날 이런 칠조개의 태도에 질투심을 느낀 사람들의 속 좁은 견해가 『논어』에 반영된 것은 아닌지 모르겠다.

자하가 "벼슬하다가 여가가 있으면 학문을 하고, 학문을 하고서 여가가 있으면 벼슬을 한다."(「자장」)라고 했는데, 이 말은 칠조개의 삶과는 전혀 딴판의 내용이었다. 스승 공자가 어떤 삶을 더 좋아하고 기뻐했는지 칠조개를 통해 보여주고 있다. 이것은 그의 평소 삶의 태도와 의지에서도 드러난다. 『한비자』「현학(顯學)」편의 내용이다.

"칠조개의 주장은 기색이 꺾이지 않고, 눈을 돌리지 않고, 행동이 잘 못되었으면 노예에게라도 피하고, 행동이 정당하면 제후에게도 성을 내고, 세상 군주가 정직하다고 생각되면 예우한다."

하지만 칠조개의 이런 고결한 삶을 훼방하는 글도 없지 않다. 『묵자』「비유(非儒)」편에서 공자의 제자들을 힐난하면서 "자공과 계로는 공회(孔悝)를 도와 위(衛)나라를 어지럽혔고, …… 칠조개는 사형을 당했으니, 혼란은 이보다 더 클 수 없다."고 하였는데, 이를 두고 『공총자(孔叢子)』「힐묵(詰墨)」편에는 비록 형벌을 받았어도 그것은 그의 죄 때문이 아니라고 칠조개를 옹호하였다. 아마도 칠조개는 형벌을 받았지만 그것이 억울한 누명이었음을 말하는 것 같다. 동시에 공자와 그 제자들을 적대시하던 세력의 비판이란 생각도 든다.

이렇게 칠조개에 대한 비판이 공자의 칭송과 공존하였지만, 그의 삶과 학문은 공자사후 그만의 학파와 세력을 이루기에 부족함이 없었다. 『한비자』「현학」편에 전하는 유가학파 8개 가운데 하나가 바로 칠조씨 학파였다. 역시 겸손한 사람은 본인이 아무리 사양해도 주변에서 그를 중심으로 뭉치는 것 같다. 유감스럽게도 그의 학문과 사상을 담고 있는 『칠조자(漆雕子)』13편은 전하지 않고, 오로지 『한서』「예문지(藝文志)」에 그 책이 있었다는 기록만 보일 뿐이다.

『논어』 속으로...

🌿 공자가 칠조개에게 벼슬하도록 하자, 칠조개가 대답했다. "저는 벼슬하는 것에 대해 아직 자신할 수 없습니다." 그러자 공자는 흐뭇하게 여겼다.(子使漆雕開仕. 對曰: 吾斯之未能信. 子說.「공야장」)

빼딱했던
자금

자금(子禽, B.C. 511~?)은 성이 진(陳), 이름이 항(亢), 자가
자금이고, 때론 자항(子亢)이라고도 했다. 진(陳)나라 사람
이다. 739년 당나라 때 영백(穎伯), 1009년 송나라 때 남돈
후(南頓侯)로 추봉되었고, 1530년 명나라 때 선현진자(先
賢陳子)로 칭송되었다.

　　주희는 자금을 자공의 제자라고 하는 말도 있는데, 옳은지는 모르겠
다고 하였다. 『가어』에서는 그를 공자의 72명 제자가운데 한 사람이라 했
고, 「열전」에는 공자의 제자로 기록되어 있지 않다. 여기서 자금을 다루는
것은 공자의 제자가 혹 아니었어도 그는 제자격에 해당되는 분위기로 『논
어』에 세 번 거론되었다는 사실 때문이다. 또한 『논어』의 그에 대한 기록
이 자공에게 질문하는 형태로 나와 있는 것으로 보아 혹 자공의 제자일 가
능성도 있다. 그렇다면 공자의 재전제자 격이니, 공자의 제자로 다루어도
무방할 것이다.

　　여하튼 자금이 공자의 제자였든 자공의 제자였든 그의 나이는 어렸
을 가능성이 높다. 그래서 그에 대한 기록은 무시되었을 것이다. 거기다

정원에서 아들(孔鯉)에게 『시경』과 『예기』를
배우도록 일러주는 장면.
자금은 공자의 아들 자금에게 스승께서
특별한 가르침을 주지 않았나 물었다.

(過庭詩禮)

성격적으로 삐딱했던 것으로 보아 주변 사람들로부터 홀대받았을 가능성도 배제할 수 없다. 자금은 질문을 하더라도 은근슬쩍 떠보는 듯한 질문이 대종을 이룬다. 먼저 자금이 자공에게 질문한 것을 살펴보자.

"공자가 이 나라에 오시면 반드시 정치에 대해 물으시던데, 그것은 공자가 구하신 것입니까? 아니면 그런 기회가 주어진 것입니까?"(「학이」)

다시 쉽게 말하자면 공자가 가는 곳엔 반드시 정치에 대한 말들이 오가는데, 그 말들은 공자가 먼저 꺼내는 것인지? 아니면 그곳의 관리들이 정치에 대해 질문하는 것인지? 이것을 묻는 질문이다. 좀더 혹독히 말하자면 공자란 인물은 정치에 목매달고 가는 곳마다 끼웃거리는 것 아닌가? 란 말이다.

자금의 삐딱한 태도를 보여주는 대목이다. 이런 성격은 다른 문답에서도 읽을 수 있다. 자금이 공자의 아들 백어(伯魚)에게 은근히 물었다.

"그대는 (선생님으로부터) 무슨 특별한 가르침을 들은 게 있는가?"(「계씨」)

자금이 이런 질문을 한 의도는 간단하다. 혹시 공자가 자기 아들에게만 무슨 특별 교육을 하고 있지는 않을까 해서 확인하고자 했던 것이다. 백어가 특별한 것은 없고, 언젠가 『시』와 『예』를 배우지 않으면 사람 구실을 못한다고 하였다는 말만 자금에게 전했다. 정상적으로 공자에게 물을 수도 있는 것을 그 아들에게 물어본 것은 정당하지 못하다.

자금이 공자의 제자가 되었든 자공의 제자가 되었든 공자는 자공의 스승인 것만은 분명하다. 그렇다면 자금 입장에서는 공자를 가장 존경해야할 위치에 두어야 한다. 그럼에도 자금은 당대 실력자로 소문나 있는 자공에게 은근히 아부하며 대스승 공자를 은근히 폄하하기도 하였다. 자금은 자공에 대해 이렇게 말했다.

"선생(자공)이 공손해서 그렇지 공자가 어찌 선생보다 낫겠습니까?"(「자장」)

물론 이 말은 자공을 설명하면서 거론한 내용이다. 다만 여기서는 자금의 질문 의도에 초점을 맞춰 생각해 본다. 공자는 정치 현장에 기웃거리는 처지요, 자공은 정치 현실에 참여하고 있는 실권자이다. 자금이 자공에게 대하는 태도는 분명 약삭빠른 사람의 처신임에 분명하다. "집에서 새는 바가지 나가도 샌다."고 했다. 이런 성격을 소유했던 자금이 다른 제자들로부터 따돌림의 대상이 되었을 수도 있다는 가정은 결코 무리한 것도 아닐 것이다.

『논어』 속으로...

🌼 자금이 자공에게 물었다. "공자가 이 나라에 오시면 반드시 정치에 대해 물으시던데, 그것은 공자가 구하신 것입니까? 아니면 그런 기회가 주어진 것입니까?" 자공이 말했다. "공자는 온순하고 양선하고 공손하고 검소하고 겸양하시는 것으로 얻었으니, 공자가 구하는 것은 다른 사람들이 구하는 것과는 같지 않다."(子禽問於子貢曰: 夫子至於是邦也, 必聞其政, 求之與? 抑與之與? 子貢曰: 夫子溫良恭儉讓以得之. 夫子之求之也, 其諸異乎人之求之與. 「학이」)

🌼 자금이 공자의 아들 백어에게 물었다. "그대는 (선생님으로부터) 무슨 특별한 가르침을 들은 게 있는가? 백어가 대답했다. "없었다. 일찍이 혼자 서 계실 때에는 내가 빨리 그 앞을 걸어가는데 '시를 배웠느냐?' 하고 물으시길래 '못했습니다' 라고 했더니, '시를 배우지 않으면 말을 할 수 없다' 하시기에, 물러나 시를 배웠노라. 또 다른 날 홀로 서 계시는 앞을 빠른 걸음으로 그 앞을 지나는데, '예를 배웠느냐?' 고 물으시길래 '못했습니다' 라고 했더니, '예를 배우지 않으면 설 수 없다' 고 하시기에 물러나 예를 배웠노라. 이 두 가지를 들었다." 자금이 물러나와 기뻐하며 말했다. "하나를 물어서 셋을 들었으니 시를 듣고 예를 들었으며, 또 군자가 그 아들을 멀리하는 것을 들었노라."(陳亢問於伯魚曰: 子亦有異聞乎? 對曰: 未也. 嘗獨立, 鯉趨而過庭. 曰: 學詩乎? 對曰: 未也. 不學詩, 無以言. 鯉退而學詩. 他日又獨立, 鯉趨而過庭. 曰: 學禮乎? 對曰: 未也. 不學禮, 無以立. 鯉退而學禮. 聞斯二者. 陳亢退而喜曰: 問一得三, 聞詩, 聞禮, 又聞君子之遠其子也. 「계씨」)

🌼 "선생(자공)이 공손해서 그렇지 공자가 어찌 선생보다 낫겠습니까?"(陳子禽謂子貢曰: 子爲恭也, 仲尼豈賢於子乎? 「자장」)

번지가 무우에서 공자에게
덕을 숭상하고·악함을 바로잡고·
의혹 분별하는 것, 을 질문하는 장면
(舞雩從遊)

공자의 운전기사

번지

번지(樊遲)의 성은 번(樊), 이름은 수(須), 자는 자지(子遲),
혹 번지라고도 했다. 노나라 사람이라고도 하고 제(齊)나
라 사람이라는 설도 있다. 공자보다 36세(「열전」) 혹은 46
세(「가어」) 연하라고 전한다. 용력(勇力)이 있어서 어린 나
이에 계씨 밑에서 벼슬하였다. 노나라 애공(哀公) 11년
(B.C.484) 제나라가 노나라를 정벌할 때 그는 염구(冉求)를
도와 제나라 군대를 물리쳤다고 하며, 이로 인해 그의 진가
가 드러나기 시작했다고 전한다. 739년 당나라 때 번백(樊
伯), 1009년 송나라 때 익도후(益都侯)로 추봉되었고, 현재
산동성 공묘 서무(西廡)에 종사되어 있다.

『논어』에 비친 번지는 일단 스승 공자의 운전기사이다. 운전기사는
예나 지금이나 센스가 있어야한다. 눈치가 빨라야하고 지식도 적당히 있
어야 한다. 특히 당대 최고의 석학 공자를 모시고 다닐 정도라면 더더욱
지식을 지녀야 했다. 늘 가까이에서 스승 공자를 대했기 때문에 공자의
한 마디 말, 작은 행동이라도 빨리 알아차릴 수 있을 정도의 재치가 있어
야 했다. 공자가 번지를 대할 때 이런 상황은 대략 그려진다.

한번은 공자가 당대 권력자중의 한 사람이었던 맹손씨(孟孫氏)로
알려진 노나라 대부 맹의자(孟懿子)의 부름을 받고 갔다가 효(孝)에 대한

질문을 받았다. 그 때 공자는 말을 극히 아끼며 간단히 대답했다.

"어기지 말라."(이하 「위정」)

그 후 무슨 대화가 오갔는지 알 수 없고, 돌아오는 길에 공자는 맹손씨와의 문답을 번지에게 알려주었다. 공자가 이 대화 내용을 전하자 번지는 제대로 이해하지 못하였다. 그러자 공자는 다시 구체적으로 말을 이어갔다.

"살아계시면 예로 섬기고, 돌아가시면 예로 장사지내고, 제사지낼 때에도 예로 한다는 것이다."(「위정」)

주희는 이 상황을 이렇게 풀었다. 맹손씨는 공자가 거두절미하고 대답한 '무위(無違)'란 말뜻을 이해하지 못하였기 때문에 더 이상 질문하지 못한 것이라고 하였다. 효도를 질문하였는데, 밑도 끝도 없이 '무위'라고 답하자, 질문한 사람이 멍해졌다는 이야기이다.

다산(茶山) 정약용(丁若鏞, 1762~1832)은 달리 이 상황을 묘사하였다. 맹손씨의 아버지 맹희자(孟僖子)가 아들에게 공자를 찾아가 예를 배우라고 한 유훈을 어기고 실행치 않은 것에 대한 비판을 담은 것이라 해석하였다. 다시 말해 아버지가 공자를 스승으로 모시라고 했지만 맹손씨는 이를 거역하였고, 거역한 맹손씨에게 공자가 "어기지 말라(無違)"고 대답했다는 것이다.

아마도 맹손씨는 주희 식보다는 다산 식으로 이해했을 것 같다. 평소 아버지는 공자를 스승으로 모시라고 일렀거늘, 맹손씨는 이에 응하지 않았다. 불효를 저지른 것이다. 막상 맹손씨가 공자를 만나자 그 일은 잠시 잊고 스승에 대한 예로 질문을 한 것이 효도 문제였다. 이 때 생각지도 않던 '어기지 말라'는 대답이 돌아왔으니, 얼마나 당황했겠는가? 결국 맹손씨는 아무 대답도 못했고, 공자도 어색한 분위기를 피해 나왔던 것 같다.

이런 분위기는 누구도 원치 않았을 것이다. 물론 공자가 맹손씨를 난처하게 하기 위한 고의적인 답변은 전혀 아니었다. 그것은 곧바로 확인되었다. 당시 공자를 수행했던 번지에게 설명했던 내용에서 그대로 드러난다. 공자는 효를 살아계실 때, 돌아가셨을 때, 제사지낼 때 예로써 하는 것이라고 하였다. 고로 맹손씨의 부모 말씀 어긴 것은 해당되지 않는다.

여기서 문제의 초점은 수행기사 번지의 특혜이다. 기사로서 자주 공자를 수행하였던 번지는 수시로 공자의 가르침을 받을 수 있었다는 것이다. 그것은 아무리 뛰어난 언변가라도 막상 현장에서 떠오르지 않은 얘깃거리나 하지 못한 말이 있을 것이다. 그렇다면 그 얘기는 누군가에게 반드시 풀어놓게 마련인데, 그 대상은 바로 직후에 만난 사람일 가능성이 가장 높다. 번지가 바로 그 가르침의 대상이었다.

특히 '유교무류(有教無類)'의 무차별적 교육철학을 갖고 있었던 공자 입장에서 본다면 비록 번지의 출신이 무엇이었든 현재 운전기사로 있는 번지에게 그 가르침을 베푼 것은 당연한 것이었다. 그런 점에서 번지는 엄청난 특혜를 누렸다고도 하겠다.

그런데 번지는 다른 제자들보다 눈치는 빨랐겠지만, 이해의 폭은 그리 넓었던 것 같지는 않다. 그냥 알고자 하는 열망만은 대단했던 것 같다. 그는 스승 공자가 그렇게도 강조하는 인에 대해 알고 싶어했다. 쟁쟁한 제자들이 인을 실천하고 인정받으려고 애쓰면서도 안연말고는 대부분 제자들이 매번 핀잔 듣는 것으로 끝나는 것을 지켜본 번지였다. 그럼에도 그는 과감하게 인이 무엇이냐고 질문했다. 공자가 대답하였다.

"거처함에 공손히 하고, 일을 집행하는데 경건히 하고, 사람들을 대할 때에 진실해야 한다. 이것은 비록 이적(夷狄)이 사는 지역에 가더라도 버려서는 안 된다."(「자로」)

공손히 한다는 것은 외모로 표현되는 것이고, 경건히 한다는 것은 일하는 태도를 나타낸 것이고, 진실해야(忠) 한다는 것은 마음 자세를 말한 것이다. 이것은 문명인들이 없는 지역에서도 지켜야 하며, 어디를 가나 반드시 지켜야한다는 내용이다.

여기서 참고로 충(忠)이 보통 알고 있듯 '충성'의 의미가 아니라 '진실'임을 주목해 둘 필요가 있다. 이 때만 해도 충이란 개념은 국가나 군주에 대한 충성으로서의 의미보다는 자신을 단속하는 의미로 더 많이 쓰였다. 그리고 충이 국가나 군주에 대한 충성으로 주로 사용된 것은 전국시대이후 순자 계열의 학자들로부터이다.

아무튼 공손함·경건함·진실함은 장거리든 단거리든 언제나 공자가 마차를 탈 때면 기사로 따라다니던 번지에게 가장 절실한 말이었다. 하지만 실력 있는 제자들도 실천하기 힘든 인을 번지가 제대로 실현하는 것은 어려운 일이었다. 더군다나 기사로 따라다니며 벅찬 내용을 들을 때 그것을 묵묵히 듣는 것만도 어색했을 것이다. 비록 주어진 기회가 많았기 때문에 그 누구보다도 더 많은 질문을 통해 지적 욕구를 채울 수 있었다지만, 실천력과 지력의 한계는 어쩔 수 없는 문제였다.

그런데다가 번지의 관심은 주로 실용적인 데 있었기 때문에 이는 더했다. 도덕 윤리적 실천문제라든지 생노병사와도 같은 종교적 실존 문제보다는 당장 먹고사는 문제가 우선 관심사였다. 농사법에 대한 질문도 그 가운데 하나였다. 이에 공자가 대답했다.

"나는 저 농촌의 늙은 농부만도 못하다."(이하 「자로」)

다시 번지가 채소 농사에 대해 질문하자 공자가 대답했다.

"나는 저 늙은 채소 농사하는 사람만도 못하다."

제법 고민하고 용기를 내서 한 질문에 공자는 이렇다할 해답을 주지 못했다. 그것은 공자가 추구하는 세계와는 거리가 있었기 때문이다. 자신의 이상을 모르고 있는 제자를 바라보며 공자는 무슨 생각을 했을까? 막상 번지가 자리를 뜨자 공자가 마음속에 담아 두었던 이야기를 했다.

"번지는 소인이로구나! 윗사람이 예(禮)를 좋아하면 백성들이 윗사람을 공경하지 않는 이가 없고, 윗사람이 의(義)를 좋아하면 백성들이 복종하지 않는 이가 없고, 윗사람이 신(信)을 좋아하면 백성들이 감히 실정(實情)대로 하지 않는 이가 없는 것이다. 이렇게 되면 사방의 백성들이 자식을 포대기에 업고 올 것이니, 어찌 농사짓는 것을 쓸 필요가 있겠는가?"

『맹자』「등문공상(滕文公上)」편에서는 소인(小人)의 일과 대인(大人)의 일을 구별하고 있다. 소인은 다스림을 받는 백성이고, 대인은 백성을 다스리는 자라고 하였다. '힘을 쓰는 자(勞力者)'와 '마음을 쓰는 자(勞心者)'를 구별하면서 '남에게 다스림을 받는 자'와 '남을 다스리는 자'를 나누었던 것이다. 공자의 이런 가르침을 염두한 말일 것이다.

그런데 공자는 질문했던 당사자에게 직접 말하지 않고, 왜 하필 나가기를 기다린 다음에 이런 말을 했을까? 언뜻 공자의 질책 방식이 언제나 그랬기 때문일 수도 있다. 재여가 부모상 1년을 말했을 때에도, 또 그가 낮잠 자다 들켜 꾸짖을 때에도 이처럼 당사자가 나간 다음에 말했던 것처럼 말이다. 『집주』의 해석은 한결같이 번지가 모자라 한 귀퉁이를 일러주면 세 귀퉁이를 알아듣는 능력이 떨어지기 때문에 더 이상 알려주지 않는(「술이」) 공자의 교육 방법에 기인한다고 말한다.

번지의 입장에서는 평소 공자와 동학들이 하는 말들이 어려울 수도 있었을 것이다. 소외감을 자주 느끼던 번지가 이제는 농사나 지어야겠다는 결심을 하고 이런 질문을 했을 수도 있다. 사실 공자를 수행하다 공자가 하는 말들을 아는 척하는 것도 한 두 번이지 한계는 분명히 있었을 것이다. 밑천이 떨어진 그의 지식 갖고는 더 이상 공자를 수행할 수 없다고 판단했을 수도 있다.

하지만 공자는 노력자가 아니라 노심자가 되기를 원했기에 제자들에게 이렇게 대답했던 것이다. 농사를 몰라도 솔선해서 예를 갖추고 지키면 모든 게 실타래 풀리듯 저절로 될 터인데, 굳이 농사법을 알려고 하는 지 모르겠다는 심사 같다.

전에도 번지는 공자에게 남들이 했던 질문을 했다. 번지가 지혜에 대해 물은 것이다. 공자가 대답했다.

"사람이 지켜야할 도리에 힘쓰고 귀신을 공경은 하되 멀리한다면 지혜롭다고 하겠다."(「옹야」)

언제나 그랬듯 공자는 제자의 결점을 보고 대답한다. 그렇다면 이 내용도 번지의 문제를 간파하고 번지를 위한 구체적 답변이 될 것이다. 사람이 지켜야할 도리에 힘쓰는 것은 당연한 말이지만 실제 행동이 문제 이고, 귀신을 '경이원지(敬而遠之)' 하는 것 또한 귀신 섬기는데 열중하는 사람에게는 어려운 문제일 것이다. 공자가 지켜본 번지는 아마도 당연한 인간의 도리를 다하지 못하고, 지나치게 귀신 섬기는데 얽매어 있었던 것 같다. 관혼상제, 곧 사례(四禮)에 특별한 관심을 두었던 공자라 하더라도 『논어』에 비친 그의 모습은 철저한 현실주의자였다. 내세(來世)보다는 현 세에, 죽음보다는 삶에 관심을 집중하였다.(「선진」) 그런 공자가 번지에 게 귀신을 '공경은 하되 멀리하라.' 고 지적한 것은 번지가 지나치게 귀신 섬기는데 미혹되었었다는 반증일 수 있다.

번지가 계속해서 인(仁)에 대해 질문하자 공자가 대답했다.

"인자(仁者)는 어려운 일을 먼저하고 얻는 것을 뒤에 한다. 이렇게 한다면 인이라고 할 수 있을 것이다."(「옹야」)

전에도 인에 대해 질문하였으니, 이번이 인에 대한 두 번째 질문인 셈이다. 아마도 번지는 처음 인에 대해 질문했을 때, 공자가 말한 것이 의외로 간단했다고 생각했는지도 모른다. 그 인은 이미 실천할 수 있는 것이라 자신하고 새로운 과제를 내 달라는 뜻으로 같은 질문을 또다시 했는지 모른다. 그런데 내용상 번지의 지식 수준으로는 이해하기도 실천하기도 힘든 대답이 나왔다.

『집주』에서 정자(程子)는 "어려운 일을 먼저 함은 극기(克己)의 일이니, 어려운 일을 먼저하고 얻음을 헤아리지 않음이 인이다."고 해석하였다. 다시 말해 극기하면서 얻을 것을 구하지 않는다면 인하다는 말이다. 온전한 극기를 하다보면 얻는 것은 눈에도 들어오지 않을 것이며, 또 그렇게 중요한 것도 아니란 것을 깨달을 것이라는 주장이다.

서당개 삼 년이면 풍월을 읊는다고 했다. 공자의 운전기사로 따라다니던 번지도 시간이 흐르면서 제법 잘 나가는 제자들처럼 질문의 심도도 점차 높아져갔다. 어느 날 번지가 공자를 따라서 무우(舞雩)의 아래서 놀면서 이런 질문을 했다.

"감히 덕(德)을 높이며, 간특(姦慝)함을 닦으며, 의혹 분별하는 것에 대해 묻습니다."(이하 「안연」)

번지에게서 뜻밖의 이런 질문이 나오자 공자가 감탄하며 이렇게 대답했다.

"좋은 질문이로구나! 일을 먼저하고 이득 얻는 일을 뒤에 하는 것이 덕을 높이는 것이 아니겠는가? 자기의 악(惡)함을 다스리고 남의 악함을 다스리지 않는 것이 간특함을 닦는 것이 아니겠는가? 하루 아침의 분노로 자신을 잊어서 화가 부모에게까지 미치게 함이 의혹하는 것이 아니겠는가?"

'선사후득(先事後得)' 이란 어려운 일을 먼저하고 이득 얻는 것을 뒤에 하라는 말이다. 당연히 해야할 일을 우선하고, 그 공로를 계산하지 않는다면 덕이 날로 쌓일 것이란 얘기이다. 또한 자기를 수련하는데 오로지 신경을 쓰며 남을 책망하지 않는다면 자기의 악을 숨길 수 없다는 것이다. 하찮은 일에 분함을 토설하다보면 그 분함이 결국은 부모에게 영향을 줄 수도 있기 때문에 이것을 깨닫고 경계해야 한다는 것이다. 『집주』에서는 이 내용을 전하면서 번지가 평소 거칠고 비루하고 이익에 지나치게 밝았기 때문에 이렇게 경계한 것이라고 전한다. 『춘추번로(春秋繁露)』 「인의법(仁義法)」에 기록된 스승 공자가 번지에게 한 말도 이와 비슷하다.

"몸을 닦는 사람은 먼저 어려운 것을 하여야 나중에 얻을 수 있다."

같이 있던 제자 염구에게는 "백성을 다스리는 사람은 먼저 그들을 부유하게 하고 그 뒤에 교육시켜야 한다."고 하고서 번지에게 이런 말을 한 것이다. 제자들의 성격과 문제점을 잘 파악하고 있는 스승의 심려 깊은 지적이 아닐 수 없다.

번지가 인(仁)을 묻고 지(智)를 묻자 공자가 대답했다.

"사람을 사랑하는 것이다(愛人)." (이하 「안연」)

"사람을 아는 것이다(知人)."

인에 대해서만 세 번째로 한 질문이다.(인에 대한 번지의 질문의 순
서는 『집주』에 나온 호씨(胡氏)의 설이다.) 인에 대한 번지의 질문은 모두
같았지만, 대답은 그때마다 달랐다. 상황이 달랐고 질문자의 의지와 수준
을 배려한 공자의 교육방법이 그랬기 때문이다. 그런데 번지는 이에 통달
하지 못했다(未達). 한 귀퉁이만을 얘기해 주어서 세 귀퉁이를 알아듣지
못하는 번지의 모습을 또 한번 드러낸 장면이다. 결국 스승 공자는 다음
과 같이 풀어서 말해 주었다.

"정직한 사람을 들어 쓰고 모든 부정한 사람을 버리면 부정한 사람
으로 하여금 곧게 할 수 있을 것이다."

주희는 "정직한 사람을 들어 쓰고 부정한 자를 버리는 것은 지혜
이고, 부정한 자로 하여금 곧게 하면 이것은 인이다. 이렇게 하게되면 서
로 모순되지 않을 뿐만 아니라 서로 쓰임이 된다."(『집주』)라고 풀어 얘
기했다.

역시 제대로 이해하지 못한 번지가 밖으로 나가자 자하가 공자의 말
에 구체적 실례를 달았다.

"순(舜)임금이 천하를 소유함에 여러 사람들 가운데서 선발해서 고
요(皐陶)를 들어 쓰니, 불인(不仁)한 자들이 멀리 사라졌고, 탕(湯)임금이
천하를 소유함에 여러 사람들 중에서 선발하여 이윤(伊尹)을 들어 쓰니,
불인한 자들이 멀리 사라졌다."(「안연」)

그런데 자하가 이 말을 하는 동안 번지는 불행히도 나가고 없었다. 번지 수준에는 선문답 같았던 공자의 대답보다는 눈 높이가 그래도 비슷한 자하의 대답이 훨씬 이해하기 쉬웠을 텐데 번지는 그 자리에 없었다. 아마도 번지는 스승 공자가 구체적으로 답해 주실 것이라 믿고 용기를 내어 세 번씩이나 똑같은 질문을 했건만, "애인이다." "지인이다."라며 극히 간단한 대답만 듣자, 잠시 두통을 느꼈는지도 모른다. 둔한 번지 덕분에 문학적 상상력이 뛰어났던 자하만 스승 공자로부터 점수를 딴 대화였다.

『논어』 속으로...

🌿 번지가 인에 대해 물었다. 공자가 대답했다. "거처함에 공손히 하고, 일을 집행하는데 경건히 하고, 사람들을 대할 때에 진실해야 한다. 이것은 비록 이적이 사는 지역에 가더라도 버려서는 안 된다."(樊遲問仁. 子曰: 居處恭, 執事敬, 與人忠. 雖之夷狄, 不可棄也.「자로」

🌿 번지가 농사짓는 방법에 대해 물었다. 공자가 대답했다. "나는 저 농촌의 늙은 농부만도 못하다." 번지가 채소 농사에 대해 질문하자 공자가 대답했다. "나는 저 늙은 채소 농사하는 사람만도 못하다." 번지가 나가자 공자가 말했다. "번지는 소인이로구나! 윗사람이 예를 좋아하면 백성들이 윗사람을 공경하지 않는 이가 없고, 윗사람이 의를 좋아하면 백성들이 복종하지 않는 이가 없고, 윗사람이 신을 좋아하면 백성들이 감히 실정대로 하지 않는 이가 없는 것이다. 이렇게 되면 사방의 백성들이 자식을 포대기에 업고 올 것이니, 어찌 농사짓는 것을 쓸 필요가 있겠는가?"(樊遲請學稼, 子曰: 吾不如老農. 請學爲圃. 曰: 吾不如老圃. 樊遲出. 子曰: 小人哉, 樊須也! 上好禮, 則民莫敢不

敬; 上好義, 則民莫敢不服; 上好信, 則民莫敢不用情. 夫如是, 則四方之民襁負其子而至矣, 焉用稼? 「자로」)

🌱 번지가 지혜에 대해 묻자 공자가 대답했다. "사람이 지켜야할 도리에 힘쓰고 귀신을 공경은 하되 멀리한다면 지혜롭다고 하겠다." 또 인에 대해 묻자 공자가 대답했다. "인자는 어려운 일을 먼저하고 얻는 것을 뒤에 한다. 이렇게 한다면 인이라고 할 수 있을 것이다."(樊遲問知. 子曰: 務民之義, 敬鬼神而遠之, 可謂知矣. 問仁. 曰: 仁者先難而後獲, 可謂仁矣. 「옹야」)

🌱 번지가 공자를 따라서 무우 아래에서 유유히 노닐면서 물었다. "감히 덕을 높이며, 간특함을 닦으며, 의혹 분별하는 것에 대해 묻습니다." 공자가 대답했다. "좋은 질문이로구나! 일을 먼저하고 이득 얻는 일을 뒤에 하는 것이 덕을 높이는 것이 아니겠는가? 자기의 악함을 다스리고 남의 악함을 다스리지 않는 것이 간특함을 닦는 것이 아니겠는가? 하루 아침의 분노로 자신을 잊어서 화가 부모에게까지 미치게 함이 의혹하는 것이 아니겠는가?"(樊遲從遊於舞雩之下, 曰: 敢問崇德 脩慝 辨惑. 子曰: 善哉問! 先事後得, 非崇德與? 攻其惡, 無攻人之惡, 非脩慝與? 一朝之忿, 忘其身, 以及其親, 非惑與? 「안연」)

🌱 번지가 인을 묻자 공자가 대답했다. "사람을 사랑하는 것이다." 또 지혜를 묻자 공자가 대답했다. "사람을 아는 것이다." 번지가 그 뜻을 제대로 이해하지 못하자, 공자가 말했다. "정직한 사람을 들어 쓰고 모든 부정한 사람을 버리면 부정한 자로 하여금 곧게 할 수 있는 것이다."(樊遲問仁. 子曰: 愛人. 問知. 子曰: 知人. 樊遲未達. 子曰: 擧直錯諸枉, 能使枉者直. 「안연」)

스승 공자의 외모를 닮았던

유약

유약(有若)은 자가 자유(子有), 세칭 유자(有子)라고 했다.
공자보다 43세(「가어」는 36세) 연하라고 했다. 노나라 사
람이다. 739년 당나라 때 변백(汴伯)으로 1009년 송나라 때
평음후(平陰侯)로 추봉되었고, 현재 중국 산동성 곡부 공묘
에 종사되어 있다.

『가어』에는 유약의 사람됨을 강직하고 기억력이 뛰어났고 옛 도(古
道)를 숭상하고 학문을 좋아하였다고 기록하였다. 『논어』에는 공자의 제
자들 가운데 유독 증삼과 유약만을 증자(曾子)·유자(有子)라고 높이고
있다. 이를 두고 『논어』를 그의 후학들이 편찬했기 때문에 그랬을 것이라
말하고, 혹은 그의 학단이 강성해서 그랬을 것이라 말하기도 한다. 아무튼
증삼이나 유약 모두 공자의 후기 제자그룹에서 가장 앞서갔던 제자들이
었던 것만은 분명하다.

유약은 공자를 빼 닮았다. 공자사후 제자들이 이런 유약을 스승을 대
신해서 섬기자고 제안했던 것도 그의 생김새가 공자와 너무 유사했기 때문
이다. 이 때 같은 후기 제자그룹이면서 비슷한 년배에 역시 강력한 제자들

을 거느렸던 증삼이 거칠게 반대하였다. 문맥의 행간을 읽으면 아마도 유약학파와 증삼학파간의 라이벌 논쟁이 가열되었을 법한 분위기이다.

처음 공자를 닮은 유약을 공자대신 섬기자고 제안했던 제자들은 자하 · 자장 · 자유였다.(이하 『맹자』「등문공상」) 이들이 처음부터 삐딱하게 나오던 증삼에게 강요하자, 증삼이 말했다.

"절대로 그렇게 할 수 없다. (스승 공자의 덕성은) 많은 물〔江漢〕로써 씻는 것과 같으며, 가을 볕〔秋陽〕으로 쪼이는 것과 같은데, 거기에 구질구질하게 무엇을 덧붙일 수는 없는 노릇이다."

유약과 증삼간의 미묘한 경쟁관계를 읽을 수 있는 대목이다. 유약과 증삼의 대립각은 『예기』「단궁하」편에도 나와 있다.

증삼이 말했다.

"안자(晏子)는 예를 안다고 말할 수 있다."

그러자 유약이 반론을 폈다.

"안자는 여우 가죽옷 하나로 30년을 입었으니, 이것은 자신에게 절약한 것이다. 어버이 장례에는 수레〔遣車〕 한 대〔一乘〕만을 썼으니, 이것은 어버이에 대한 절약함이다. 예법에 매장이 끝난 후 손님들을 전송하는 절차가 있는데, 안자는 이를 하지 않았으니, 손님들에게 예를 생략한 것이다. …… 어찌 안자가 예를 안다고 하겠는가?"

당시 예법상 어버이 장례 때에는 수레 다섯 대〔五乘〕를 써야하고, 손님들을 전송하는 것 또한 필수였기 때문에 유약이 반론한 것이다. 하지만 증삼의 견해는 달랐다. 상황에 따라서 예는 달라질 수 있다는 논리로 유약과 논쟁한 것이다. 증삼의 말을 보자.

"나라에 도가 없으면 군자는 완비한 예를 행함을 부끄럽게 여기는 것이니, 나라가 사치하면 검소한 것을 보이고 나라가 검소하면 예를 갖추어 행하는 일을 보여야 하는 것이다."

유연한 증삼의 태도를 엿볼 수 있다. 하지만 하루하루 자신을 돌아볼 것을 강조했던 증삼은 유약과 비교하자면 매우 원칙론자였다. 원칙론자였던 증삼이 이런 유연한 태도를 보인 것은 라이벌 유약과의 토론에서 상대적 입장에서의 전형적인 반대를 위한 방편이라 하겠다. 안자의 행위를 두고 증삼은 예를 아는 사람이라고 하였고, 라이벌 유약은 당시 예법을 어기었으니 어찌 예를 안다고 하겠느냐며 반대의견을 피력한 것이다. 안자는 검소한 생활로 예를 표현하였고, 증삼은 이런 검소함을 당시 백성들에게 보인 하나의 권도(權道; 상황적 도)로 여겼지만, 유약이 본 안자는 반드시 지켜야할 예법을 무시한 처사라며 이를 비난한 것이다.

이미 앞서도 언급한 『한비자』 「현학」편에 소개된 유가의 여덟 개 분파가운데 이들도 하나의 학파를 이루고 경쟁했던 것으로 보인다.

이런 알력관계를 엿볼 수 있는 「열전」의 내용을 하나 더 살펴보자. 유약이 스승 공자를 대신해서 섬김을 받던 시절이었다. 어느 날 한 제자가 유약에게 물었다.

"옛날 공자께서는 밖으로 나가실 때 제게 우산을 준비시켰습니다.

그런데 얼마 있지 않아 과연 비가 내렸습니다. 제가 '선생님께서는 비가 올 줄 어떻게 아셨습니까?' 라고 묻자, 선생님께서는 『『시경』에 달이 필(畢)이란 별에 걸리면 큰 비가 내린다고 하지 않았느냐?' 고 대답하였습니다. 그래서 그 뒤로부터 저는 유심히 살펴보았습니다. 어느 날 달이 필에 걸렸는데도 비가 내리지 않았습니다. 또 상구(商瞿)가 나이가 많이 들었는데도 자식이 없자 그 어머니가 아내를 얻으려고 했습니다. 그런데 때마침 공자는 그를 제나라로 심부름 보내려고 하였습니다. 그래서 상구의 어머니는 그 심부름하는 일을 뒤로 미뤄 달라고 부탁했습니다. 이에 공자는 '걱정하지 마십시오. 상구는 마흔이 넘으면 반드시 다섯 아들을 두게 될 것입니다.' 라고 말씀하였습니다. 그 뒤로 과연 그렇게 되었습니다. 감히 묻습니다. '선생님께서는 어떻게 이것을 알 수 있었을까요?'"

내용이 전반적으로 애들 장난 같은 얘기이고, 질문도 대단히 유치하다. 그런데 유약은 이 질문을 받고 가만히 앉아 있기만 하였다. 그 때 어떤 제자가 일어나더니 이렇게 말했다.

"유자(有子)는 그 자리에서 물러나 주시오. 그곳은 당신이 앉아 있을 자리가 아니오."

역시 유치한 발상이었다. 애당초 유약이 공자의 자리에 앉은 것부터 유치한 것이었지만, 그 자리에서 물리치는 방법도 또한 유치하였다. 사실 세력 다툼을 할 때 보면 당사자들은 자신들이 하는 말이나 행동이 극히 유치한 것임에도 그 유치한 것을 모를 때가 많다. 유약을 몰아내는 그 경

하늘을 보고 비가 올 것을
미리 안 공자
(觀象知雨)

쟁 세력의 방법도 여기서 벗어나지 못했던 것이다.

그래도 유약은 공자의 직계 제자로 그 나름대로 학문을 이룩한 사람이었다. 제아무리 조직 능력과 카리스마가 부족하더라도 한 학파의 주역이 될 수 있었던 것은 나름대로의 철학이 있었기 때문이다. 『논어』의 편집자들이 그의 제자였다 하더라도 엉터리 같은 유약의 말을 무조건 실을 수는 없는 법이다. 유약의 삶과 철학을 알 수 있는 내용들을 뽑아보자.

"그 사람됨이 효성스럽고 공경하면서 윗사람 범하기를 좋아하는 사람은 드물다. 윗사람 범하는 것을 좋아하지 않는 사람이 혼란 조장하는 것을 좋아하는 사람은 없다. 군자는 근본에 힘쓴다. 근본이 확립되면 도가 발생한다. 효와 공경함은 인을 행하는 근본이다."(이하 「학이」)

인간의 근본적인 도리를 효와 공경함으로 말한 내용이다. 부모님을 잘 섬기는 것을 효라 하고, 형과 어른에게 공경하는 것을 제(悌)라고 한다. 이런 효와 공경함을 잘하는 사람이 사회의 문제아가 될 수 없다는 지극히 윤리적인 말이다. 그러나 그 윤리의 근본은 가족윤리로부터 출발한다. 부모형제간의 관계로부터 윤리적 덕목은 시작되고, 그것이 인을 실천하는 근본이라는 것이다.

"예(禮)의 쓰임은 조화[和]를 귀하게 생각한다. 선왕의 도는 이것을 아름답게 생각했다. 그래서 작은 일도 큰 일도 모두 이것으로 말미암는다. 행할 수 없는 것이 있다. 조화를 알았다고 해서 조화만 하고, 예로써 절제하지 않는다면 역시 행할 수 없는 것이다."

이것은 『논어』에서 예(禮)를 처음 언급한 내용이다. 그런데 효제를 말할 때와는 달리 형이상학적이다. 예의 용(用)을 말했다면 체(體)도 있다는 말인데, 체에 대한 언급은 없다. 그러나 체용론은 불교의 영향을 받아 훗날 성리학적 체계가 확립하면서 가능한 논의이니 여기에 용이 나와 있다고 체를 논하는 것은 타당치 않을 것이다. 다만 공자는 "예를 배우지 않으면 설 수 없다."(「계씨」)고 하였다. 인간의 삶의 필수 요소로 예를 말한 것일 뿐이고, 여기에 무슨 체용과 같은 이분법적인 논리를 생각한 것 같지는 않다.

"약속이 의리(義理)에 가까워야 그 약속한 말을 실천할 수 있다. 공손함이 예(禮)에 가까워야 치욕을 멀리할 수 있다. 그렇게 하여 가까운 사람들을 잃지 않음으로써 또한 섬길 수 있는 것이다."(「학이」)

소위 믿음이라 말하는 '신(信)'이란, 글자 그대로 '사람(人)의 말(言)'이다. 그 말은 반드시 지켜져야 하기 때문에 약속이다. 말 자체가 약속이란 뜻도 된다. 그 약속은 떳떳하고 마땅해야 한다. 그 떳떳하고 마땅함을 의리라고 한 것이다. 공손함도 때론 굴종일 수 있다. 굴종적인 것은 결국 치욕을 당하는 것이다. 그러나 공손함이 도리를 벗어나지 않는다면 치욕과는 거리가 멀어진다. 그 도리를 유약은 예라고 표현한 것이다. 이런 사람이라면 당연히 존경받을 만하고 섬길만 하다고 한 것이다. 공자의 제자 유약에서 나아가 그 문인들의 스승으로서 유자(有子)의 모습을 보여 준 내용이라고 할 수 있겠다.

이렇게 효제·의리·예를 강조했던 유약이 지도자의 길을 가면서 바른 정치로 백성을 이끄는 것은 당연한 노릇이다. 지도자의 사람됨이 바로 되었다면 백성도 바로 이끌 수 있다는 것이다. 이런 일도 있었다. 국가 재정이 바닥났을 때, 노나라 애공이 유약에게 물은 적이 있다.

"매년 흉년이 들어 재용이 부족하니, 어찌 했으면 좋겠는가?"(이하 「안연」)

유약이 대답하였다.

"어째서 철법(徹法)을 쓰지 않습니까?"

'철(徹)' 이란 사전적으로 '통한다' '균등하다' 는 뜻이다. 주(周)나라 제도에 토지 백무(百畝)를 불하하여 우물과 농수로를 함께 쓰는 사람들이 균등하게 배분해서 수확의 10분의 9는 본인들이, 10분의 1은 국가가 취한다는 것이 있었다. 바로 이런 제도를 '철' 이라고 하였다. 한마디로 철이란 10분의 1세금을 말한다. 결국 유약은 10분의 1의 세금을 거두면 되지 않겠느냐고 말한 것이다. 그러자 애공이 반문하였다.

"10분의 2도 오히려 부족한데, 어떻게 10분의 1인 철법을 쓰겠는가?"

애공은 아마도 유약이 자신의 얘기를 잘못 들었을 것이라 생각한 것 같다. 그러나 유약이 당시 세법을 몰랐을리 만무하다. 유약이 자신있게 대답하는 것에서 이것을 알 수 있다.

"백성이 풍족하면 군주가 누구와 더불어 부족할 것이며, 백성이 풍족하지 못하다면 군주가 누구와 더불어 풍족하시겠습니까?"

백성들이 부유해지는 것은 곧 군주가 부유해지는 것이고, 백성들이 가난해지면 군주도 가난해 지는 것이다. 흉년들어 백성들이 굶주리는데 국가 재정이 바닥났다고 세금을 더 거둬들이면 결과는 불을 보듯 뻔한 것이다. 애공의 단견과 유약의 현명한 판단이 대비되는 대화이다. 유약이 공자의 겉모습만 빼 닮은 것이 아니라 그의 철학과 가치관도 함께 닮았음을 확인시켜주는 장면이다. 같은 제자였으면서도 지도자가 되어 실권자의 창고만을 가득 채워주려고 했던 염구와도 비교되는 부분이라 하겠다.

『논어』 속으로...

🌿 유약이 말했다. "그 사람됨이 효성스럽고 공경하면서 윗사람 범하기를 좋아하는 사람은 드물다. 윗사람 범하는 것을 좋아하지 않는 사람이 혼란 조장하는 것을 좋아하는 사람은 없다. 군자는 근본에 힘쓴다. 근본이 확립되면 도가 발생한다. 효와 공경함은 인을 행하는 근본이다."(有子曰: 其爲人也孝弟, 而好犯上者, 鮮矣; 不好犯上, 而好作亂者, 未之有也. 君子務本, 本立而道生. 孝弟也者, 其爲仁之本與! 「학이」)

🌿 유약이 말했다. "예의 쓰임은 조화를 귀하게 생각한다. 선왕의 도는 이것을 아름답게 생각했다. 그래서 작은 일도 큰 일도 모두 이것으로 말미암는다. 행할 수 없는 것이 있다. 조화를 알았다고 해서 조화만 하고, 예로써 절제하지 않는다면 역시 행할 수 없는 것이다."(有子曰: 禮之用, 和爲貴. 先王之道斯爲美, 小大由之. 有所不行, 知和而和, 不以禮節之, 亦不可行也. 「학이」)

🌿 유약이 말했다. "약속이 의리에 가까워야 그 약속한 말을 실천할 수 있다. 공손함이 예에 가까워야 치욕을 멀리할 수 있다. 그렇게 하여 가까운 사람들을 잃지 않음으로써 또한 섬길 수 있는 것이다."(有子曰: 信近於義, 言可復也; 恭近於禮, 遠恥辱也; 因不失其親, 亦可宗也. 「학이」)

🌿 애공이 유약에게 물었다. "매년 흉년이 들어 재용이 부족하니, 어찌 했으면 좋겠는가?" 유약이 대답했다. "어째서 철법을 쓰지 않습니까?" 애공이 반문했다. "10분의 2도 오히려 부족한데, 어떻게 10분의 1인 철법을 쓰겠는가?" 유약이 대답했다. "백성이 풍족하면 군주가 누구와 더불어 부족할 것이며, 백성이 풍족하지 못하다면 군주가 누구와 더불어 풍족하시겠습니까?"(哀公問於有若曰: 年饑, 用不足, 如之何? 曰: 二吾猶不足, 如之何其徹也? 對曰: 百姓足, 君孰與不足? 百姓不足, 君孰與足? 「안연」)

덕행이 뛰어났으나 몹쓸 병에 걸린
염백우

염백우(冉伯牛, B.C.544~?)의 성은 염(冉), 이름은 경(耕),
자가 백우(伯牛)이다. 정현(鄭玄)은 그를 노나라 사람이라
고 하였다. 739년 당나라 때 운후(鄆侯)로, 1009년 송나라
때에는 동평공(東平公)으로, 1265년 에는 운공(鄆公)으로
추봉되었다. 중국 산동성 공묘에 종사되어 있다.

공자는 염백우를 안연·민자건·중궁과 더불어 덕행이 뛰어난 제
자로 분류했다.(「선진」) 그러나 그는 문둥병과 같은 몹쓸 병에 걸려 스승
공자를 안타깝게 했다. 공자는 염백우를 문병하며 창문너머로 그의 손을
잡고 이렇게 말했다.

"이런 병에 걸릴리가 없는데, 운명인가보다. 이 사람이 이런 병에
걸리다니, 이 사람이 이런 병에 걸리다니!"(「옹야」)

질병도 종류에 따라 문병이 가능한 것이 있고 불가능한 것이 있다.
염백우는 아마도 전염병에 걸렸던 것 같다. 『집해(集解)』에서는 염백우가
이렇게 몹쓸 병에 걸려 사람들 만나기를 원치 않았기 때문에 할 수 없이
창문너머로 스승 공자를 만났다고 한다. 하지만 『집주』에서는 공자가 염

백우를 문병하러 갔을 때 임금이 문병할 때의 예절로 공자를 대하자 공자가 이를 사양하며 창문너머로 문병했다고 전한다.

덕행이 누구보다 뛰어났던 염백우가 이런 몹쓸 병에 걸려 단명하자 공자는 애통해 했다고 후씨(侯氏)가 『집주』에서 말하고 있다. 병으로 죽은 염백우에 대한 『논형』 「명의(命義)」편의 기록은 다소 염세적이다.

"안연이나 염백우같은 사람들이 왜 흉화를 만났는가? 안연과 염백우는 선을 행한 사람들이다. 당연히 수명을 얻어서 복이 따라야할텐데, 무슨 이유로 화를 만났는가? 안연은 학문에 전념하다가 그 자신의 재주 때문에 생명을 잃었으며, 염백우는 집에서 성실하게 살았는데 나쁜 병에 걸렸다."

다시 말해 선한 사람이라고 오래 사는 복을 받는 게 아니라는 것이다. 악한 짓을 한다고 재앙이 따른다고 한다면 도척(盜跖)처럼 천하를 횡행하면서 수천의 무리를 모아 남의 물건을 강탈하고 살인한 자들은 화를 당해야 옳을 일인데, 오히려 그는 수명대로 살았다는 것이다. 그래서 『논형』의 저자는 수명(隨命)·조명(遭命)·정명(正命)의 삼명(三命)이론을 제시하였다. 사람의 운명은 태어날 때 골상과 외모에 나타나는 것이지, 행실에 따라 달라지는 게 아니라는 일종의 운명론이다. 부귀 빈천도 같다는 논리이다. 보통 올 때는 순서대로 오지만 갈 때는 순서가 없다고 말한다. 그렇더라도 이 사람만은 더 살았으면 하는 바램을 갖게 하는 사람이 있다. 공자가 염백우를 문병하고 그가 죽을 병에 걸려있는 것을 보고 운명으로 돌리면서 안타까워 한 것도 이런 심사였던 것 같다.

염백우에 대한 스승 공자의 심정이 이러했다면 제자로서의 그의 평소 삶이 다른 제자와 남다른 점이 있었기 때문이다. 『시자』「산견제서문휘집」의 내용이다.

"공자는 의지가 흔들릴 때에는 자로를 곁에 두었고, 예복이 잘 꾸며지지 않을 때에는 공서화를 곁에 두었고, 예절이 숙달되지 않았을 때에는 자공을 옆에 두었고, 언어가 잘 소통되지 않을 때에는 재여를 옆에 두었고, 옛 일과 현실이 헷갈릴 때에는 안연을 옆에 두었고, 자잘한 것들을 조절할 때에는 염백우를 옆에 두었다."

조직적인 공자 학단의 저력을 볼 수 있는 내용이다. 각기 다른 장점을 갖춘 제자들이 공자를 수행하면서 당대 사학(私學)을 이끈 유가학파의 위력을 동시에 보게 된다. 여기서 염백우는 당당한 공자의 참모였다. 자잘한 것들을 조절할 때 염백우가 필요했다면, 아마도 그는 세심한 성격의 소유자였을 것이다. 누구를 만나거나 무슨 일을 할 때 큰 것만 바라보면 작은 것들을 놓치기 쉽다. 그럴 때 염백우는 작은 것들을 챙기는 참모 역할을 했던 것이다.

『가어』「제자행」에 기록된 염백우에 대한 모습은 역시 이것을 그대로 증명한다. 그는 "아무리 가난해도 겉으로 표현하지 않았고, 아무리 부귀해도 교만하지 않았으며, 이 사람에게 노여워한 것을 저 사람에게 옮기지 않았고, 어제 가졌던 원망을 오늘까지 연장하지 않았으며, 이전 남의 과실을 기억하지 않았던" 사람이라 평가하였다. 그렇기 때문에 공자는 그에게 나라를 맡기면 능히 잘 다스릴 수 있을 것이라 판단한 것 같다.

『백호통(白虎通)』「봉명(奉命)」에 전하는 염백우에 대한 설명도 대단히 긍정적이다. 여기서는 염백우가 시속의 분위기에 영합하기보다는 "고상한 말과 정당한 행동(危言正行)"을 실천한 사람으로 평가하였다. 이 때문에 그가 공자의 추천으로 노나라 중도재(中都宰)의 관직을 지냈다는 것이다.

이렇듯 그는 바르고 정당한 언행을 실천하였고, 작은 일에 충성하는 제자였기에 공자는 안연·민자건과 함께 그를 덕행이 뛰어났던 제자로 분류한 것이다. 『맹자』「공손추」상편의 내용이다. 여기서는 당시 소문으로 나돌던 얘기 한 토막을 전하는데, 그 내용은 이렇다.

"자하·자유·자장은 성인(聖人)의 일부분만 가지고 있었고, 염백우·민자건·안연은 성인의 모습 전체를 갖추고 있었지만 미약하였다."

아니땐 굴뚝에 연기 날리 없다. 염백우의 성품은 공자도 이미 인정했듯 누구나 알아주는 덕행의 대명사였고, 후대에는 이것이 소문으로 더욱 알려졌던 것이다.

『논어』속으로...

🌿 염백우가 질병에 걸리자 공자가 문병할 때 창문 너머로 손을 잡고 말했다. "이런 병에 걸릴 리가 없는데, 운명인가보다. 이 사람이 이런 병에 걸리다니, 이 사람이 이런 병에 걸리다니!"(伯牛有疾, 子問之, 自牖執其手. 曰: 亡之, 命矣夫! 斯人也而有斯疾也! 斯人也而有斯疾也!「옹야」)

자고의 인함과 용서의 정신을
칭찬하는 장면
(子羔仁恕)

자고

> 자고(子羔, B.C.521~?)의 성은 고(高), 이름은 시(柴), 자가
> 자고(子羔)이고, 자고(子高)라고도 했다. 공자보다 30세
> (『가어』엔 40세)연하이다. 제(齊)나라 사람이라고도 하고
> 위(衛)나라 사람이라고도 한다. 739년 당나라 때 공백(共
> 伯)으로, 1009년 송나라 때 공성후(共城侯)로 추봉되었다.
> 현재 산동성 곡부 공묘 서무(西廡)에 종사되어 있다.

　『열전』에 묘사된 자고는 키가 다섯 자도 채 안 된다. 『가어』 「72제자
해」에도 키가 여섯 자라고 하며 단신임을 밝히었다. 공자가 아홉 자라고
알려졌으니 스승과 제자 두 사람의 신장은 무려 세 네 자 정도의 차이가
난다. 그러나 그는 키는 작았지만 그 사람됨은 효성스럽고 법도가 있었다
고 전한다.

　자고는 자로의 추천으로 비읍(費邑)의 재상이 되었다. 하지만 자고
는 아직 그럴 인물이 못되었다. 성급한 자로가 그의 좋은 성격과 법도 있는
모습만 보고 선뜻 추천했나 보다. 그러자 스승 공자가 이렇게 탄식했다.

　"남의 아들을 해치는 구나!"(이하 「선진」)

　이유는 간단하다. 아직 학문적으로 남을 다스리기에는 이르다는 판

단이었다. 덜 성숙한 학문으로 남을 다스리게 하는 것은 남을 해치는 것이라고 공자는 말한 것이다. 자고를 추천했던 자로가 "백성이 있고 사직이 있는데, 어찌 반드시 글공부만을 학문이라고 할 수 있겠습니까?"라고 그럴듯한 말로 반문하자, 말대꾸하는 자로를 향해 공자는 "그래서 난 말만 잘하는 사람을 미워한다."고 하였다.

그렇다면 공자가 평가한 자고는 어떠했기에 그랬을까? 자고에 대한 공자의 평가는 한 글자였다.

"자고는 어리석다."

어리석다는 것은 지혜가 부족하다는 것이다. 지혜가 부족한 상태에서 남을 다스린다면 서로가 불행해질 수 있다. 불행을 미연에 막는 방법은 지혜가 쌓일 때까지 학문에 열중하는 일이다. 공자가 자고의 출세를 염려했던 것은 그의 학문이 아직 성숙하지 않았고, 그것이 어리석게 보였기 때문이었다.

그러나 『좌전』 「애공」 15년조에는 자고의 빠른 시세적응능력을 보여주고 있다. 공자가 위나라에서 동란이 발생했다는 이야기를 듣고 예감한 말이다.

"자고는 살아서 돌아올 것이고, 자로는 아마도 죽을 것이다."

이 기사를 통해 본다면 자고의 모습은 시세파악 능력이 뛰어난 사람으로 평가할 수도 있다. 물불 가리지 않는 자로를 의리의 사나이로 그리며 영웅시한 「열전」과 비교한다면, 스승 공자의 이 말은 현실 정세에 따라 행동하는 자고의 능력을 정확히 본 것이라 하겠다.

아무튼 자고는 공자의 문하에서 수학하였다. 공자로부터 참된 교육을 받았기 때문에 그의 삶 속에서도 남다른 면을 발견하게 된다. 그가 결코 인간적으로 문제가 많았던 것은 아니다. 『가어』「제자행」의 기록에 의하면 자고의 삶은 매우 건실하였다.

"(그는) 공자를 만난 이후로는 출입할 때 남의 신을 넘어서 가지 않았으며, 혼자 다닐 때에도 남의 그림자를 밟지 않았고, 봄에는 땅속에서 갓나온 벌레를 죽이지 않았고, 한참 자라는 초목을 꺾지 않았으며, 부모의 상례를 집행하면서 3년 동안 피눈물을 흘리고 일찍이 이를 드러내고 웃은 적이 없었으며, 난리를 피해갈 때에는 지름길로 가지 않았고 뒷구멍으로 나가지 않았다."

이 글에서 순수하고 정직했던 자고의 모습을 읽을 수는 있지만, 이런 사람들이 때론 어리석게 보일 수도 있다. 여기서 자고가 난리를 피할 때 지름길로 가지 않고 뒷구멍으로 나가지 않았다고 하였는데, 「열전」에 전하는 자고의 모습과는 판이하다. 위나라에 쿠데타가 발생하자 자로는 현장으로 달려갔고 자고는 도망했다는 기록이 그것이다. 상반되는 두 기록 중 어느 것이 옳은지는 알 수 없지만, 『가어』의 기록은 개인적 삶 속에서의 태도를 말한 것이고, 「열전」의 기록은 구체적 사건에 따른 태도를 그리고 있다. 그러나 전하는 내용이 상이해도 크게 문제될 것은 없을 것 같다.

공자는 이런 자고의 행동, 즉 "출입할 때 남의 신을 넘지 않고" "남의 그림자를 밟지 않고" "갓나온 벌레를 죽이지 않고" "자라는 초목을 꺾지 않고" "3년상을 엄숙히 지내고" "지름길로 가지 않고" "뒷구멍을 이용하지 않고" 하는 행동을 보통사람들이 하기 어려운 일〔難能〕이라며 칭송하였다. 요즘 관념상으로는 갑갑하기 그지없는 행동들이지만, 당시 윤리 도덕적 관행으로 볼 때, 이것은 배운 사람이나 배움에 있는 사람에게나 대단히 중요한 것이었다.

공자 문하로 들어오기 전에는 그렇다면 자고는 망나니와도 같은 모습이었을지도 모른다. 그런 자고가 스승 공자를 만나면서 행동거지에 변화가 있었다는 지적이다. 교육자로서 공자는 이렇게 교화된 자고의 모습을 보고 대단히 뿌듯해 했을 것이다. 공자가 "관리 노릇을 잘하는 것은 덕망을 심는 것이고〔樹德〕, 관리 노릇을 잘못하는 것은 원망을 심는 것이다〔樹怨〕. 공정하게 일을 처리하였다면 그것이 자고를 가르켜 한 말이던가!" (『설원』 「지공(至公)」)라고 하였던 것이 이를 증명한다.

이런 관리로서 공정하면서도 자상했던 자고에 대한 긍정적 평가를 『한비자』 「외저설좌하」편에서 읽을 수 있다. 자고가 위나라에서 옥리(獄吏)로 있으면서 어떤 자에게 발꿈치를 자르는 형벌을 시행하였다. 어느 날 갑자기 누군가가 위나라 왕에게 자고의 스승 공자가 난을 일으키려 한다고 알리자, 왕은 공자와 그 제자들을 잡아들이려고 하였다. 공자와 제자들이 도망가는데, 자고는 뒤늦게 문을 빠져 나오다 그만 이전에 자신에게 발꿈치를 잘린 사람을 만났다. 그 사람은 자고를 이끌고 근처 집으로 데리고 가 피신시켜 주었다. 결국 추격하던 이들이 그를 붙잡지 못했고, 한밤중이 되자 자고는 발꿈치 잘린 사람에게 물었다.

"나는 군주의 법을 어길 수가 없어서 그대의 발꿈치를 직접 잘랐소. 지금은 그대가 복수할 기회인데도 무슨 까닭으로 나를 달아날 수 있게 한 것인가? 내가 어찌 그대에게 이런 대접을 받을 수 있겠오?"

발꿈치 잘린 사람이 말했다.

"제가 발꿈치를 잘리게 된 것은 당연히 저의 죄에 합당한 것으로 어찌할 수 없는 것이었습니다. 그런데 당신은 저의 죄를 재판해서 판결할 때 다방면으로 법령을 살피고 앞뒤로 저를 변호해 죄를 줄여주려고 했습니다. 저는 그것을 알고 있었습니다. 재판이 끝나고 죄가 확정되자 당신의 얼굴에는 안쓰러워 괴로워하는 모습이 나타났습니다. 저는 그것을 보고 또 알았습니다. 그것은 저에 대한 사사로운 편견이 아니라 당연한 일이었던 것이며, 천성이 인자하고 마음이 진실로 그러했던 것입니다. 그것이 제가 기꺼이 당신에게 보답하려는 까닭입니다."

자고의 공정하면서도 자애로운 모습을 확인하는 장면이다. 공정한 판결만하고 자애로운 모습이 없다면 인색하다는 평가를 들을 수도 있을 것이고, 자애롭기만 하고 공정하지 않다면 법령은 무용지물이 될 것이다. 자고는 이런 염려를 한꺼번에 해결한 제자였다. 이런 제자를 두고 공자는 덕망을 심는〔樹德〕 관리라 하였다. 원망을 심는〔樹怨〕 관리와 대비된다고 하겠다.

『논어』속으로...

🌿 자로가 자고를 비재로 추천하자, 공자가 말했다. "남의 아들을 해치는 구나!" 자로가 말했다. "백성이 있고 사직이 있는데, 어찌 반드시 글공부만을 학문이라고 할 수 있겠습니까?" 공자가 말했다. "그래서 난 말만 잘하는 사람을 미워한다."(子路使子羔爲費宰. 子曰: 賊夫人之子. 子路曰: 有民人焉, 有社稷焉. 何必讀書, 然後爲學? 子曰: 是故惡夫佞者.「선진」)

품격있는 예절로 손님을 접대하던
공서화

공서화(公西華)의 성은 공서(公西), 이름은 적(赤), 자가 서
화(西華) 혹 자화(子華)이다. 노나라 사람으로 공자보다 42
세 연하이다. 당나라 때인 739년 변백(汴伯)으로 추봉되고,
공자묘에 종사된 이후 1009년 송나라 때 평음후(平陰侯)로,
1530년 명나라 때 다시 선현공서자(先賢公西子)로 추증되
었다.

공서화는 스승 공자를 경외하였던 사람이다. 누구든 기본이 되어
있는 사람이라면 남들이 자신을 성인군자라 칭송한다면 스스로 사양하는
것이 기본 예절이다. 공서화가 바로 그런 예절을 겸비한 사람이었다. 공
서화와 마주한 공자가 이런 내색을 하였다.

"성스러움과 인한 것으로 말하면 내 어찌 감히 자처할 수 있겠는
가?"(이하 「술이」)

공자의 겸양의 말임은 누구나 알 수 있다. 아무리 겸양해도 주변의
공자에 대한 칭송은 더하면 더했지 줄어들지 않았다. 사람들은 이런 공자
를 경외하지만 정작 알고 싶은 것은 그의 인생태도였다. 공자는 겸양의
말을 하고는 이어서 말했다.

"그러나 (성스러움과 인을) 실천하기를 싫어하지 않으며, 남을 가르치기를 게을리 하지 않는 것으로 말하면 그렇다고 말할 수 있을 뿐이다."

공자는 평소 배우는 것에 싫증내지 않고〔學而不厭〕, 남 가르치는 것을 게을리 하지 않는 것〔誨人不倦〕을 생활화한 교육자였다. 이런 점을 공서화 앞에서 말씀하셨으니, 공서화는 대단히 운이 좋은 제자였다. 스승의 과분한 가르침에 공서화는 다짐하였다.

"바로 이것이 저희 제자들이 배울 수 없는 점입니다."

당시 공자는 이미 성인으로 추앙받는 분위기였다. 공자가 이런 칭송을 듣고 겸양한 것은 혹 그에 부응하지 못할까 경계하면서도 자신이 주력하는 부분을 더 노력할 것을 다짐하기 위해서였다. 이에 공서화가 화답하며 제자들의 부족함을 적절히 표현하였다. 훌륭한 스승과 역시 훌륭한 제자라고 할 수 있다. 만일 이 때 눈치 없거나 멍청한 제자였다면 스승의 겸양의 말을 이해 못하고, "그럼 어떻게 해야 성인이라 할 수 있겠습니까?"라고 했을 수도 있다.

그랬기 때문에 당시 실권자 맹무백(孟武伯)이 공자에게 "공서화는 어떤 사람입니까?"(이하 「공야장」)라고 물었을 때, 고귀한 예절을 갖춘 사람이라고 평했던 것이다.

"공서화는 예복을 입고 띠를 띠고서 조정에 서서 빈객(賓客)을 맞아 대화를 나누게 할 수는 있습니다. 하지만 그가 인한지는 알지 못하겠습니다."

스승 공자의 공서화에 대한 평가는 고귀한 인사들을 품격 있게 맞이하는 예의를 갖춘 인물이란 말로 대신했다. 최고급 호텔로비에서 고위층 인사를 안내하는 품격과 예절을 갖춘 사람에 비유한 말과도 같다. 하지만 인을 실천한다고 말할 수는 없다고 했다. 공자의 엄격한 제자 평가도 평가려니와 공서화의 아직 덜 익은 모습을 읽게 하는 대목이다.

품격 높은 공서화의 태도는 동료 제자 자공의 말에서도 여실히 드러난다. 자공은 위나라 장군 문자와의 대담에서 공서화를 이렇게 평했다.

"뜻이 통달하고 예를 좋아하고 두 군주가 서로 마주 대할 때에 맞이하여 예를 집행하는데, 단정하고 정숙하게 예의를 갖추었다. 이것은 공서화의 모습이다."(『대대례기』「위장군문자」)

이렇게 공서화는 손님을 맞는 품격이 고상하였기 때문에 스승 공자의 심부름도 자주 다녔던 것 같다. 이런 공서화의 모습을 황간(皇侃)은 『집소』에서 잘 그리고 있다. 그는 공서화가 공자의 사신으로 제나라에 갔던 것도 이런 용모와 자태 때문이라고 하였다. 공서화가 제나라에 갔을 때, 집에는 늙은 어머니만 계셨다. 이 때 염유가 그의 어머니를 위해 곡식 줄 것을 요청하자 공자가 주었다는 기록이 보인다.

"군자는 궁핍한 자를 돌봐주고 부유한 자를 계속 도와주지 않는다." (「옹야」)

이 상황을 놓고 공서화의 가정형편을 가늠해 본다면 넉넉한 것 같지는 않다. 넉넉지 못한 공서화가 사신으로 가게 되자 그 어머니를 배려한 공자의 처사였다. 하지만 외국 사신으로 나가는 사람은 공적 임무를 띠고

가는 것이기 때문에 가사에 얽매일 수 없다. 그래서 공서화는 제법 의장을 갖추고 떠났다.

"공서화가 제나라에 갈 때에 살찐 말을 타고 가벼운 갖옷을 입었다."(「옹야」)

가정형편이 어려웠어도 공서화의 외모는 품격 있는 외교사절로 손색이 없었고, 또한 당당한 사신으로서 부족함 없는 모습을 보여주었다. 그래서 그랬는지 공서화는 평소에도 의관을 갖추고 공식행사 요원이 되길 희망했다. 한번은 스승 공자가 제자들 몇 명과 함께 자리했다. 뭔가 벼슬을 하고 싶어하던 제자들에게 혹시 누군가 너희들을 임용한다면 무엇을 하겠느냐고 질문하자, 공서화는 대답했다.

"제가 능력이 있다는 말은 아니지만, 배우기를 원합니다. 종묘의 일과 또 제후들이 회동할 때에 현단복(玄端服)을 입고 장보관(章甫冠)을 쓰고 작은 집례자가 되기를 원합니다."(「선진」)

요즘 식으로 말하자면 국가 중요행사의 의전담당관을 맡고 싶다는 말일 것이다. 그러기 위해서는 예악에 대해 사전 숙지해야할 것이다. 이에 공서화는 이것을 먼저 배우고 싶다고 겸손해 한 것이다. 공서화가 이렇게 겸손의 예를 갖춘 것은 역시 눈치 빠른 행보였다. 공서화가 대답하기 전, 자로가 그 와일드한 성격대로 거침없이 말하자 공자가 쓴웃음 짓는 것을 보았기 때문이다. 이 같은 사소한 모습 속에서도 공서화는 의전을 담당하거나 외교사절로 내외빈을 접견하기에 적절한 인물이었고, 공자도

이 점을 인정하였던 것이다.

『가어』「제자행」의 기록은 그런 점에서 더욱 구체적이다. 특히 외교 사절이나 의전 담당자로서의 자격에 대한 공자와 공서화의 대담이 눈길을 끈다.

공자가 말했다.

"떳떳한 예절 300가지는 힘써 실천하면 능히 할 수가 있지만, 위엄스런 모습 3,000가지는 실천하기 어렵다."

공서화가 물었다.

"어찌해서 그렇게 어렵습니까?"

공자가 대답하였다.

"두 나라 임금을 돕는 예는 얼굴 모습도 좋아야 하지만 말도 역시 잘해야 하는 것이니 이것이 어렵다는 것이다."

그러자 주변에 있던 다른 제자들이 말했다.

"공서화는 그것을 능히 해낼 사람입니다."

공자가 그들의 말을 듣고 또 말했다.

"공서화가 손님 대접하는 일은 능히 해낸다 하더라도 나라 다스리는 본체는 능통하다고 할 수 없다. (그리고 다시 말하길) 너희들이 손님 접대에 대한 예절을 배우고자 한다면 저 공서화에게 배우도록 하거라."

공서화의 장점을 잘 설명한 내용이다. 그러나 스승 공자는 공서화가 손님 접대에 대한 예절은 뛰어나도 더 엄격한 예절을 요하는 정치적 의

전에는 부족함이 있다고 지적하였다.

산서성(山西省) 태원(太原)에 있는 진(晉)나라 궁궐 내부의 모습이다. 황제를 좌우에서 보필하는 시녀 둘이 조각되어 있는데, 현지 전문 가이드의 말이 흥미롭다. 시녀들은 업무상 예절에 관한한 추종을 불허한다. 그럼에도 그 가이드의 말은 그들의 표정을 유심히 살펴보라는 것이다. 황제를 향하고 있는 얼굴면과 그 반대면의 얼굴을 유심히 보면 다르다는 것이다. 황제를 향한 낯빛은 평온하면서도 여유롭지만, 그 반대면 얼굴빛은 수심에 싸여 있다는 것이다. 언제나 그 자리에서 황제를 모시기 때문에 황제를 향한 예절이 한쪽 얼굴빛은 웃음 띤 모습으로 만들었다면, 다른 한쪽 얼굴빛은 온갖 개인(가정)사의 걱정 근심으로 슬픈 표정이라는 지적이다. 일종의 직업병이라고 전했다. 그런 각도에서 시녀를 바라보니 사실 여부를 떠나 담당 업무가 그렇기 때문에 넉넉히 그럴 수도 있겠다는 생각이 들었다.

예절이 뛰어나 손님접대를 잘하고 외교사절로서의 격식을 갖춘 공서화에게도 혹 이런 상황이 있지 않았을까 생각된다. 가난한 집안 형편을 동시에 걱정해야했던 공서화가 300가지의 예절과 3,000가지의 의전에는 능통했다 하더라도 언제나 따라다녔을 가족에 대한 근심은 그 얼굴 어딘가에 서려 있었을 것이기 때문이다.

『논어』 속으로...

🌿 공자가 말했다. "성과 인으로 말하면 내 어찌 감히 자처할 수 있겠는가? 그러나 (성과 인을) 실천하기를 싫어하지 않으며, 남을 가르치기를 게을리 하지 않는 것으로 말하면 그렇다고 말할 수 있을 뿐이다." 공서화가 말했다. "바로 이것이 저희 제자들이 배울 수 없는 점입니다."(子曰: 若聖與仁, 則吾豈敢? 抑爲之不厭, 誨人不倦, 則可謂云 爾已矣. 公西華曰: 正唯弟子不能學也.「술이」)

🌿 맹무백이 공자에게 "공서화는 어떤 사람입니까?"라고 묻자, 공자가 대답했다. "공서화는 예복을 입고 띠를 띠고서 조정에 서서 빈객을 맞아 대화를 나누게 할 수는 있습니다. 하지만 그가 인한지는 알지 못하겠습니다."(孟武伯問: 赤也何如? 子曰: 赤 也, 束帶立於朝, 可使與賓客言也, 不知其仁也.「공야장」)

🌿 공서화가 제나라에 심부름을 가자 염자가 그의 어머니를 위해 곡식을 줄 것을 요청하였다. 공자가 말했다. "부(6斗4升)를 주어라." 더 줄 것을 청하자, 공자가 말했다. "유(16斗)를 주어라." 그런데 염자는 이 보다 많은 5병(16斛)을 주었다. 공자가 말했다. "공서화가 제나라에 갈 때에 살찐 말을 타고 가벼운 갖옷을 입었다. 내가 들으니, '군 자는 궁핍한 자를 돌봐주고 부유한 자를 계속 도와주지 않는다'고 하였다."(子華使於 齊, 冉子爲其母請粟. 子曰: 與之釜. 請益. 曰: 與之庾. 冉子與之粟五秉. 子曰: 赤之適齊 也, 乘肥馬, 衣輕裘. 吾聞之也, 君子周急不繼富.「옹야」)

🌿 공자가 "너는 어떻게 하겠느냐?"고 묻자, 공서화가 대답했다. "제가 능력이 있다 는 말은 아니지만, 배우기를 원합니다. 종묘의 일과 또 제후들이 회동할 때에 현단복을 입고 장보관을 쓰고 작은 집례자가 되기를 원합니다."(赤! 爾何如? 對曰: 非曰能之, 願 學焉. 宗廟之事, 如會同, 端章甫, 願爲小相焉.「선진」)

낭만이 넘쳤던
증석

증석은 안로 · 안연 부자와 더불어 부자가 모두 공자의 제자였다.
나이 많은 제자로 스승 모시는 태도 또한 남달랐다. 이런 증석을 공자도
적절히 예우해 주었다.

공자가 자로 · 염유 · 공서화와 함께 편안한 자리를 마련하고 누군
가 자신을 알아서 임용해 준다면 어떻게 하겠느냐고 말했을 때, 증석도 그
자리에 있었다. 그 때 공자는 나이 많은 제자 증석을 가장 나중에 발언하
도록 배려하였다. 보통 나이 든 사람을 배려할 때 제일 먼저 발언을 하게
하거나 아니면 제일 나중에 하게 하는게 상례이기 때문이다. 그 때 증석
은 낭만주의자답게 비파를 타고 있었다. 조용히 비파를 타고 있던 증석에
게 공자가 질문하자 이렇게 말했다.

"(제 생각은 앞서 말한) 세 사람이 갖고 있는 것과는 다릅니다."(이하 「선진」)

앞에 말한 세 사람은 그야말로 정치적 포부였다. 다만 차이가 있다면 예의를 갖춰서 말했는가 그렇지 못했나 하는 차이만 있을 뿐이었다. 그런데 증석은 그들처럼 정치적 포부가 아니기 때문에 망설였던 것이다. 그러자 공자가 말했다.

"무엇이 나쁘겠는가? 또한 각기 자신의 뜻을 말하는 것이다."

다른 제자들과 다른 생각을 갖고 있어서 망설였는데, 스승 공자가 괜찮다고 하자 증석은 차분히 자신의 포부를 말하기 시작하였다.

"늦봄에 봄옷이 이미 이루어지면 관(冠)을 쓴 어른 5~6명과 동자(童子) 6~7명과 함께 기수(沂水)에서 목욕하고 무우(舞雩)에서 바람쐬고 노래하면서 돌아오겠습니다."

대답을 주춤거릴 만도 했다. 증석의 대답은 조금도 정치적 성향이 없었기 때문이다. 증석은 다른 제자들과는 달리 대단히 낭만적인 모습을 그리고 있었다. 혹 이런데서 나이 차이를 실감할 수도 있을 것 같다. 혈기 왕성한 제자들의 정치적 포부가 마치 어린 시절 뭐가 되겠냐고 질문하면 대통령에서부터 장관 장군... 등등 거창한 정치적 포부를 이야기하는 것과도 흡사하다. 그러나 좀 나이가 들면 현실적인 것을 선호하고, 좀더 나이가 들면 유유자적하며 인생을 즐기며 살기를 원하는 것이 보통인데, 공자와 그 제자들의 문답속에서도 이를 확인하는 듯 하다. 주희는 증석의 이 발언을 이렇게 해석하였다.

"증석의 학문은 인욕이 다한 곳에 천리가 유행하여 곳에 따라 충만하고, 조금도 결함이 없음을 봄이 있었다. 그러므로 그 동정할 때에 차분하고 자연스러움이 이와 같았으며, 그 뜻을 말함에는 현재 자기가 처한 위치에 나아가 그 일상 생활의 떳떳함을 즐기는 데에 지나지 않았고, 애당초 자신을 버리고 남을 위하려는 뜻이 없었다. 그리하여 그 가슴속이 한가롭고 자연스러워 곧바로 천지만물과 더불어 위아래로 함께 흘러 각각 그 곳을 얻은 묘함이 은연중 말로써 나타났으니, 저 세 사람(자로 · 염유 · 공서화)이 지엽적인 정치문제에 급급했던 것에 비한다면 그 기상이 같지 않다." (『집주』)

그렇다면 공자 자신이 이들 제자들과 함께 한다면 누구와 함께 할지는 이미 결정난 것이나 다름없다. 아니나 다를까 공자는 감탄까지 섞어가면서 증석의 뜻에 동감을 표하였다. 상황이 이쯤 되다보니 눈치 빠른 다른 세 명의 제자들은 슬그머니 자리를 뜰 수 밖에 없었고, 스승의 감탄을 자아낸 증석만이 공자와 독대하며, 이미 나간 세 명의 다른 제자들의 대답에 대한 공자의 또 다른 평가를 들을 수 있었다.

사실 증석이 말한 경지는 공자가 평소 지향하던 것이었다. 선비가 지향하는 최고의 목표가 '치국평천하(治國平天下)'라 해도 이것이 단순 정치권력을 잡는 것만을 의미하지는 않는다. 정치권력이란 무상한 것이다. 무상한 정치권력을 이상으로 했던 세 명의 제자가 결국 공자로부터 인정받지 못한 것도 이 때문이다. 반면 "기수에서 목욕하고 무우에서 바람쐬고 노래하면서 돌아오겠다."고 말한 것은 공자와 성인들이 지향하는 것이다. 정치를 해도 이런 유유자적함 속에서 이뤄져야 한다는 것이다. 그래서 증석의 발언에 공자가 감탄한 것이다.

그러나 낭만 넘치는 삶과 유유자적한 가치관을 지녔던 증석이라도 자식교육만큼만은 철저했다. 증석은 그의 아들 증삼을 키우면서 회초리를 가혹할 정도로 사용했다. 증삼이 잘못했을 때 증석은 매를 들어 쳤고, 매를 맞은 증삼은 나가 떨어졌다는 기록이 있다.(『한시외전』 권8) 같은 내용이 『설원』 「건본(建本)」편에 나오는데, 여기서는 증삼이 참외를 심다가 그만 잘못해서 뿌리를 잘랐기 때문에 증석이 노해서 큰 몽둥이로 내리쳤다는 것이다. 커다란 몽둥이 세례를 받은 증삼은 정신을 잃었다가 깨어나서는 오히려 아버지 증석을 걱정했다는 내용이다. 이 사실을 안 주변 사람들이 증삼의 효성을 칭찬하였다고 한다.

그런데 공자는 이 소리를 듣고는 문인들에게 오히려 증삼의 출입을 금하는 명령을 내렸다. 증삼은 스스로 잘못이 없다고 생각하면서 스승 공자에게 사람을 보내 안부를 전했다. 그 때 공자는 순임금과 그 아버지 고수(瞽瞍)의 이야기를 했다. 고수가 성내며 작은 회초리로 내리칠 때 순은 가까이에 있었고, 큰 몽둥이로 내리칠 때에는 달아났다는 것을 예로 들면서, 혹 아버지가 자식을 내리쳐 죽게 될지도 모를 상황에서 가만히 맞고 있는 것은 아버지로 하여금 불의(不義)한데 빠지게 하는 것이라고 하며,

증삼의 그런 행위가 불효(不孝)임을 일깨워 주었던 것이다.

비록 이 내용의 촛점이 증삼의 행위에 대한 지적이자 무지막지한 증석의 행동에 있긴 하지만, 동시에 가혹할 정도로 엄격했던 증석의 자식 교육의 단면도 읽게 된다.

『논어』속으로...

🌿 (제자들의 포부를 묻자) 비파를 옆으로 놓고 증석이 말했다. "(제 생각은 앞서 말한) 세 사람이 갖고 있는 것과는 다릅니다." 공자가 말했다. "무엇이 나쁘겠는가? 또한 각기 자신의 뜻을 말하는 것이다." 증석이 말했다. "늦봄에 봄옷이 이미 이루어지면 관을 쓴 어른 5~6명과 동자 6~7명과 함께 기수에서 목욕하고 무우에서 바람쐬고 노래하면서 돌아오겠습니다." (舍瑟而作. 對曰: 異乎三子者之撰. 子曰: 何傷乎? 亦各言其志也. 曰: 莫春者, 春服旣成. 冠者五六人, 童子六七人, 浴乎沂, 風乎舞雩, 詠而歸. 夫子喟然歎曰; 吾與點也!「선진」)

자식 사랑이 절절했던
안로

안로(顔路, B.C.545~?)의 성은 안(顔), 이름은 무요(無繇),
자는 로(路)이고, 안연의 아버지이다. 노나라 사람으로 『가
어』에서는 공자보다 6세 연하로 공자의 초창기 제자였다고
전한다. 그는 아들 안연과는 때를 달리해서 공자에게 배웠
고, 노나라 경사(卿士)를 지냈다. 739년 당나라 때 기백(杞
柏)으로 추봉되었다가 1009년 송나라 때 다시 곡부후(曲阜
侯)로 원나라 때에는 기국공(杞國公)으로 명나라 때(1530
년)에는 선현안씨(先賢顔氏)로 추봉되면서 대대로 칭송받
았고, 종사도 공묘 계성사(啓聖祠)에 배향되다가 청나라 때
(1723년)에는 계성사를 숭성사(崇聖祠)로 개명하여 그 지
위를 보존하였다. 아마도 아들 안연 덕에 지속적으로 그 지
위가 상승하며 보존된 것 아닐까 생각된다.

안로는 그 아들 안연이 죽었을 때 집이 가난하니 공자에게 수레를
팔아서라도 장례를 넉넉하게 지내게 해 달라고 부탁하였다.(이하 「선진」)
이 때 공자가 예법에 어긋난다며 냉정히 말했다.

"재주가 있거나 없거나 여하튼 각각 자기의 아들이라 말할 것이다.
내 아들 리(鯉)가 죽었을 때에 관(棺)만 있었고 곽(槨)은 없었다. 내가 수
레를 팔아 도보로 걸어다니며 곽을 만들어 주지 못함은 내가 대부의 뒤를
따르기 때문에 걸어서 다닐 수 없기 때문이다."

수레를 끌던 말을
여관주인 상가로 보내
부조하는 장면
(脫驂館人)

곽은 외관(外棺)이다. 공자의 아들 리가 안연에게 미치지 못하더라도 귀한 자식인 것만은 똑같다고 하면서 안로의 청을 거절하는 내용이다. 그러나 거절의 이유가 요즘 식의 사고로는 문제가 있을 수 있다. 자신의 신분 때문에 걸어다닐 수 없고, 그래서 자가용을 팔 수 없다는 주장이 그렇다. 하지만 당시 사회 구조를 놓고 볼 때 이상할 것도 없다. 호씨(胡氏) 주석을 보면 알 수 있다.

"공자가 옛 여관 주인의 상(喪)을 만나자, 일찍이 참말〔驂馬〕, 즉 마차를 끄는 네 마리 가운데 제일 가장자리에 있는 말을 떼어 부의(賻儀)를 하였다. 그런데 지금 안로의 요청을 하락하지 않음은 어째서인가? 이번 안연의 상례에는 외관이 없어도 되고 참말은 떼었다가 다시 구할 수도 있다. 또한 대부는 걸어다닐 수도 없고, 군주가 하사한 마차〔命車〕를 남에게 주어서 시장에 팔게 할 수 없기 때문이다."(『집주』)

같은 내용이 『논형』 「문공」편에는 『예기』 「단궁」상편을 인용하면서 공자와 자공의 대화 내용으로 싣고 있다. 공자가 자공에게 참말을 부조하라고 하자 자공이 물었다.

"제자의 상사에도 참말을 부조하지 않았는데, 옛날에 알던 여관 주인에게 참말을 부조하는 것은 너무 지나친 것 아닙니까?"

이에 공자가 대답하였다.

"내가 좀 전에 들어가 곡을 하다보니 때마침 슬퍼져서 한바탕 눈물을 흘렸다. 나는 눈물만 흘리고 이에 상응하는 표시가 없는 것은 싫다. 너는 가서 (참말로 부조를) 행하도록 하라."

감정에 따른 상응한 예의표시를 강조한 대목이다. 애제자였던 안연에 대한 태도와는 사뭇 다르다. 안연에 대해서는 감정에 따른 행동을 표하기보다는 냉정한 판단으로 임했다. 공자 나름대로 안로의 요청을 들어줄 수 없는 이유를 잘 설명하였다.

그러나 제자들은 공자가 가장 아끼던 안연의 상례를 거대하게 치뤘다. 아마도 안로가 부탁했고, 동학이면서도 고참이었던 안로의 요청을 문인들이 거절할 수 없었던 것 같다. 그러자 처음부터 불가하다고 했던 공자가 질책하며 이렇게 말했다.

"안연은 나 보기를 아버지처럼 여겼는데, 나는 그를 자식처럼 보지 못했다. 이것은 나의 잘못이 아니라 너희들이 그렇게 한 짓이다."

공자는 자신의 아들 리를 장사지낼 때에는 예법을 갖추었는데, 또 하나의 아들처럼 생각했던 안연이 죽었을 때에는 예법대로 하지 못한 것이 자신이 가르친 제자들 때문이라고 한 내용이다. 주희는 안연의 초상을 후하게 지낸 것을 안로의 요청 때문이라고 지목하였다. 자식이 죽었을 때보다 더 슬픈 감정을 가졌던 공자이지만, 그래도 예법을 지켜야 한다는 스승의 마음과 자신보다 먼저 죽어 가슴에 묻는 것과도 같았을 안로의 마음 쏨쏨이를 함께 헤아리게 만드는 장면이라 할 수 있다.

『논형』의 저자 왕충은 이 장면을 「문공」편에서 안연과 옛 여관의 초상을 비교하며 한쪽만 예를 갖춘 것에 대해 비아냥거리며 공자를 비판하였다.

"애통해 함은 슬픔이 지극한 것이다. 안연에 대해 슬프게 곡한 것은 일반 제자들과는 달리 대접하며 매우 애통해 한 것이다. 그가 죽었을 때 관은 있었으나 곽이 없었다. 그 아비인 안로가 공자에게 마차를 팔아서 안연의 곽을 만들자고 청했으나 공자가 허락하지 않았다. 대부는 걸어다 닐 수 없다고 생각했기 때문이다. 옛날 여관 주인을 조문했을 때에는 참 말을 떼서 부조할 정도로 눈물에 따르는 예물이 없는 것을 싫어했다. 그 러나 안연의 경우에는 공자가 애통하게 곡은 했으나 마차를 허락하지 않 았으니, 애틋한 감정에 부응한 것이 없었다. 어찌 눈물과 애통함이 다르 며, 말과 마차가 다르겠는가? 옛 여관 주인의 죽음에 대해서는 은애의 정 과 도의가 상응하지 않았으니, 공자가 예를 행하는 의도를 알 수가 없다."

왕충의 공자 비판의 날이 번뜩이는 장면이다. 왕충은 안로를 평가 하는 데에도 역시 인색하였다. 그를 아들 안연만도 못한 인간으로 평가하 였던 것이다. 『논형』「자기」편에 전하는 기록이다.

"안로는 저속하고 고루했지만, 안연은 다른 사람보다 걸출했다."

아버지와 아들이 같은 스승을 모셨지만, 스승과 주변의 평가는 엇갈 렸다. 그래도 자신의 아들이 높게 평가되는 것은 부모된 입장에서 뿌듯했 을 것이다. 자식이 평가받는 것을, 비록 그것이 자신보다 높게 평가된다 하더라도 이를 기분 나빠할 부모는 없을 것이기 때문이다. 그래서 그는 자신보다 먼저간 자식의 상례에 더 신경 썼는지도 모른다.

『논어』 속으로...

✿ 안연이 죽자 안로가 공자의 수레를 팔아 외관을 만들자고 하자, 공자 말했다. "재주가 있거나 없거나 여하튼 각각 자기의 아들이라 말할 것이다. 내 아들 리가 죽었을 때에 관만 있었고 곽은 없었다. 내가 수레를 팔아 도보로 걸어다니며 곽을 만들어 주지 못함은 내가 대부의 뒤를 따르기 때문에 걸어서 다닐 수 없기 때문이다."(顏淵死, 顏路 請子之車以爲之槨. 子曰: 才不才, 亦各言其子也. 鯉也死, 有棺而無槨. 吾不徒行以爲之 槨. 以吾從大夫之後, 不可徒行也.「선진」)

스승의 잘못을 전달한
무마기

무마기(巫馬期)의 성은 무마(巫馬), 이름은 시(施), 자는 기
(期)·자기(子期)이고, 춘추 말 노나라 사람이라고도 하고,
진(陳)나라 사람이라고도 한다. 공자보다 30세 연하이다.

무마기가 『논어』에 언급된 것은 단 한번이다. 진(陳)나라 사패(司敗, 관직명으로 사구에 해당)가 "노나라 소공(昭公)이 예를 알았습니까?"(이하 「술이」)라고 질문했을 때, 공자가 "알았습니다."라고 대답하였다. 잠시 후 공자가 나가자 진나라 사패가 기다렸다는 듯 무마기에게 공자에 대한 문제점을 제기하였다.

"내가 들으니 군자는 편당하지 않는다고 하였는데, 군자도 편당을 하는가? 노나라 군주 소공께서는 오나라에서 장가드셨으니, 같은 성(同姓)이 된다. 그래서 그 사실을 숨기기 위해 오맹자(吳孟子)라고 불렀다. 군주가 예를 알았다면 누가 예를 모른다고 하겠는가?"

한마디로 진사패가 노소공의 문제를 공자에게 확인하려고 했던 것인데, 공자는 별 생각없이 대답했던 것이다. 이에 당연히 문제 있다고 할 줄 알았던 공자가 노소공을 긍정하자 진사패가 이렇게 말한 것이다. 편당한다는 것은 정상적이지 않은 무리들을 감싸는 행위이다. 『예』에 "같은 성씨에게는 장가들지 않는다."고 하였는데, 그렇다면 소공은 질서를 무시한 것이다. 노나라와 오나라는 모두 희성(姬姓)이었다. 노소공이 오맹자라고 칭한 것은 그 사실을 숨기고 마치 송(宋)나라의 자성(子姓)인 것처럼 가장하려고 했던 것이다. 공자가 이렇게 예법을 무시한 소공을 가리켜 "예를 알았다."고 하였기 때문에 진사패가 무마기에게 이렇게 말한 것이다.

공자의 제자였던 무마기가 이 소리를 스승에게 전하였다. 그러자 공자가 말했다.

"나는 참으로 행복한 사람이다. 만일 내게 잘못이 있으면 남들이 반드시 이것을 알려주기 때문이다."

마지막 구절의 뉘앙스로 보아 공자가 이 사실을 몰랐던 것 같지는 않다. 그렇다고 군주의 잘못을 사람들에게 드러내 놓고 말할 수도 없는 노릇이었다. 바로 이런 처신이 공자의 삶의 가치관이었기 때문이다. 이 자리에 무마기가 동석해 있었던 것이다.

사실 『논어』의 이 내용만 갖고는 도저히 무마기의 모습을 평가할 수 없다. 다행히 『여씨춘추』「구비(具備)」편의 기록이 그 삶의 단면을 보여준다.

무마기가 해어지고 남루한 옷을 입고 선보(單父)에 갔을 때, 낚시하

는 사람(복자(宓子), 자가 자천(子賤)인 공자의 제자)이 물고기를 잡아 가
지고는 곧바로 놓아주는 것을 보고 왜 그렇게 하느냐고 묻자, 그는 작은
물고기는 놓아준다고 하였다. 돌아와 공자에게 이 사실을 말하자 공자가
그 복자를 가리켜 덕망이 지극한 사람이라고 하였다. 그는 사람들로 하여
금 암묵적으로 일하게 하면서도 마치 엄중한 형벌이 주변에 있는 것처럼
하였다고 부연했다. 그러자 무마기가 어떻게 하면 그 경지에 이를 수 있
는가를 질문하였다. 공자는 가까운데서 진실하고 성실하면 다른데서 그
대로 드러난다고 하였다.(똑같은 내용이 『회남자(淮南子)』「도응훈(道應
訓)」편에도 있다.)

비록 무마기에 대한 설명은 아니더라도 이 내용을 토대로 그의 삶을
추정하자면, 일단 누추한 옷차림으로 보아 안연만큼이나 가난했던 것으
로 보인다. 그리고 앞의 예에서도 보듯 자신이 보고들은 것을 스승에게
고하고 그것을 통해 뭔가를 배우려는 성실한 태도를 엿볼 수 있다. 이것
은 그의 언행을 보아 알 수 있다.

"무마기가 말했다. 내가 일찍이 선생님께 들은 바로는 '용사(勇士)
는 죽음을 잊지 않고, 지사(志士)와 어진 사람[仁人]은 도랑과 골짜기[溝
壑] 같은 곳도 잊지 않는다.' 고 하였다."(『한시외전』권2)

무마기는 스스로 용사는 아니어도 도랑과 골짜기 같은 지저분한 곳
도 마다하지 않는 사람임을 드러내고 싶었던 것 같다. 가난하지만 근면
성실로 자신의 삶을 이끌던 무마기의 모습을 알게 하는 내용이다.

이것은 『여씨춘추』「찰현」편에 이미 자천에 대한 설명가운데서 "무마기는 별이 떴을 때 출근해서 별이 질 때 퇴근하는 등 밤낮을 가리지 않고 한시도 쉬지 않으며 몸소 돌아다녔다."는 내용속에서도 읽을 수 있다.

이것 말고는 무마기가 등장하는 장면을 더 이상 찾을 수 없기 때문에 그에 대한 인물됨은 알 길이 없다. 다만 진사패가 무마기에게 말할 때 예의를 갖췄다(揖巫馬期而進之.)는 말이 있는 것으로 보아 무마기는 당시 어느 정도 지위에 있었던 것으로 보인다.

『논어』 속으로...

진사패가 노나라 소공이 예를 알았느냐고 묻자 공자가 대답했다. "알았습니다."
공자가 물러가자 무마기에게 나아가 말했다. "내가 들으니 군자는 편당하지 않는다고
하였는데, 군자도 편당을 하는가? 노나라 군주 소공께서는 오나라에서 장가드셨으니,
같은 성이 된다. 그래서 그 사실을 숨기기 위해 오맹자라고 불렀다. 군주가 예를 알았
다면 누가 예를 모른다고 하겠는가?" 무마기가 이 소리를 스승에게 전하자 공자가 말
했다. "나는 참으로 행복한 사람이다. 만일 내게 잘못이 있으면 남들이 반드시 이것을
알려주기 때문이다."(陳司敗問昭公知禮乎? 孔子曰: 知禮. 孔子退, 揖巫馬期而進之, 曰:
吾聞君子不黨, 君子亦黨乎? 君取於吳爲同姓, 謂之吳孟子. 君而知禮, 孰不知禮? 巫馬期
以告. 子曰: 丘也幸, 苟有過, 人必知之.「술이」)

청렴하였던

담대멸명

담대멸명(澹臺滅明, B.C.522~?)은 자가 자우(子羽)이고, 성은 담대(澹臺), 이름은 멸명(滅明)이다. 노나라 무성(武城), 지금의 산동성 비현(費縣)사람으로 공자보다 39세(『가어』에는 49세) 연하이다. 노나라 대부. 739년 당나라 때 강백(江伯)에 추봉(追封)되었고, 1009년 송나라 때 금향후(金鄕侯)로 가봉(加封)되었다. 현재 산동성 곡부 공묘 서무에 종사되어 있다.

담대멸명은 편법을 모르는 사람이었다. 그는 융통성을 발휘하며 유연하게 이리저리 요령껏 대처하기보다는 시간이 필요하더라도 정당한 방법으로 문제를 풀어가는 사람이었다. 그의 성격을 『열전』에서는 이렇게 전하고 있다.

"그는 매우 못생겨서 공자는 그가 가르침을 받으러 왔을 때 재능이 부족한 사람이라고 여겼다. 그러나 교육을 받은 후로 물러나면 덕행을 닦는데 힘썼고, 길을 갈 때에는 절대로 사잇길로 가지 않았고, 공적인 일이 아니면 경대부등을 만나지 않았다."

『가어』「72제자해」에 전하는 내용도 유사하다.

"그 사람됨이 공정하고 사욕이 없어서 자기가 무슨 물건을 취하거나 남에게 무슨 물건을 주거나 벼슬을 버리고 물러가거나 혹은 벼슬자리에 나가거나 어느 일을 하든지 간에 항상 믿음이 있기로 유명하였다."

사실 이런 내용은 『논어』에도 나와 있다. 자유가 무성의 재상으로 있을 때 공자가 주변에 쓸만한 인재를 기용했느냐고 물었다. 그 때 이렇게 대답한 적이 있다.

"담대멸명이란 사람이 있는데, 그는 길을 가더라도 사잇길로 가지 않고 공적인 일이 아니면 저희 집에 오지 않습니다."(「옹야」)

어찌 보면 그는 융통성이 부족하여 갑갑한 사람처럼 보인다. 정도만을 걸은 사람이기 때문이다. 정도를 걷는 것이 당연하지만, 더럽혀진 사회에서 정도를 걷는다는 것은 보통 어려운 일이 아니다. 더러워진 사회에서 적당히 물들어 사는 것을 융통성으로 생각하는 풍토속에서는 더욱 그랬을 것이다. 하지만 관료에게 필요한 덕목은 담대멸명같은 이런 것이 아닐까 생각한다.

『대대례기』「위장군문자」에 전하는 담대멸명의 모습도 대단히 전형적인 모범생이다.

"자신을 귀하게 여겨도 기뻐하지 않고, 자신을 천대하여도 성내지 않으며, 참으로 백성들에게 이익이 되는 것이라면 윗전에서 검소하게 하고 아래 백성들을 도와준다. 이것은 담대멸명의 모습이다."

위민(爲民)사상을 전형적으로 실천한 공인으로서의 모습을 보게 된다. 공인의 가장 중요한 덕목은 두말할 것도 없이 공사(公私)를 분명히 구분하는 일이다. 이런 점에서 담대멸명은 멸사봉공(滅私奉公)하는 공인으로서 모범적인 삶을 살았던 것 같다.

『가어』「제자행」에 기록된 공자의 담대멸명에 대한 평가는 앞에서 말한 모든 내용을 한마디로 종합한 성격이 짙다.

"혼자만 귀하고 혼자만 부한 것은 군자로서 부끄럽게 생각하는 것이다. 담대멸명은 이에 꼭 적합한 사람이다."

이 말은 "귀한 자리에 올랐어도 기뻐하지 않고, 천하게 되어도 노여워하지 않고, 진실로 백성들에게 이익이 있을 경우 자기는 얼마든지 청렴을 지키며, 윗사람을 섬기는 데에는 아첨하지 않고, 아랫사람을 돕는 데에는 철저했다."는 평가에 대한 공자의 응답이었다.

이율곡이 이조판서로 있을 때 같은 덕수 이씨였던 이순신(李純信)이 무과에 급제하였을 때, 종친으로서 이율곡이 이순신을 만나보고자 했다. 그러나 이순신은 이율곡이 친인척이기 때문에 만나는 것을 꺼렸고, 결국 재임중 한번도 만나지 않았다는 이야기는 두고두고 새겨야할 일일 것이다. 한국판 담대멸명을 생각나게 하는 대목이다.

달대멸명은 이렇듯 꼿꼿하고 청렴하였다. 간혹 청정한 물엔 물고기가 없다고 하는데, 깨끗한 물에서만 사는 물고기를 모르고 하는 소리이다. 더러운 물엔 더러운데 익숙한 물고기만 살 수 있고, 청정수에서만 사는 물고기는 살아남지 못한다. 반면 깨끗한 물엔 깨끗한 물고기만 살고 더러운 물고기는 오히려 적응하지 못한다.

담대멸명에게 300명의 제자들이 있었다고 전한다. 떳떳한 스승의 처신을 따르는 제자들도 역시 떳떳함을 무기로 벼슬에 나아가고 물러갔다고『열전』은 전한다. 이런 도리를 갖고 살았던 담대멸명은 제후들 사이에서도 인기가 매우 높았다. 이런 제자를 둔 공자 역시도 행복했을 것이다.

하지만 사람은 끝까지 봐야 그 사람의 실체를 파악할 수 있다. 아무리 담대멸명이 철저했어도 그것을 끝까지 유지하기란 힘든 것 같다. 용모와 행동으로 보면 꼿꼿하고 청렴한 군자중의 군자였지만, 어느 정도 시간이 지나면서 전혀 다른 모습을 보였다. 그래서 공자는 처음 그의 모습을 보고 오해했던 것을 후회하며 이렇게 한 마디 했다.

"나는 말 잘하는 것으로 사람을 골랐다가 재여에게 실수하였고, 생김새만을 보고 사람을 골랐다가 담대멸명에게 실수하였다."(『열전』)

『한비자』「현학」편에도 같은 내용을 전하고 있다.

"담대멸명은 군자의 용모였다. 공자는 기대를 걸고 그 점을 취하였는데, 함께 오랜 동안 지내다 보니 행동은 그의 모습과 어울리지 않았다. 재여의 말은 우아하고 세련되었다. 공자는 기대를 걸고 그 점을 취하였는데, 함께 지내면서 지혜가 그의 말을 따르지 못함을 알았다. 그래서 공자가 말했다. '용모를 가지고 사람을 취했다가 담대멸명에게서 실패하였고, 말하는 것을 가지고 사람을 취했다가 재여에게서 실패하였다.' 여기서 공자의 지혜를 가지고도 실제를 잘못 판단했다는 소리가 나온 것이다."

담대멸명의 두 모습가운데 어느 것이 진실인가는 좀더 두고 봐야할

것 같다. 어찌 보면 인간의 두 마음을 그대로 그려낸 장본인이 담대멸명
일 수도 있기 때문이다.

『논어』 속으로...

🌿 자유가 무성의 재상이 되자 공자가 물었다. "너는 쓸만한 사람을 얻었는가?" 대답
했다. "담대멸명이란 사람이 있는데, 그는 길을 가더라도 사잇길로 가지 않고 공적인
일이 아니면 저희 집에 오지 않습니다."(子游爲武城宰. 子曰: 女得人焉爾乎? 曰: 有澹
臺滅明者, 行不由徑. 非公事, 未嘗至於偃之室也. 「옹야」)

욕심 많은
신장

신장(申棖)은 자가 주(周)이며, 『가어』에는 신적(申績)으로, 『사기』에는 신당(申黨)이라 표기되었다. 생졸년이 불분명한 노나라사람이다. 739년 당나라 때 노백(魯伯)으로 추봉(追封)되었고, 1009년 송나라 때 다시 문등후(文登侯)로 가봉(加封)되었다. 현재 중국 산동성 곡부의 공묘 서무에 종사되어 있다.

신장은 당시 사람들이 강직한 사람으로 알고 있었다. 그러나 누구보다 제자들을 잘 알고 있던 공자는 이것을 부인하였다.

신장에 대한 이야기는 『논어』에 딱 한번 나온다. 공자가 탄식하며 이렇게 말했다.

"나는 아직 강직한 자를 보지 못하였다." (이하 「공야장」)

여기서 강직하다는 것은 강하여 굽히지 않는다는 뜻이다. 그러자 주변에 있던 사람이 반문하였다.

"신장이 있지 않습니까?"

신장이란 제자는 그렇게 알려진 제자가 아니다. 그에 대한 자세한 기록도 없다. 다만 당시 그는 강직한 사람으로 알려졌던 것 같다. 주변에서 그렇게 알고 있던 신장에 대해 공자는 일침을 가한다.

"신장은 욕심으로 하는 것이니, 어찌 강직한 것일 수 있겠는가?"

사람들이 보기에 강직했던 신장의 모습은 욕심에 따른 산물일 뿐이지 결코 강직한 것이 아니란 것이다. 욕심과 강직한 것은 거리가 있다. 욕심은 이욕(利慾)이기 때문에 이익이 없으면 적극성을 띨 수 없다. 하지만 이익이 눈에 보이면 적극적일 수 있다. 아마도 신장의 이런 모습을 보고 주변 사람들은 그렇게 판단했던 것 같다.

그러나 스승 공자가 갈구했던 강직한 사람은 인한 사람이었다. 그 인에 가까이 간 사람은 '강의목눌(剛毅木訥.이하 「자로」)' 한 사람이었다. 바로 그런 사람을 '인에 가깝다.'고 한 것이다. 강직하고 굳세고 질박하고 어눌한 사람을 가리킨다. 『집주』에서 양씨(楊氏)는 이것을 이렇게 해석하였다.

"강직하고 굳세면 물욕(物慾)에 굽히지 않고, 질박하고 어눌하면 외물(外物)에 얽매어 달리지 않는다. 그래서 인에 가깝다고 한 것이다."

결국 신장은 인에 가까운 사람이 아니라 오히려 먼 사람이라고 한 것이다. 이렇게 스승 공자의 참 제자가 되는 것은 보통 어려운 게 아니었다.

『논어』속으로...

🌱 공자가 말했다. "나는 아직 강직한 자를 보지 못하였다." 어떤 사람이 반문했다. "신장이 있지 않습니까?" 공자가 대답했다. "신장은 욕심으로 하는 것이니, 어찌 강직한 것일 수 있겠는가?"(子曰: 吾未見剛者. 或對曰: 申棖. 子曰: 棖也慾, 焉得剛?「공야장」)

동료를 헐뜯은
공백료

공백료(公伯寮)는 자가 자주(子周)이고, 노나라 사람이다.

공백료에 대한 기록은 많지 않다. 『논어』에 단 한번 나오는데, 동료 제자 자로를 무고하게 헐뜯는 내용이다. 공백료가 실권자 계손에게 자로를 참소하였다. 나서기 좋아하고 때로 월권하는 것처럼 보일 수도 있는 자로의 순수한 행동을 공백료는 달갑게 보지 않았나 보다. 이 소식을 노나라의 대부 자복경백(子服景伯)이 공자에게 알렸다. 자복경백은 한대 화상석(畵像石)에는 72명의 제자로 묘사되었고, 청대 주이존(朱彛尊, 1629~1709)의 『공자제자고(孔子弟子考)』에서는 공자 제자로 말하고 있다. 그렇다면 이 문제는 공자 제자들 사이의 단순 알력일수도 있지만, 잘못하면 한 사람이 무고하게 희생될 수도 있는 중대한 문제였다.

"계손이 참으로 공백료의 말에 마음을 의심하고 있다. 내 힘이 아직

까지는 그래도 공백료를 목베어 그 시신을 길거리에 널어놓을 수 있다."
(이하 「헌문」)

자칫 한 제자의 희생을 보게될지도 모를 민감한 문제였지만, 대부의 신분이자 제자격이던 자복경백의 전갈이고 보면 자로가 무고한 쪽에 무게가 실린다. 아무리 공자가 공백료 보다 자로를 아꼈다하더라도 대부신분에 불필요한 전갈을 전할 이유도 없어 보인다. 단순히 전달만 하는 게 아니라 자복경백은 자신의 힘으로 무고한 자로를 참소하는 공백료에게 강력한 형벌을 가할 수도 있다고까지 하였다. 그만큼 자로의 무고함을 말하는 것이다. 그러나 공자의 판단은 신중했다.

"도가 장차 실현되는 것도 명(命)이며, 도가 장치 폐지되는 것도 명이다. 공백료가 이 같은 명을 어찌 하겠는가?"

운명으로 돌리는 공자의 입장이다. 이를 통해 공자는 자복경백의 성급함을 일깨워주고, 무고한 자로를 안심시키고, 공백료에게는 경고를 하여 깨우침을 주려고 했던 것이다. 공자는 제자들간의 갈등을 사필귀정(事必歸正)이란 상식으로 풀어가려 했던 것 같다. 목소리 큰 사람이 이기는 세상이 아니라 정당한 것이 이기는 세상이 되어야함을 일깨운 것이다. 뒤집어 놓고 보면 공백료에게도 나름대로 사연이 있을 것이다. 그 사연이 정당한 것인지는 아직 모른다. 그렇다면 마땅히 하늘의 판단(天命)을 기다리는 게 인간된 도리라는 뜻이다.

이 문제의 결론이 어떻게 났는지 전혀 알 수 없다. 공백료에 대한 다

른 문헌의 기록도 찾을 길 없으니, 더 이상 그의 사람됨과 가치관을 찾을
수 없는 것이 아쉬울 뿐이다.

『논어』 속으로...

🌸 공백료가 자로를 계손씨에게 참소하니 자복경백이 공자에게 말했다. "계손이 참
으로 공백료의 말에 마음을 의심하고 있다. 내 힘이 아직까지는 그래도 공백료를 목베
어 그 시신을 길거리에 널어놓을 수 있다." 공자가 말했다. "도가 장차 실현되는 것도
명이며, 도가 장차 폐지되는 것도 명이다. 공백료가 이 같은 명을 어찌 하겠는가?"(公
伯寮愬子路於季孫. 子服景伯以告, 曰: 夫子固有惑志於公伯寮, 吾力猶能肆諸市朝. 子
曰: 道之將行也與? 命也. 道之將廢也與? 命也. 公伯寮其如命何! 「헌문」)

공자묘 묘비에 대성지성문선왕(大成至聖文宣王)이라 되었으나, 마지막 왕(王)자는 수평으로 보면 간(干)자로 보인다. 앞으로 다가가 고개를 숙여야만 왕(王)임을 확인하게 된다. 누구나 공자묘 앞에서 예를 표하라는 뜻으로 그렇게 했다고 전한다.

공자와 제자들의

주제별 문답내용

🌿

인(仁)에 대한 문답

1. 번지가 인에 대하 묻자 공자가 대답했다. "인한 사람은 어려운 일을 먼저하고 이득 취하는 것을 나중에 한다. 이렇게 하면 인하다고 할 수 있다."(樊遲問仁. 曰: "仁者先難而後獲, 可謂仁矣." 「옹야」)

2. 안연이 인에 대해 묻자 공자가 대답했다. "자기의 사사로운 욕심을 이기고 예로 돌아가면 인하게 된다. 하루라도 자기의 사사로운 욕심을 이기고 예로 돌아가면 천하 사람들이 인한데로 돌아간다. 그러므로 인을 실천하는 것은 자기로부터 하는 것이다. 그러니 (결코) 남으로부터 하는 것이겠는가? (顏淵問仁. 子曰: "克己復禮爲仁. 一日克己復禮, 天下歸仁焉. 爲仁由己, 而由人乎哉?" 「안연」)

3. 중궁이 인에 대해 묻자 공자가 대답했다. "문을 나가서는 큰 손님을 대하듯 깍듯이 하고, 백성들에게 일을 시킬 때에는 큰 제사를 지낼 때처럼 신중히 하고, 자신이 하기 싫은 것을 남에게 시키지 말아야 한다. (이렇게 한다면) 나라안에서도 원망이 없고 집안에서도 원망이 없게

된다."(仲弓問仁. 子曰: "出門如見大賓, 使民如承大祭. 己所不欲, 勿施
於人. 在邦無怨, 在家無怨." 「안연」)

4. 사마우가 인에 대해 묻자 공자가 대답했다. "인한 사람은 말할 때에 참
으면서 신중히 한다."(司馬牛問仁. 子曰: "仁者其言也訒." 「안연」)

5. 번지가 인에 대해 묻자 공자가 대답했다. "사람을 사랑하는 것이다."
(樊遲問仁. 子曰: "愛人." 「안연」)

6. 번지가 인에 대해 묻자 공자가 대답했다. "거처할 때에 공손히 하고,
일을 집행할 때에 공경히 하고, 사람을 대할 때에 진실하게 해야 한다.
이것은 비록 주변 어느 나라에 가서도 버려서는 안된다."(樊遲問仁.
子曰: "居處恭, 執事敬, 與人忠. 雖之夷狄, 不可棄也." 「자로」)

7. 자공이 인을 실천하는 것에 대해 묻자 공자가 대답했다. "기술자가 일
을 잘 하려고 하면 반드시 먼저 기구를 잘 예리하게 만들어야 한다. 그
나라에 살면서 대부의 현명함을 섬기고 선비의 인자함을 벗삼아야 한
다."(子貢問爲仁. 子曰: "工欲善其事, 必先利其器. 居是邦也, 事其大夫
之賢者, 友其士之仁者." 「위령공」)

8. 자장이 공자에게 인에 대해 묻자 공자가 대답했다. "능히 다섯 가지를
행할 수 있다면 인할 수 있다." 자장이 듣기를 청하자 공자가 말했다.
"공손·관용·믿음·민첩·은혜이다. 공손하면 업신여기지 않고, 관
용하면 사람을 얻고, 믿음이 있으면 남들이 의지하고, 민첩하면 공을
세우고, 은혜로우면 충분히 남들을 부릴 수 있다."(子張問仁於孔子.

孔子曰: "能行五者於天下, 爲仁矣." 請問之. 曰: "恭寬信敏惠. 恭則不侮, 寬則得衆, 信則人任焉, 敏則有功, 惠則足以使人." 「양화」)

지혜(知)에 대한 문답

1. 번지가 지혜에 대해 묻자 공자가 대답했다. "사람이 지켜야할 도리에 힘쓰고 귀신을 공경하되 멀리한다면 지혜롭다고 말할 수 있다."(樊遲問知. 子曰: "務民之義, 敬鬼神而遠之, 可謂知矣." 「옹야」)

2. 번지가 지혜에 대해 묻자 공자가 대답했다. "사람을 아는 것이다."(樊遲問知. 子曰: "知人." 「안연」)

정치(政)에 대한 문답

1. 자공이 정치에 대해 묻자 공자가 대답했다. "양식을 넉넉히 하고, 병사를 풍족하게 하라. 그러면 백성들이 믿을 것이다."(子貢問政. 子曰: "足食, 足兵, 民信之矣." 「안연」)

2. 제경공이 공자에게 정치에 대해 묻자 공자가 대답했다. "군주는 군주 노릇하고, 신하는 신하노릇하고, 아버지는 아버지 노릇하고, 자식은 자식 노릇하는 것입니다."(齊景公問政於孔子. 孔子對曰: "君君, 臣臣, 父父, 子子." 「안연」)

3. 사상이 정치에 대해 묻자 공자가 대답했다. "마음속에 게으름을 없게 하고, 행동할 때에는 진실하게 해야한다."(子張問政. 子曰: "居之無倦, 行之以忠." 「안연」)

4. 계강자가 공자에게 정치에 대해 묻자 공자가 대답했다. "정치란 바르게 하는 것이다. 그대가 솔선해서 바르게 하면 누가 감히 바르게 하지 않겠는가?"(季康子問政於孔子. 孔子對曰: "政者, 正也. 子帥以正, 孰敢不正?" 「안연」)

5. 계강자가 공자에게 정치에 대해 물으며 말했다. "만일 무도한 자를 죽여서 도가 있는 곳으로 나아가게 한다면 어떻습니까?" 공자가 대답했다. "그대가 정치를 하면서 어찌 사람 죽이는 일을 쓰겠는가? 그대가 선하고자 하면 백성들은 선해진다. 군자의 덕은 바람이고 소인의 덕은 풀이다. 풀에 바람이 불면 반드시 쓰러진다."(季康子問政於孔子曰: "如殺無道, 以就有道, 何如?" 孔子對曰: "子爲政, 焉用殺? 子欲善, 而民善矣. 君子之德風, 小人之德草. 草上之風, 必偃." 「안연」)

6. 자로가 정치에 대해 묻자 공자가 대답했다. "솔선수범하고 부지런히 힘써야 한다." 더 자세한 설명을 청하자 공자가 대답했다. "게을리하지 말아야 한다."(子路問政. 子曰: "先之, 勞之." 請益. 曰: "無倦." 「자로」)

7. 중궁이 계씨의 가신이 되어 정치에 대해 묻자 공자가 대답했다. "유사에게 먼저 시키고 작은 잘못은 용서해 주고, 현명한 일꾼을 등용해야 한다."(仲弓爲季氏宰, 問政. 子曰: "先有司, 赦小過, 擧賢才." 「자로」)

8. 섭공이 정치에 대해 묻자 공자가 대답했다. "가까이 있는 사람들이 기뻐하며, 먼 곳에 있는 사람들이 오게 하여야 한다."(葉公問政. 子曰: "近者說, 遠者來." 「자로」)

9. 자하가 거보의 읍재가 되어 정치에 대해 묻자 공자가 대답했다. "빠르게 하려고 서둘지 말고, 작은 이익에 눈멀지 말아야 한다. 빠르게 하려고 서둘면 일이 이뤄지지 않고, 작은 이익에 눈멀면 큰 일을 이루지 못한다."(子夏爲莒父宰, 問政. 子曰: "無欲速, 無見小利. 欲速, 則不達; 見小利, 則大事不成." 「자로」)

🌿 효(孝)에 대한 문답

1. 맹의자가 효에 대해 묻자 공자가 대답했다. "어김이 없어야 한다." 번지가 수레를 몰고 있었는데 공자가 말했다. "맹손씨가 나에게 효를 묻기에 나는 어김이 없어야 한다고 대답하였다." 번지가 물었다. "무슨 말씀이십니까?" 공자가 대답했다. "살아계시면 예로 섬기고, 돌아가시면 예로 장사지내고, 예로 제사지내는 것이다."(孟懿子問孝. 子曰: "無違." 樊遲御, 子告之曰: "孟孫問孝於我, 我對曰 '無違'." 樊遲曰: "何謂也?" 子曰: "生, 事之以禮; 死, 葬之以禮, 祭之以禮." 「위정」)

2. 맹무백이 효에 대해 묻자 공자가 대답했다. "부모님은 오직 자식이 병나는 것을 걱정하신다."(孟武伯問孝. 子曰: "父母唯其疾之憂." 「위정」)

3. 자유가 효에 대해 묻자 공자가 대답했다. "오늘날의 효라는 것은 (물질적으로) 봉양하는 것을 말한다. 그러나 개나 말에게도 모두 그런 봉양은 있다. 공경하는 마음이 없다면 무엇이 그것과 구별되겠는가?"(子游問孝. 子曰: "今之孝者, 是謂能養. 至於犬馬, 皆能有養; 不敬, 何以別乎?"「위정」)

4. 자하가 효에 대해 묻자 공자가 대답했다. "얼굴 빛을 온화하게 하는 것이 가장 어렵다. 부형에게 일이 있어 제자가 그 힘든 일을 대신하고, 술과 밥이 있어 부형을 먼저 드시게 하는 것이 일찍이 효라고 할 수 있겠는가?"(子夏問孝. 子曰: "色難. 有事弟子服其勞, 有酒食先生饌, 曾是以爲孝乎?"「위정」)

🌿
군자(君子)에 대한 문답

1. 자공이 군자에 대해 묻자 공자가 대답했다. "먼저 그 말한 것을 실천하고 그 뒤에 말이 (행동을) 따르게 하는 것이다."(子貢問君子. 子曰: "先行其言而後從之."「위정」)

2. 사마우가 군자에 대해 묻자 공자가 대답했다. "군자는 걱정하지 않으며 두려워하지 않는다."(司馬牛問君子. 子曰: "君子不憂不懼."「안연」)

3. 자로가 군자에 대해 묻자 공자가 대답했다. "공경하는 것으로 자신을

닦는 것이다."(子路問君子, 子曰: "脩己以敬." 「헌문」)

🍃
귀신(鬼神) 숭배에 대한 문답

1. 계로가 귀신 섬기는 것에 대해 묻자 공자가 대답했다. "아직 사람도 잘 섬기지 못하는데, 어떻게 귀신을 섬길 수 있겠는가?"(季路問事鬼神. 子曰: "未能事人, 焉能事鬼?" 「선진」)

🍃
죽음(死)에 대한 문답

1. 계로가 감히 죽음에 대해 묻자 공자가 대답했다. "아직 삶도 제대로 모르는데, 어떻게 죽음을 알겠는가?"(季路)敢問死. 曰: "未知生, 焉知死?" 「선진」)

🍃
숭덕(崇德)·변혹(辨惑)에 대한 문답

1. 자장이 덕을 높이고 의혹을 분별하는 것에 대해 묻자 공자가 대답했다. "충과 신을 주로 하며 의리를 실천하는 것이 덕을 높이는 것이다. 사랑할 때에는 살기를 바라고, 미워할 때에는 죽기를 바란다. 이미 살기를 바라고 죽기를 바라는 것이 의혹이다."(子張問崇德辨惑. 子曰:

"主忠信, 徙義, 崇德也. 愛之欲其生, 惡之欲其死. 旣欲其生, 又欲其死,
是惑也."「안연」)

2. 번지가 무우 아래를 거닐면서 물었다. "감히 덕을 높이고 간특함을 닦
으며 의혹 분별하는 것에 대해 질문합니다." 공자가 대답했다. "좋은
질문이다. 일을 먼저하고 이득을 뒤로 미루는 것이 덕을 높이는 것이
아니겠는가? 자기의 악함을 다스리고 남의 악함을 다스리지 않는 것이
간특함을 닦는 것이 아니겠는가? 하루 아침의 분노로 자신을 잊고 그
래서 그 화가 부모에게까지 미치게 하는 것이 의혹함이 아니겠는가?"
(樊遲從遊於舞雩之下, 曰: "敢問崇德脩慝辨惑." 子曰: "善哉問! 先事後
得, 非崇德與? 攻其惡, 無攻人之惡, 非脩慝與? 一朝之忿, 忘其身, 以及
其親, 非惑與?"「안연」)

🌿
친구(友)에 대한 문답

1. 자공이 친구와의 사귐에 대해 묻자 공자가 대답했다. "진심으로 말해주
고 잘 인도하고 그것이 불가능하면 그만두어 스스로 욕되지 말게 하여
야한다."(子貢問友. 子曰: "忠告而善道之, 不可則止, 無自辱焉."「안연」)

♣ 사군(事君)에 대한 문답

1. 자로가 군주 섬김에 대해 묻자 공자가 대답했다. "속이지 말고 얼굴을 대놓고 간쟁해야 한다."(子路問事君. 子曰: "勿欺也, 而犯之." 「헌문」)

♣ 참고자료 둘 ♣
다섯성현(五聖位)

공자 · 안자(안연) · 증자(증삼) · 자사(子思) · 맹자

♣ 참고자료 셋 ♣
공문십철(孔門十哲)

덕행	안연 · 민자건 · 염백우 · 중궁	4명
언어	재여 · 자공	2명
정사	염유 · 자로	2명
문학	자유 · 자하	2명

참고자료 넷

공자연보와 그 제자들의

탄생년도

(「열전」참고)

년도	나이	특기사항
B.C. 551	1	노나라 곡부 창평향(昌平鄕) 추읍(鄒邑)에서 탄생.
549	3	부친 숙량흘 죽음.
545	7	**안로탄생.**
544	8	**염백우 탄생.**
542	10	**자로탄생.**
540	12	**칠조개 탄생.**
536	15	학문에 뜻을 둠. **민자건 탄생.**
533	19	송(宋)나라 여인과 결혼.
532	20	아들 공리(孔鯉) 탄생. 잠시 계손씨에게 벼슬 함.
528	24	모친 안씨(顔氏) 죽음.
525	27	담자(郯子)에게 옛날 관제(官制) 수업.
522	30	노자에게 예를 물음. **중궁 · 제여 · 염구 · 담대멸명 탄생.**
521	31	**안연 · 무마기 · 자고 · 자천 탄생.**
520	32	**자공 탄생.**
518	34	제나라 외유(外遊).
517	35	노나라로 돌아와 제자 교육. 제자 수가 늘어남.
515	37	**번지 · 원헌 탄생.**
511	41	**자금 탄생.**
509	43	노나라 소공 죽음, 정공 즉위. **공서화 탄생.**
508	44	**유약 탄생.**
507	45	**자하 탄생.**
506	46	**자유 탄생.**
505	47	**증삼 탄생.**
504	48	노나라 국정혼란, 물러가 시서예악(詩書禮樂)공부. 제자 수가 늘어남. **자장탄생.**
503	49	**민자건 탄생.**
501	51	계손씨의 가신 공산불요(公山弗擾) 반란.

년도	나이	특기사항
500	52	노나라의 사구(司寇)에 오름
		정공을 도와 제경공(齊景公)과 협곡
		(夾谷)에서 회담하며 회의를 유리하
		게 이끔
498	54	협곡회담의 성과로 대사구(大司寇)
		로 승진
497	55	위나라로 외유. 그 후 14년간 조
		(曹)·송(宋)·정(鄭)·진(陳)·채
		(蔡)·초(楚)나라에서 유랑생활
496	56	광(匡)땅에서 난을 당함
495	57	환퇴(桓魋)가 공자를 죽이려 함
		오나라 합려(闔閭)가 월(越)나라 구천
		(句踐)과 싸워 패함
493	59	위나라로 감
		오나라 부차(夫差)가 월나라 구천을
		회계산에서 물리침
492	60	송나라를 지나 진나라로 감
489	63	진나라와 채나라 국경에서 포위되어
		식량이 끊김
		채나라에서 섭공(葉公)을 보고 위나
		라로 돌아옴
487	65	부인 죽음
484	68	노나라로 돌아옴
		시서예(詩書禮)를 정리
483	69	아들 공리와 제자 안연 죽음
481	71	오나라 왕 부차가 중원의 패자가 됨
		노나라에서 기린(麒麟)을 얻음
		「춘추」를 지음
479	73	제자 자로가 위나라 내란에 휩쓸려
		죽음
		4월 별세

년도	특기사항
魯哀公	니부(尼父)
漢平帝	공작(公爵),
	포성선니공(褒成宣尼公)
A.D.	문성니부(文聖尼父)
492	
580	추국공(鄒國公)
581	선사니부(先師尼父)
628	선성(先聖)
638	선부(宣父)
666	태사(太師)
690	융도공(隆道公)
739	문선왕(文宣王)
1008	현성문선왕(玄聖文宣王)
1012	지성문선왕(至聖文宣王)
1307	대성지성문선왕(大成至聖文宣王)
1530	지성선사(至聖先師)
1645	대성지성문선선사
	(大成至聖文宣先師)
1957	지성선사(至聖先師)

『공자성적도(孔子聖蹟圖)』(曲阜市文物管理局供稿,
楊兆席 主編, 山東友誼書社, 1991년): 한당(漢唐)이
래 104폭으로 공자의 종적을 표현한 작품.
　　　　　　　　　　　　　—본 저서의 삽화 출처